Propaganda – mit diesem Begriff assoziieren die meisten zunächst die verhängnisvolle Tätigkeit des NS-Propagandaministers Joseph Goebbels. Aber die staatliche Lenkung der öffentlichen Meinung hat eine zweihundert Jahre alte, faszinierende Tradition: Seit der Aufklärung müssen Regierungen sich um eine Legitimation ihrer Herrschaft bemühen – und zwar unabhängig davon, ob es sich um Demokratien oder um Diktaturen handelt.

Das ursprünglich vorherrschende »negative« Instrumentarium, also die Zensur, das Verbot, die Repression, wurde mit der Zeit mehr und mehr ergänzt durch die »positive« Propaganda, also die regierungsseitige Förderung der Verbreitung erwünschter Nachrichten.

Der vorliegende Band bietet sowohl einen Überblick über die historische Entwicklung der Propaganda als auch eine Reihe von detaillierten Einzelstudien: von den ersten, tastenden Versuchen in den frühen Wahlkämpfen des Vormärz über die organisierte Pressepolitik des Kaiserreichs, die Exzesse des Joseph Goebbels und die Propagandakonzepte in den sozialistischen Ländern Sowjetunion und DDR.

Die Wirkung von Propaganda wurde und wird sowohl von ihren Betreibern als auch von den Historikern häufig überschätzt: Staatliche Meinungsmache hatte stets mit dem Dilemma zu kämpfen, daß regierungsamtliche und staatsfromme Nachrichten in der Regel durchschaubar und langweilig sind.

Gleichwohl ist die Propagandaforschung, deren Ergebnisse hier erstmals umfassend präsentiert werden, ein Schlüssel zur Erforschung von historischen Mentalitäten und von Auffassungen über Öffentlichkeit und Gesellschaft.

Die Angaben über die Herausgeber und die Autoren finden sich am Ende des Bandes.

Propaganda

Meinungskampf, Verführung
und politische Sinnstiftung
(1789–1989)

Mit Beiträgen von
Sabine R. Arnold, Zygmunt Bauman,
Ute Daniel, Günther Heydemann, Peter Jungblut,
Gerd Krumeich, Felix Moeller, Paul Nolte,
Wolfgang Piereth und Wolfram Siemann

Herausgegeben von
Ute Daniel und Wolfram Siemann

Fischer Taschenbuch Verlag

Lektorat: Walter H. Pehle

Originalausgabe
Veröffentlicht im Fischer Taschenbuch Verlag GmbH,
Frankfurt am Main, August 1994
Redaktion: Oliver Thomas Domzalski

Gesamtherstellung: Clausen & Bosse, Leck
Printed in Germany
ISBN 3-596-11854-9

Gedruckt auf chlor- und säurefreiem Papier

Inhalt

Ute Daniel / Wolfram Siemann

Historische Dimensionen der Propaganda

»Hetze«, »Verleumdung«, »Lüge« und »Mißtrauen« – das steht in den vier grünschillernden Tropfen, die sich auf einem DDR-Plakat von 1952 von den Buchstaben des Wortes »Gift« lösen. Auf ihrem Weg nach unten verwandeln sich diese Tropfen in fallende Bomben, die (Ost-)Berlin bedrohen. So warnte man in der Frühphase des Kalten Krieges die Ostdeutschen vor dem »RIAS-Gift« des Westberliner Senders (Abbildung auf S. 9).

Solche starken Worte und affektgeladenen Bilder pflegten und pflegen Propagandisten in der Regel für die Äußerungen der jeweiligen Gegner bereitzuhalten. Damals, sieben Jahre nach dem Ende des Zweiten Weltkriegs, zeigten nicht nur zahlreiche europäische Städte Spuren der Verwüstung, sondern auch die Psyche der Menschen.

Für die eigenen Versuche der politischen Meinungslenkung und Sinnstiftung fanden und finden die Propagandisten wohlklingendere oder vermeintlich neutralere Begriffe als »Verleumdung« oder »Hetze«, »Lüge«, »Verführung« oder eben »Propaganda«: »Aufklärung« nannten etwa die deutschen Behörden ihre Bemühungen im Ersten Weltkrieg, die deutsche Bevölkerung und die Soldaten zum »Durchhalten« zu bewegen; und die heutige Zeit bevorzugt neutrale Ausdrücke wie »Informations- oder Medienpolitik«, »Öffentlichkeitsarbeit« oder – neudeutsch – »Public Relation« für Inhalte und Tätigkeiten, die ebenfalls nicht zuletzt auf Überredung, Meinungslenkung und Wahrnehmungsfilterung zielen.

Der Satz »Propaganda ist, was die anderen tun« mag zwar den historischen Begriff zutreffend charakterisieren, da »Propaganda« seit dem ausgehenden 18. Jahrhundert meist als polemischer, denunzierender Begriff verwendet wird;[1] doch reicht diese Definition nicht hin für den Gegenstand dieses Bandes. Einer solchen schon sehr viel näher kam der österreichische Staatskanzler Metternich, als er 1844 feststellte, daß man »recht eigentlich in dem Zeitalter der Propaganda« lebe, und darunter »Bestrebungen« verstand, »die eigene Überzeugung und die eigenen Lebensformen dorthin, wo sie nicht bestehen, zu verpflanzen«.[2] Bei dieser allgemeinen Bestimmung von »Propaganda« ist es bis heute weitgehend geblieben. Der Brockhaus von 1972 etwa stellt fest, Propaganda sei »eine Form der Werbung, die vor allem geistigen und ideellen Zwecken dient, wobei es sich um die Verbreitung politischer, religiöser, wirtschaftlicher, aber auch künstlerischer oder humanitärer Ideen handeln kann; allgemein die publizistische Beeinflussung, ihre Inhalte und Methoden«. Diese allgemeine Definition von »Propaganda« trifft ebenso zu auf die prähistorischen Höhlenmalereien wie auf die Werbung für Konsumgüter, die kirchliche Missionstätigkeit, die Wahlplakate der politischen Parteien, die Publikationen des Bundespresse- und Informationsamtes und die Schornsteinbesetzungen von *Greenpeace*.

Gleichermaßen undifferenziert näherte sich bisher auch die Medien- und Kommunikationswissenschaft dem Thema.[3] Die Historiker entdeckten die Propaganda der Zeit seit 1789 insbesondere im Umfeld des entstehenden bürgerlichen Rechtsstaats, der sich den Fesseln der Zensur zu entwinden suchte, und im bürokratischen Anstaltsstaat des 19. Jahrhunderts, der die politischen Meinungen seiner Mitglieder zu bestimmen strebte.[4]

Vor allem aber war es die Epoche des »Dritten Reichs«, der die historische Propaganda-Forschung besondere Aufmerksamkeit widmete – und dies zu Recht, diente doch die nationalsozialistische Propaganda dem Zweck, in Deutschland über zwölf Jahre hinweg ein politisches System an der Macht zu halten, das Millionen vor allem jüdischer Menschen vernichtet und den Zweiten Weltkrieg ausgelöst hat. Doch die grauenhafte historische Realität des »Dritten Reichs« und Goebbels' besonderer Umgang mit der Propaganda in der Praxis erschweren eine historische Annäherung an das Problem. Denn Propaganda wird stillschweigend mit dem gleichgesetzt, was zwischen 1933 und 1945 in Deutschland Staat und Partei und insbesondere Goebbels und sein Apparat betrieben haben, also mit Reichsparteitagen und Sammelaktionen für das Winterhilfswerk, mit Speerscher Prunkarchitektur und agitatorischen Brandreden wie der berüchtigten Sportpalastrede, in der Goebbels sich im Januar 1943 von einem handverlesenen und präparierten Publikum die berühmte Frage »Wollt ihr den totalen Krieg?« mit einem jubelnden Ja beantworten ließ.

Vorsicht
RIAS
Gift

Eine solche Gleichsetzung verkürzt jedoch das historische Phänomen Propaganda – also die von Metternich angesprochenen Bestrebungen, Überzeugungen und Lebensformen. Derartige Bestrebungen waren und sind nämlich keineswegs immer so ausdrücklich ideologisch wie bei den Nationalsozialisten, und sie müssen sich nicht unbedingt in den mit überschnappender Stimme halb gebrüllten Reden äußern, wie sie von Hitler und Goebbels überliefert sind; schon gar nicht nennen sie sich selbst »Propaganda«, wie dies im »Dritten Reich« noch der Fall war. Vielmehr kommen Strategien der Meinungsbeeinflussung, vor allem in den entwickelten Mediengesellschaften des 20. Jahrhunderts, in viel unmerklicherer Weise zum Zuge: bei der gezielten Besetzung der leitenden Posten in Rundfunk- und Fernsehanstalten; bei der Veröffentlichung der Ergebnisse von tendenziös formulierten Meinungsumfragen (etwa der Ende 1992 in der Bundesrepublik gestellten Frage, ob man für oder gegen »Asylmißbrauch« sei); bei der Ausstrahlung von Nachrichtensendungen in der DDR, in denen der Staats- und Parteichef Erich Honecker mit dem politischen Führungspersonal westlicher Staaten vor der Kamera diplomatische Händedrücke austauscht, oder ganz generell in der »Reklamisierung der Politik«[5], die zunehmend Werbestrategien für Markenartikel auf die politische Öffentlichkeitsarbeit überträgt.
Ein historischer Zugang zum Problem der Propaganda sollte die thematische und zeitliche Uferlosigkeit eines universellen Propagandabegriffs ebenso meiden wie eine zu starke Verengung auf historische Sonderfälle. Deshalb wird hier der zeitliche Rahmen auf die rund 200 Jahre seit dem ausgehenden 18. Jahrhundert begrenzt. In diesem Zeitraum, beginnend mit der Französischen Revolution, entwickelten sich aus den politischen und sozialen Möglichkeiten und Herausforderungen die Maßnahmen der Meinungslenkung, und es entstand nach und nach das Ensemble von Massenmedien, das ihre gesellschaftliche Breitenwirkung ermöglichte. Freilich zeigte sich an der völlig überzogenen Furcht der in- und ausländischen Gegner der Französischen Revolution vor der revolutionären Propaganda gleich am Beginn dieser Entwicklung eine eigentümliche Überschätzung, ja geradezu Dämonisierung der Propaganda.[6] Derartig übersteigerte Vorstellungen von der Wirksamkeit progagandistischer Strategien sollten im folgenden auch die Selbstwahrnehmung vieler Propagandisten – nicht zuletzt auch die von Joseph Goebbels – prägen. Die Ergebnisse der historischen For-

schung und einige der in diesem Band versammelten Beiträge belegen häufig eine gebrochene und zum Teil geradezu kontraproduktive Wirkung propagandistischer Maßnahmen. Nicht eine angenommene Geschichtsmächtigkeit läßt deshalb neuerdings Propaganda für den Historiker zu einem wichtigen Thema werden, sondern eher aktuelle politische Entwicklungen sowie Neuorientierungen innerhalb der Geschichtswissenschaft.

Wenn auch einige voreilige Propheten das Ende des utopischen Zeitalters[7] oder gleich der Geschichte überhaupt verkünden,[8] so ist die Gegenwart nach dem Zusammenbruch der real existierenden Sozialismen in Mittel- und Osteuropa doch keineswegs durch eine (postmoderne) Utopie- oder Ideologieferne gekennzeichnet; ganz im Gegenteil: Längst überholt geglaubte Sinnstiftungssysteme nationalistischer, rassistischer und religiös-fundamentalistischer Art treten am Ende des 20. Jahrhunderts wieder so vehement hervor, daß sie sich nicht mehr nur auf Verlautbarungen beschränken, sondern durch eine buchstäblich mörderische Praxis begleitet und vollstreckt werden. Im ehemaligen Jugoslawien tobt sich eine losgelassene Soldateska an der Zivilbevölkerung aus und »begründet« dies mit großserbischen Expansionsbedürfnissen: mit rassistischen Ideologien und historischen Ansprüchen, die bis zur Schlacht auf dem Amselfeld im Jahre 1389 zurückreichen. In der früheren Sowjetunion treibt ein flagranter Antisemitismus jüdische Menschen zur Auswanderung. Und im wiedervereinigten Deutschland dienen rechtsradikale Ideologeme, Gesten und Symbole der mentalen Aufrüstung und Ausrüstung von Gewalttätern, die »fremde« Menschen – Ausländer und Juden, Homosexuelle und Behinderte – bis hin zu Mord und Totschlag ausgrenzen und verfolgen. Diese und viele vergleichbare Erscheinungen verwandeln das Ende des 20. Jahrhunderts unerwartet und auf gespenstische Weise in eine durch historische Erinnerungen bereits bekannte Landschaft; und überall steht hier Propaganda im Mittelpunkt.

Völlig unabhängig von diesen politischen und sozialen Entwicklungen hat sich andererseits schon seit längerer Zeit innerhalb der Geschichtswissenschaft ein kulturgeschichtlicher Perspektivenwechsel angebahnt, der langfristig wohl ähnlich folgenreich werden dürfte wie vor rund einer Generation die Etablierung des sozialgeschichtlichen Deutungskonzepts neben dem bislang dominierenden politikgeschichtlichen Paradigma.[9] Diese »kulturalistische« Wende, die die bundes-

deutsche Geschichtswissenschaft im Vergleich mit anderen Ländern, aber auch verglichen mit den Sozialwissenschaften etwas verspätet erreicht, bedeutet eine verstärkte Hinwendung zu denjenigen Erscheinungen des geschichtlichen Lebens, die weder zum Bereich der »großen« Politik und ihrer Institutionen noch zu den »harten« sozialgeschichtlichen Fakten wie Industrialisierung und Entwicklung sozialer Bewegungen, Klassen- und Institutionenbildung gehören. Gemeint sind damit diejenigen Aspekte individuellen und kollektiven Lebens, welche die Wahrnehmung der Menschen von sich selbst und ihrer Umgebung strukturieren; die Wertvorstellungen, unter denen oder gegen die sie ihr Leben gestalten und die Weisen der Sinnstiftung, die ihr Leben prägen oder – nach der Absicht derjenigen, die Werthierarchien und Sinnstiftungskonzepte formulieren – prägen sollten. Bereits die aus der französischen Annales-Schule hervorgegangene Mentalitätengeschichte hatte sich solcher Themen angenommen. Unter dem Einfluß der neueren, »verstehenden« Kulturanthropologie und der hermeneutisch orientierten Sozialwissenschaften hat sich die Diskussion mittlerweile jedoch von dem analytisch eher hinderlichen als förderlichen Konzept der »Mentalitäten« entfernt.
Propaganda umfaßt das Ensemble der Strategien zur politischen Sinnstiftung, Meinungs- und Wahrnehmungslenkung, mithin jenen Teil der gesellschaftlichen Wert- und Symbolproduktion, der seit dem ausgehenden 18. Jahrhundert immens an Bedeutung gewonnen hat. Das Phänomen als solches hat zu diesem Zeitpunkt bereits eine längere Vorgeschichte. Im Jahr 1622 war in Rom die Congregatio de propaganda fide gegründet worden. Sie diente dem weltweiten Verbreiten (lateinisch: »propagare«) des katholischen Glaubens und prägte für die Missionierung Andersgläubiger und Andersdenkender erstmals den Terminus technicus »Propaganda«. Im Zuge der säkularen Umwertungs- und Umdenkprozesse seit dem 17. Jahrhundert, die unter dem Begriff der »Aufklärung« zusammengefaßt werden, hatten reformabsolutistische Regierungen auch die »Volksaufklärung« als Tätigkeitsfeld und Mittel der Herrschaftslegitimation entdeckt. Gegen Ende des 18. Jahrhunderts war man sich bereits der damit verbundenen Problematik bewußt, so daß Friedrich II. von Preußen im Jahre 1777 der Berliner Akademie der Wissenschaften die Preisfrage stellte: »Ist es dem Volk nützlich, getäuscht zu werden, sei es durch die Einführung neuer Irrtümer oder dadurch, daß man es in den bestehenden verharren

läßt?«[10] Doch unter dem Eindruck der Französischen Revolution und im Verlauf der militärischen Auseinandersetzungen mit dem nachrevolutionären Frankreich bis 1815 intensivierten und politisierten sich auch in den anderen europäischen Staaten die Wechselwirkungen zwischen Regierung und Bevölkerung in einem bis dahin unbekannten Ausmaß. Anfangs nur zögerlich, langfristig jedoch unaufhaltsam kam ein Prozeß in Gang, in dessen Verlauf die Teilhabe der oberen Schichten der Bevölkerung an politischen Entscheidungen wuchs. Und je mehr sich die politische Praxis der Regierungen und der oppositionellen Kreise ihres Rückhalts in den maßgeblichen Teilen der Bevölkerung versichern mußte, je mehr sich also Politik vergesellschaftete[11], desto wichtiger wurde es, über Mittel der Meinungsbeeinflussung und der politischen Sinnstiftung zu verfügen.

In dem Ringen um öffentliche Zustimmung offenbarte bereits die alte Zensur Dimensionen von Propaganda. Diese werden deutlich, wenn man nicht allein auf den verhindernden Effekt von Zensur achtet, sondern auch die jedem Verbot innewohnenden Normen erfragt oder anders gesagt: danach, welche gewünschten (»positiven«) politischen und gesellschaftlichen Verhaltensweisen hinter den Normen steckten. Zensur konnte so besehen bereits in der reformabsolutistischen Ära des ausgehenden 18. Jahrhundert bis zum Jahre 1848 mittelbar als Propaganda wirken.

Sieben Einzelzwecke der Beeinflussung sind bisher nachgewiesen.[12]

Erstens sollte die entstehende öffentliche Meinung politisch kontrolliert, der Staat und sein Regent vor Angriffen geschützt werden. Das war funktional Staats- und Verfassungsschutzpolitik.

Zweitens sollte Zensur den Konflikt zwischen Staat, Konfessionen und Kirchenkritikern mildern, neutralisieren oder verhindern. Das war ein Stück Religionspolitik.

Drittens kümmerten sich die Zensoren um das ästhetische Niveau literarischer Produktion; sie unterdrückten derbe, im Dialekt geschriebene, ihrem Geschmack zuwiderlaufende oder schlicht auch nur populäre Schriften; sie betrieben Literaturkritik.

Viertens wollten sie dem, was sie »wahre Aufklärung« nannten, gegen Tendenzen der Schwärmerei und des Aberglaubens zum Sieg verhelfen. Das war ein Stück Bildungspolitik.

Fünftens folgten die Zensoren bei universitätsfern publizierter Fachliteratur wissenschaftlich vertretbaren Standards; sie korrigierten inhaltlich, machten Publikationsvorschläge, kurzum: sie übten Fachkritik.

Sechstens wollten die Zensoren die unteren Stände der Gesellschaft und die Jugend vor schlechter Literatur und Sitte bewahren. Diesen Gruppen wurde Schrifttum vorenthalten, das Gelehrten zugänglich blieb. Ein Beispiel ist das österreichische Verfahren, Gelehrten nach einem ausgeklügelten, abgestuften System über Berechtigungsscheine verbotene Druckerzeugnisse zugänglich zu machen. In der DDR herrschte eine ähnliche Praxis, ausgewählten Personenkreisen die »giftige« Literatur zugänglich zu machen, sie der breiten Bevölkerung aber vorzuenthalten. Auch die im Jahre 1819 im Deutschen Bund eingeführte 20-Bogen-Klausel, nach der alle Schriften unter 320 Seiten zensiert werden *mußten*, nicht aber die umfangreicheren, war faktisch eine Sozialklausel: Das ›Volk‹ las keine dicken Bücher. Dies war eine Politik der bevormundenden Volkserziehung.

Siebtens schließlich wachten die Zensoren darüber, daß die heimische Buchproduktion vor unberechtigten Nachdrucken geschützt blieb. Das war Gewerbepolitik.

Alle Normen waren für die politischen Instanzen Mittel, um auf medialem Wege Meinungen zu beeinflussen und Handlungen zu steuern. Alle waren in den Augen der Regierenden bestimmt, das »allgemeine Beste« zu bewirken und die »gute Ordnung« herzustellen, sie selbst mithin zu legitimieren. Zensurpolitik dieser Art barg zwar das herrschaftslegitimierende Ideal einer Teilhabe der Bevölkerung in einem aufgeklärten Staatswesen in sich, dekretierte auf dem Weg dahin jedoch angesichts der angeblich noch vorhandenen Unmündigkeit die bevormundende Steuerung der ›öffentlichen Meinung‹.

Ihren institutionalisierten Ausdruck fand die sich verallgemeinernde politische Teilhabe der Bevölkerung schließlich in der Form der parlamentarischen Demokratie, die im 20. Jahrhundert zum Normalfall der europäischen Staatsverfassungen werden sollte. In demokratisch verfaßten Staaten regelt das Mehrheitsprinzip den Zugang zur Regierungsgewalt und bestimmt über Machterhalt und Machtverlust. Über Mehrheiten zu verfügen wurde somit zur unerläßlichen Voraussetzung von Politik, und der Versuch, Mehrheiten herzustellen und zu festigen, deckte sich bis zu einem gewissen Grad mit Politik überhaupt: »Das Prinzip, daß die Minorität sich zu fügen hat, bedeutet, daß der absolute oder qualitative Wert der individuellen Stimme auf eine

Einheit von rein quantitativer Bedeutung reduziert ist. Die demokratische Nivellierung, der jeder für einen und keiner für mehr als einen gilt, ist das Korrelat oder die Voraussetzung dieses rechnenden Verfahrens, in dem das arithmetische Mehr oder Weniger unbenannter Einheiten die innere Wirklichkeit einer Gruppe ausdrückt und ihre äußere lenkt.«[13]

Die Verwendung aller verfügbaren Mittel – die durch die technische Entwicklung und Verbreitung der Massenmedien Rundfunk, Film und Fernsehen noch bereichert wurden – zum Erzielen des größtmöglichen Konsenses ist also keineswegs eine Besonderheit der nicht demokratisch verfaßten Staatswesen. Für diese ist nicht notwendigerweise ein Mehr an Propaganda typisch, sondern die Monopolisierung von Propaganda in der Hand der Machthaber; sofern es sich um Systeme handelt, die sich wie das nationalsozialistische Deutschland oder die Sowjetunion durch die Verkündigung von Heilsbotschaften und Ideologien legitimieren, kommt als Merkmal noch die vollständige Ausrichtung an den verordneten Weltsichten hinzu. Das regulative Prinzip, das demgegenüber in den demokratisch verfaßten Industriegesellschaften über Formen und Inhalte der Propaganda entscheidet, ist der Markt. Auch auf diesem Markt der Nachrichten und Informationen, der Werbung und Sensationen, der Unterhaltungs- und Weltdeutungsangebote stehen sich, wie auf dem für die übrigen Konsumgüter, durchaus ungleiche Anbieter gegenüber. Staatsbürokratie und Regierungsparteien, Medien- und andere Konzerne verfügen über ungleich größere organisatorische und finanzielle Möglichkeiten zum Lancieren von Propaganda als andere Gruppen oder Institutionen. Doch die Notwendigkeit, um Aufmerksamkeit und Kaufkraft der Konsumenten zu konkurrieren, besteht in der Regel für alle gleichermaßen, und die Möglichkeiten, konkurrierende propagandistische Angebote oder unangenehme Nachrichten und mißliebige Meinungen zu unterdrücken, sind auch für Staatsorgane und Regierungen beschränkt.

In den westlichen Industriegesellschaften hat sich die Propaganda in Form und Inhalt diesen Bedingungen angepaßt: Sie »verkauft« sich schon lange nicht mehr als »Aufklärung« und Belehrung – wer würde schon dafür zahlen, wo es doch die Schulbücher umsonst gibt, oder auch nur hinsehen, wenn im anderen Kanal »Wetten, daß« läuft –, sondern sie präsentiert sich als Glücksversprechen und Unterhaltungsangebot. In den 1930er Jahren hatte die nationalsozialistische Regierung auf dem Verordnungsweg eine scharfe begriffliche Trennung zwischen »Reklame« und »Propaganda« durchgesetzt[14]: zum Ende des 20. Jahrhunderts hat die Werbung sich die Propaganda wieder einverleibt.

Der vorliegende Band schreitet sämtliche hier skizzierten Dimensionen der Propaganda ab – vom Meinungskampf über die Verführung bis zur politischen Sinnstiftung. Ein erster übergreifender Beitrag entwikkelt die Anfänge einer propagandistischen Pressepolitik in Deutschland (Wolfgang Piereth). Sie liegen in der Zeit der Befreiungskriege gegen Napoleon und im rheinbündischen Bayern unter Montgelas. Grundlegende Probleme stellten sich hier erstmals, etwa das Dilemma, die Regierungsabhängigkeit eines Blattes geheimzuhalten, um mit dem Anschein der Unabhängigkeit ein großes Publikum – eben die entstehende ›öffentliche Meinung‹ – im regierungstreuen Sinne einfangen zu können. Die ungehinderte Pressefreiheit während der Revolution von 1848/49 stimulierte zugleich die Regierungen zu energischen Versuchen, der entfesselten ›öffentlichen Meinung‹ mit neuen Methoden Herr zu werden. Insgesamt erweist sich die Epoche zwischen den Befreiungskriegen und der Reichsgründung von 1871 als Phase des Experimentierens: Gründung neuer Propagandablätter, Einrichtung von Pressebüros mit eigenen Experten, viele Arten mittelbarer Stützung und Lenkung freier Organe – alles gehörte zum Spektrum der Regierungsaktivitäten, wobei die Großstaaten Preußen und Österreich sowie der größte Mittelstaat – Bayern – ihren Teil zu der allgemeinen Erfahrung beisteuerten, daß Propaganda kostspielig, verzwickt und oft nicht von Erfolg gekrönt war. Auch Bürokratien haben ein Gedächtnis und können Erinnerungen an Erfolge und Fehlschläge speichern.

Das zeigt der zweite übergreifende Beitrag, der das ganze Spektrum staatlicher Einflußformen und -praktiken entwickelt, wie sie sich in der Zeit von der Hochindustrialisierung im Kaiserreich bis zur frühen Bundesrepublik ausdifferenzierten (Ute Daniel). Nicht mehr nur Verhindern durch Strafrecht und Zensur, nicht mehr nur Pressepolitik im bereits bekannten Sinne zählte zu den Instrumentarien: Vielmehr eröffneten die »neuen Medien« Funk, Fotografie und Fernsehen Kanäle, die Beeinflussungen auf mittelbare Weise erlaubten, gewissermaßen der harmlosen Unterhaltung angeklebt. Dabei wird deutlich, wie der staatliche Zugriff zunehmend seinen Charakter wandelte. Beharrten die Regierungen in der Frühzeit (bis 1871) zumindest fiktiv noch auf

ihrem Meinungsmonopol, traten später die alten Verfahren der Steuerung, die während des »Dritten Reiches« vorübergehend noch einmal kulminierten, zurück; sie wichen mehr und mehr – und dies am stärksten in der frühen Bundesrepublik – der werbenden Verführung, in der staatliche Instanzen mit gesellschaftlichen Gruppen um die »richtige« Deutung von Politik gleichsam am Markt konkurrierten.
Vieles war freilich schon in der Frühzeit angelegt, etwa im »Vormärz« in der kleinen badischen Stadt Ettlingen, wo sich im Wahlkampf des März 1846 herausstellte, daß Propaganda nicht allein Infiltration von oben bedeuten mußte, sondern auch den Meinungskampf verschiedener gesellschaftlicher Kräfte untereinander beherrschen konnte (Paul Nolte). Die Spaltung zwischen »Staat« und »Gesellschaft« wurde dort aufgebrochen, wo – wie hier erstmals greifbar – Medien bis hin zu Gerüchten propagandistischer Bestandteil im modernen Parteienkampf wurden, der den zuvor dirigierenden Staat in die Rolle der Mit-Partei drängte.
Andererseits konnte Propaganda auch den Charakter pressepolitischer Fehden auf Regierungsebene gewinnen (Peter Jungblut). Ausgerechnet die Kampagnen des entlassenen Reichskanzlers Bismarck gaben den Anstoß, die Zuständigkeiten für die Presse im Kaiserreich in einem eigenen Büro zusammenzufassen, um solch unerwünschter Agitation wirkungsvoller begegnen zu können. Das wachsende Gewicht der Reichsämter schuf im Wettstreit um Wahlkampagnen, Heeresreform und Flottenpolitik zwischen den obersten Reichsbehörden jedoch Rivalitäten, die eine Konzentration der gesamten Pressepolitik lähmten. Im Mittelpunkt dieses Auf und Ab stand die Schlüsselfigur, in deren Händen unter vier Reichskanzlern (1892–1916) die Pressepolitik des Auswärtigen Amts lag, der ehemalige Journalist Otto Hammann.
Der Erste Weltkrieg brachte mit der Kriegsfotografie ein Medium hervor, das bisher ungeahnte Dimensionen der Beeinflussung und Manipulation bot (Gerd Krumeich). Sie erstreckten sich zwischen fotografisch dokumentiertem Grauen und erlebnisgesättigtem Kriegstourismus. Beispielhaft läßt sich das an den Ereignissen zeigen, welche die Bildberichterstattung emotional am heftigsten ansprachen: an dem Kampf um Verdun und an den Somme-Schlachten. »Verdun« entwickelte sich dabei von Beginn an zu einem Medienereignis und Mythos mit typischer Mischung aus Dokumentation und Desinformation. Hier lernte man, wie sich mit punktueller Mitteilung der Wahrheit – fotogra-

fisch dokumentiert – lügen ließ: Tote und Verwundete hatte in der Regel nur der Feind zu beklagen; wenn aber einmal eigene Landsleute als Tote auf Bildern erschienen, dann – so lautete der gewünschte Trugschluß – mußte doch wohl auch die übrige amtliche Darstellung stimmen. Die verzerrende Eigenart der Propaganda eröffnet sich am schärfsten, wenn man die Darstellung desselben Sachverhalts aus französischer und deutscher Sicht betrachtet, wie es in diesem Beitrag geschieht.

Die Propaganda des »Dritten Reichs« wird oft als zentral dirigierte, monolithisch vollzogene Steuerung begriffen. Als Inbegriff der Virtuosität und Modernität gilt dabei der Umgang des Propagandaministers Goebbels mit den neuen Medien Hörfunk und Film. Wieviel komplizierter, unkalkulierter und konzeptionsloser die Realität in Teilen aussah, verdeutlicht Goebbels' Umgang mit dem Spielfilm (Felix Moeller). Es gelang gerade nicht, ein lückenloses Lenkungs- und Kontrollsystem herzustellen. Das stellte sich geradezu beispielhaft in den Jahren vom Kriegsausbruch bis zum Angriff auf die Sowjetunion heraus. Vielmonatige Produktionszeiten, aber auch kommerzielle Rücksichten machten es schwer, den Spielfilm – anders als die »Wochenschau« – als aktuelles Propagandamittel zu benutzen. Wo freilich langfristiger geplant wurde, konnten die Resultate um so wirkungsvoller ausfallen, wie die antisemitischen Hetzfilme bewiesen. Aber Goebbels perfektionierte mit der Zeit nicht allein die unmittelbare Beeinflussung durch Themen und Inhalte, sondern führte auch die bewußt angestrebte »indirekte Propaganda« im angeblich so harmlosen, unpolitischen Unterhaltungsfilm zu neuen Dimensionen.

Nach dem Zweiten Weltkrieg entfalteten vor allem die staatssozialistischen Diktaturen Osteuropas und der DDR ein Propagandaszenario, das vorgab, die sozialistische Gesellschaft und ihre staatliche Darstellung seien identisch. Auf die längste Praxis konnte dabei die ehemalige Sowjetunion zurückblicken. Über siebzig Jahre hinweg hatte sie versucht, Menschen gleichsam als Propagandamedium oder als »lebendige Litfaßsäule« zu benutzen, indem sie die »Helden der Arbeit« propagierte (Sabine Arnold). Sie entwarf die suggestive Utopie einer harmonischen, konfliktfreien Gesellschaft, deren Mitglieder als Individuen gesichtslos blieben. Dabei wandelte sich der ursprüngliche – auf Lenin und Stalin bezogene – Personenkult nach 1956 zu einem Heldenkult der Massen. Wie untrennbar Heldenkult und das Straflagersystem des Gulag dabei zusammenhingen, offenbart der Blick auf die Praxis. Freilich lehrt das sowjetische Beispiel eindrücklich wie kein anderes, daß Propaganda in solchen Dimensionen das Gegenteil des Gewünschten bewirkt: den Rückzug ins unpolitisch Private oder schlicht die Ignoranz gegenüber aller staatlichen Selbstinszenierung.

Die Geschichtswissenschaft erwies sich unter den Bedingungen der Diktatur als besonders willkommene Magd der Propaganda. Wo diese effektiver gestaltet werden sollte, wie in der Systemkrise der DDR seit den späten 1960er Jahren, mußte sie ihren Arm reichen, um Traditionen zu stiften und aus ihnen Legitimation von Herrschaft (Günther Heydemann). Parteioffiziell beauftragt, entwickelte die DDR-Geschichtswissenschaft Unterscheidungen, die es ihr erlaubten, differenzierter mit der Vergangenheit umzugehen und so glaubhafter propagandistisch wirken zu können. In der Unterscheidung zwischen »Tradition an sich« und »Erbe für uns« lieferte sie Deutungen, die bisher verschmähte Teile der deutschen Geschichte dem Konzept einer »sozialistischen deutschen Nation« zugänglich machten. Damit verließen auch Martin Luther, Friedrich der II. (»der Große«), das Bürgertum und der deutsche Adel den Hinterhof des Tabus. Im ideologischen Konzept der SED bedeutete solche Auflockerung jedoch keine echte Öffnung und Liberalisierung, wie von westlicher Seite verschiedentlich erhofft wurde, sondern lediglich eine dialektisch zweckmäßige Anpassung an eine komplizierter gewordene Westpolitik.

Seit Regierungen der sich vom Staat emanzipierenden ›Gesellschaft‹ und ›politischen Öffentlichkeit‹ gewahr wurden, gebar der Wunsch nach Kontrolle und Einfluß eine neue Schicht: die Sachwalter der Kultur – die Intellektuellen (Zygmunt Bauman). Propaganda erschöpft sich in diesem Bezugsrahmen nicht in einem Arsenal an Techniken und Institutionen: Sie entpuppt sich als Versuch, »Kultur« oder »Sinn« zu vermitteln, und im Mittelpunkt dieser ›Politik‹ stand die kleine Schar der ›Intellektuellen‹, die stets versuchte, »auf der kollektiven Ebene die geistige Führungsposition der Nation zu erobern, die Funktion des Wächters und Zensors ihrer Werte« wahrzunehmen. Wer waren diese Sachwalter an den Hebeln der Kultur? Wie wandelte sich ihre ›Profession‹? In einem säkularen Gang verloren sie ihre ursprüngliche, in der »Aufklärung« manifestierte Macht, indem sie sich reduzierten zu »Experten«, die ihre immer speziellere Kompetenz immer begrenzter anzubieten in der Lage waren – erst den Behörden, dann den Anstalten und Verbänden, schließlich den Medien und dem Markt. Dies ist eine Entwicklung, die zu neuem Nachdenken über das Thema ›Propaganda‹ zwingt.[15]

Der vorliegende Band widmet sich als erster dem Thema ›Propaganda‹ in umfassender Weise: Er behandelt sie grundsätzlich und im historischen Wandel von ihren modernen Anfängen gegen Ende des Ancien Régime bis in die Frühzeit der Bundesrepublik; er zeigt an konkreten historischen Fällen und Situationen, wie sie wirkte und wie sie wirken sollte; er erfaßt unterschiedliche Medien vom vorherrschenden gedruckten Wort über die Fotografie bis hin zum Film. Alle Beiträge wurden für diesen Band neu geschrieben; die meisten stützen sich dabei auch auf ungedruckte, bisher unbekannte archivalische Quellen.

Wolfgang Piereth

Propaganda im 19. Jahrhundert

Die Anfänge aktiver staatlicher Pressepolitik in Deutschland (1800–1871)

»Ich habe hier [...] Gelegenheit zu bemerken, welchen Einfluß die Zeitungen auf das Volk ausüben. Die Zeit ist vorbey, wo die Regierungen negativ (durch strenge Censur) auf öffentliche Meinung wirken konnten. Sie müßen sich positiver Mittel bedienen, und haben dieß nicht schon die meisten gethan?«[1]

Mit diesen Worten beschrieb der für die bayerische Pressekampagne um 1815 verantwortliche Legationsrat Joseph Hörmann in geradezu klassischer Terminologie die zwei möglichen Formen obrigkeitlicher Einflußnahme auf die Presse. Auch in der Forschung unterscheidet man zwischen der *negativen* (oder besser: repressiven) Pressepolitik, die im wesentlichen aus Unterdrückung und Zensur besteht, und der *positiven* – treffender wohl: aktiven –, bei der die Regierenden publizistische Mittel für ihre politischen Zwecke einsetzen, modern gesprochen also Öffentlichkeitsarbeit und Propaganda betreiben.[2] Auch wenn sie in ihren Mitteln sehr gegensätzlich erscheinen, haben beide Methoden der Pressearbeit das gleiche Ziel: Sie sollen das Publikum, die ›öffentliche Meinung‹, im Sinn der Regierung beeinflussen und steuern. Während die meist in präventiver Form – also vor der Veröffentlichung – durchgeführte Zensur dabei von alters her ein Instrument obrigkeitlicher Meinungskontrolle war[3], liegen die Anfänge aktiver staatlicher Pressepolitik im deutschsprachigen Raum im 19. Jahrhundert.

Bis zur Reichsgründung von 1871 finden sich dabei zwei Höhepunkte regierungsamtlicher Propaganda: zum einen die eigentlichen Anfänge im zeitlichen Umfeld von Befreiungskriegen und Wiener Kongreß (1813–15), auf die auch die eingangs zitierten Worte von Montgelas' Pressechef Hörmann verweisen, zum andern – nun auf Dauer und wesentlich breiter angelegt – der Durchbruch im Gefolge der Revolution von 1848. Stellt man die beiden Zeitabschnitte vergleichend nebenein-

ander, so fällt der Zusammenhang zwischen repressiver und aktiver Pressepolitik noch stärker ins Auge: In beiden Perioden kam es zu einer enormen Expansion politischer Öffentlichkeit, so daß die Presse als deren zentraler kommunikativer Träger zu einem Machtfaktor wurde, der mit traditionellen, also bloß »negativen« obrigkeitlichen Kontrollinstrumenten nicht mehr zu steuern war.[4] So brachten die Jahre 1813–15 »in weiten Teilen Deutschlands eine vollkommene Verwirrung und sogar den Zusammenbruch der geordneten Zensur mit sich«[5], während ein dauerhaftes Ergebnis der Revolution von 1848 die gesetzliche Überwindung der Präventivzensur war.[6]
Bezeichnenderweise findet sich dagegen in der zwischen diesen beiden Phasen liegenden Epoche des Vormärz, die geprägt war von erfolgreicher obrigkeitlicher Öffentlichkeitskontrolle durch strenge Zensur und Presseunterdrückung, nur sporadische aktive Pressearbeit seitens deutscher Regierungen, etwa um 1830.
Die folgenden Überlegungen konzentrieren sich vergleichend auf die wesentlichen Institutionen und Organe der in beiden Phasen propagandistisch besonders rührigen Staaten Österreich, Preußen und Bayern. Folgende Fragen erschließen dabei die Grundlinien früher Propaganda in Deutschland: Welche Motive, Intentionen und Konzepte waren bestimmend? Welche Strategien der Vermittlung und Verbreitung von Regierungspropaganda gab es? Inwieweit sind bei den Verantwortlichen Lern- und Erfahrungsprozesse im Umgang mit politischer Öffentlichkeit festzustellen? Schließlich: Welche generellen Vorstellungen der Regierenden von politischer Repräsentation werden über ihre jeweiligen pressepolitischen Konzepte faßbar?

I.

Am Anfang staatlicher Propaganda in Deutschland stand Napoleon. Sein Versuch, »Europa nicht nur mit Truppen, sondern auch durch Agitation zu erobern«, stellte eine völlig neue Dimension staatlicher Pressearbeit dar. Napoleon hatte während der Französischen Revolution die »politische Missionierung Andersdenkender« durch Presse und Publizistik erfahren. Der Faktor ›öffentliche Meinung‹ und die von ihm als »Großmacht« eingeschätzte Presse hatten daher in seiner Politik einen völlig anderen Stellenwert als in der vorwiegend von absolutistischer »Arkanhaltung« geprägten Öffentlichkeitsarbeit der deutschen Regierungen.[7] Der Kaiser besaß ein eigenes Bureau de presse und ließ sich von persönlichen Pressereferenten laufend über die tägliche Publizistik unterrichten. Sein System der Presselenkung basierte auf einer meisterhaften Kombination von Unterdrückung, Zensur und Propaganda.

Entscheidend war die Übertragung dieser Methoden auf den außenpolitischen Bereich. Überzeugt, »que quatre gazettes hostiles faisaient plus du mal que cent mille hommes en plate campagne«[8], flankierte Napoleon seine außenpolitischen und vor allem seine militärischen Unternehmungen mit intensiver publizistischer Unterstützung. In besetzten Gebieten bemühte er sich sofort um ein pressepolitisches Monopol: So wurde beispielsweise die *Wiener Zeitung*, das offizielle Blatt der österreichischen Regierung, während der Besetzung Wiens in ein schlagkräftiges profranzösisches Organ umgewandelt.[9]

Die von Napoleon ausgelösten kriegerischen Auseinandersetzungen, Herrschaftswechsel und territorialen Veränderungen erhielten auf diese Weise zusätzliche ideologische Sprengkraft und bewegten die Deutschen in bisher unbekanntem Ausmaß. Person und Politik Napoleons wurden so in unterschiedlicher Form für alle Bevölkerungsschichten »zum sichtbaren Kristallisationspunkt, an dem sich Meinungen und entstehende Parteiungen schieden«.[10] Die Presse als zentrales Forum einer nun vielbeschworenen ›öffentlichen Meinung‹[11] erfuhr eine gewaltige politische und gesellschaftliche Aufwertung.

Bei den deutschen Gegnern Napoleons, in erster Linie also in Österreich und Preußen, erkannten die Verantwortlichen bald den enormen Positionsvorteil, den sich der französische Kaiser durch seine geschickte Öffentlichkeitsarbeit zu sichern wußte. Beim Blick auf Österreich hat sich das Augenmerk besonders auf Clemens Fürst von Metternich zu richten, der als leitender Minister (1809–1848) die Politik der Habsburgermonarchie – und darüber hinaus des gesamten Deutschen Bundes – maßgeblich bestimmte. Er erkannte die neue Herausforderung durch Napoleons Pressepolitik frühzeitig und versuchte später wie kein zweiter, sie in seinem Sinn zu kopieren.[12] Drei Aspekte der von ihm geführten aktiven Pressearbeit sind herauszustellen:

Ein Grundzug der aktiven österreichischen Pressepolitik in der Ära Metternich war das Bemühen der Regierung, zwar Einfluß auf die öffentliche Meinung zu nehmen, dies jedoch so weit als möglich zu kaschieren. Ein Grund hierfür war, daß man sich von scheinbar privat herausgegebenen regierungsfreundlichen Publikationen mehr Glaubwürdigkeit und damit mehr Wirksamkeit versprach. Daneben stand ein zweites, noch entscheidenderes Motiv: Die Regierung wollte nicht zu offensichtlich ›Partei‹ werden. Metternich hatte zwar die Notwendigkeit erkannt, sich an die ›öffentliche Meinung‹ zu wenden, doch er wollte dies aus einer verdeckten, quasi außerhalb der Öffentlichkeit stehenden Position tun, um die exklusive Stellung der Regierung nicht abzuwerten. Sehr deutlich zeigte sich dies, als er 1809/10 beabsichtigte, ein schlagkräftiges Presseorgan zu schaffen. In einem Gutachten für den Kaiser bezeichnete er das offizielle Blatt des Hofes, die *Wiener Zeitung*, als

»nicht hinlänglich, weder das Bedürfnis nach Neuigkeiten in einem Zeitpunkte zu befrieden, wo jeder Tag eine Katastrophe mit sich bringt, noch kann selbes, eben weil es die offiziellen Artikel der Regierung liefert, mit der Unbefangenheit geschrieben werden, wie eine dem Anscheine nach von offiziellen Einflüssen getrennte periodische Schrift«.[13]

Metternich erkannte, daß der trockene Verlautbarungsstil der *Wiener Zeitung* für seine pressepolitischen Ziele unzulänglich war; doch reformieren konnte man das Blatt seines offiziellen Charakters wegen nicht. Nach vergeblichen Versuchen, die renommierte Augsburger *Allgemeine Zeitung* (AZ) zu gewinnen, wurde daher neben der *Wiener Zeitung* als »politisches Blatt« der *Oesterreichische Beobachter* etabliert, »von der Regierung befördert, kontrolliert und geleitet, ohne daß sie sich öffentlich dazu bekennen dürfte«.[14]
Der zweite Grundzug österreichischer Pressepolitik wird in diesem Zitat von Friedrich Gentz, dem engsten pressepolitischen Mitarbeiter Metternichs, bereits offenbar: Zwar sollte die Staatsmacht weitgehend diskret – aus dem Verborgenen – auf die Öffentlichkeit wirken, sie sollte es aber zugleich so direkt wie möglich tun. Für Metternich durfte es »niemals [...] der Beurteilung des Redakteurs überlassen werden, welche beim Leser zu erzeugenden Schlußfolgerungen heilsam oder nachtheilig sind; die Regierung allein ist dies imstande [zu tun]«.[15] Ein grundlegendes Dilemma regierungsamtlicher Propaganda im Untersuchungszeitraum läßt sich hier erstmals fassen: Die Regierungen wünschten sich zur möglichst präzisen Vermittlung ihrer Interessen in

der Regel eine enge Lenkung der von ihnen gestützten Presse; zugleich aber sollte diese Presse nach außen als frei von regierungsamtlicher Einflußnahme erscheinen, um die Obrigkeit nicht als ›Partei‹ zu desavouieren und um dadurch auch einen größeren publizistischen Erfolg zu erreichen. Metternich entschied sich für die bedingungslose Lenkung der Presse – und bezahlte dies mit der weitgehenden Erfolglosigkeit seiner Propaganda.

Diese Erfolglosigkeit hing nicht zuletzt mit den inhaltlichen Zielen der aktiven Metternichschen Pressepolitik – als deren drittem Grundzug – zusammen. Zugespitzt formuliert: Metternich hatte den Bedarf der Öffentlichkeit nach politischer Information, Interpretation und Teilhabe erkannt und versuchte, ihn monopolartig mit eigener, politisch möglichst sedativ wirkender Publizistik zu decken, um eine weitere Politisierung des Publikums zu verhindern. Nicht durch einen »Volkskrieg«, wie ihn 1808/09 Teile der damaligen politischen Führung Österreichs propagiert hatten und wie er schließlich 1813 in Preußen ausgerufen wurde, sondern durch einen kontrollierten Kabinettskrieg sollte Napoleon niedergerungen werden. Diesem politischen Konzept entsprach die Form der Propaganda: Hatten sich 1809 besonders die Erzherzöge Carl und Johann mit Flugblättern, Proklamationen und volkstümlichen Publikationen an die Bevölkerung ganz Süddeutschlands gewandt, um eine breite antinapoleonisch-patriotische Kriegsbegeisterung zu erzeugen, so lehnte Metternich 1812 ein »Volksblatt« mit der Begründung ab, das Volk müsse von der Politik ferngehalten werden.[16] Während der Befreiungskriege 1813/14 verfaßten die österreichischen Regierungspublizisten – zu nennen sind in erster Linie Gentz, Adam Müller, Friedrich Schlegel und Josef Anton von Pilat – vor allem unverfängliche Extrablätter. Metternich seinerseits unterband bereits im April 1813 die Einfuhr von Publikationen seiner Verbündeten Preußen und Rußland, da diese das Volk zu sehr aufwühlten.[17] Diese Form der Öffentlichkeitsarbeit wurde auch nach der Niederwerfung Napoleons, während des Wiener Kongresses, beibehalten. Mit ausführlichen Beschreibungen der Festlichkeiten versuchte man, das interessierte Publikum von den politischen Verhandlungen abzulenken.[18]

Metternichs Konzept, das Politikmonopol der Höfe durch entpolitisierende Pressearbeit zu bewahren, scheiterte an den ganz anders gelagerten Ansprüchen des bürgerlichen Publikums. Gefolgt und unterstützt von weiteren deutschen Höfen, die ebenfalls den öffentlichen Meinungsbildungsprozeß einhegen wollten, zog der österreichische Staatskanzler schließlich die Konsequenzen aus dieser Entwicklung: Die von ihm angeregten ›Karlsbader Beschlüsse‹ von 1819 etablierten in ganz Deutschland bis 1848 obrigkeitliche Öffentlichkeitskontrolle durch repressive Methoden.[19]

Auch in Preußen folgte die Regierung bald nach dem Wiener Kongreß diesem Trend und forcierte die unterdrückende Pressepolitik, nachdem sie für mehr als ein Jahrzehnt der aktiven Öffentlichkeitsarbeit breiten Raum gegeben hatte. Betrachtet man diese preußische Propaganda vor dem Hintergrund der österreichischen Praxis, so zeigen sich Gemeinsamkeiten, aber auch signifikante Unterschiede.[20]

Wie in Österreich waren auch in Preußen die Anfänge aktiver Pressepolitik von einem starken antinapoleonischen Affekt geprägt. »Erst die Not«[21], die Niederlage gegen Frankreich, gab den Anstoß zu neuen Formen des Umgangs mit der Öffentlichkeit. Der Appell an die öffentliche Meinung war integraler Bestandteil des Kampfes gegen Napoleon. Nach der Auffassung des Freiherrn Karl vom Stein mußte »diese verruchte Nation [Frankreich] der öffentlichen Meinung unterliegen, wenn man diese recht aufreizt«.[22]

Die gesamte Nation sollte nach dem Willen der preußischen Reformer an der Politik beteiligt werden – nur so schienen nach der vernichtenden Niederlage von 1806/07 Erneuerung nach innen und Widerstand nach außen möglich. Hier zeigte sich, wie eng Vorstellungen von politischer Repräsentation bei den Verantwortlichen mit den Formen der von ihnen vertretenen Pressearbeit zusammenhängen konnten: Ziel der preußischen Reformer war – im Gegensatz zu Metternichs Konzept – nicht die absolute Beherrschung und vollkommene Lenkung der öffentlichen Meinung, ihre Pressepolitik war mehr ein »Sich-Mühen um die Öffentlichkeit«.[23] So beabsichtigte Stein 1808, in einer »Proclamation an sämtliche Bewohner des Preußischen Staates« seine Reformpolitik öffentlich zu erläutern.[24] Scheiterte dieses Vorhaben noch am Einspruch des Königs, so wurde seine Grundidee 1813 beim berühmt gewordenen Kriegsaufruf Friedrich Wilhelms III. umgesetzt: Diese »An mein Volk« betitelte Proklamation, veröffentlicht am 20. März 1813 in der *Schlesischen Privilegirten Zeitung*, war eben »nicht Befehl, sondern Gespräch: Der König kommunizierte die Gründe des Kriegs mit dem Volk«.[25] Getreu dieser öffentlichkeitspolitischen Konzeption war die von der preußischen Regierung während der Befreiungskriege geförderte Publizistik inhaltlich wesentlich freier als die vergleichbare österreichische oder auch französische Presse. Beispielhaft erwähnt seien hier nur die beiden bekanntesten propreußischen Publizisten: Ernst Moritz Arndt wurde zwar mit Hardenbergischen Geldern finanziert und durch Stein protegiert, arbeitete aber 1813/15 fast ohne Zensuraufsicht.[26] Ähnliches galt für Joseph Görres, dessen *Rheinischer Merkur* zwar »auf Anregung der höheren Behörde« gegündet wurde, wie es in der ersten Ausgabe vom 23. Januar 1814 hieß, aber zumindest zeitweise zensur- und aufsichtsfrei erschien.[27] Der Erfolg dieser systemnahen, zugleich aber relativ freien Publizistik ist bekannt: Görres' *Rheinischer Merkur* entwickelte sich in den knapp zwei Jahren seines Bestehens zum wohl bedeutendsten deutschsprachigen Presseorgan seiner Zeit; die zahlreichen Flugschriften von Arndt erreichten mit Auflageziffern von 5000 bis an die 100000 Stück eine für die damalige Zeit beispiellose Verbreitung.[28]

Die Publizistik von Görres und Arndt sowie zahllose weitere Flugschriften, Heeresproklamationen, Zeitschriften und Zeitungen hatten die »Erregung und Beförderung patriotischer preußischer, echt deutscher Gesinnungen«[29] zum Ziel. Beim ganzen Volk sollten antifranzösische, antinapoleonische und preußisch-nationale Gefühle mobilisiert werden. Diese Form der Pressearbeit trug entscheidend dazu bei, daß im Umfeld der Befreiungskriege vor allem in bürgerlichen und intellektuellen Kreisen ältere kulturnationale Vorstellungen umschlugen in die Idee eines Nationalstaats, der alle Deutschen Mitteleuropas umfassen sollte.

Diese breitenwirksame, preußisch-national, zum Teil auch reichstraditionalistisch orientierte Publizistik nutzte die preußische Regierung auch während des Wiener Kongresses, um ihre Interessen zu propagieren und zu popularisieren. Mit gleicher Intensität wie zuvor gegen Napoleon wandte man sich nun gegen die deutschen Gegner Preußens und ehemaligen Verbündeten Napoleons, welche sich dem preußischen Plan eines engen Deutschen Bundes widersetzten, der von den beiden deutschen Großmächten dominiert sein und zumindest teilweise auf altem Reichsrecht beruhen sollte.

Zielscheibe dieser preußisch-nationalen Propaganda war vor allem Bayern. Dessen Regierung unter Maximilian von Montgelas versuchte während des Wiener Kongresses, Bayern als europäische Macht zu eta-

blieren und die einzelstaatliche Souveränität samt den Resultaten der politischen und gesellschaftlichen Umwälzungen aus der Rheinbundzeit energisch zu verteidigen. Bayern sei »groß geworden durch Verrath an Teutschland«, sein Gebietszuwachs beruhe auf »Ungerechtigkeit und Raub«, schrieb demgegenüber Arndt und forderte die Rückführung Bayerns auf den Rechts- und Gebietsstand von 1803.[30]
Die bayerische Regierung reagierte auf diesen »für die öffentliche Stimmung sehr gefährlichen Schriftenkrieg«, wie es in einem späteren Gutachten hieß, mit großangelegter aktiver Pressearbeit, in deren Zentrum die im Januar 1815 gegründete Zeitschrift *Allemannia* stand.[31] Bayern wurde so zum wichtigsten publizistischen Antipoden Preußens und der Nationalbewegung; mit ihnen lieferte es sich im Umfeld des Wiener Kongresses einen regelrechten Pressekrieg über die territoriale und verfassungsrechtliche Ausgestaltung des zu schaffenden Deutschen Bundes. Die Forschung hat diese bayerische Pressekampagne bisher in ihrer Bedeutung zwar durchaus registriert, jedoch kaum substantiell bearbeitet.[32] Die von der kleindeutschen Geschichtsschreibung eingeleitete Konzentration auf die ›nationale‹ Publizistik ist hierfür ebenso verantwortlich wie eine bislang als sehr dünn eingeschätzte Quellenlage. Ein Aktenfund im Bayerischen Hauptstaatsarchiv München macht es nun möglich, die bisher weitgehend unbekannten personellen, pressepolitischen, ideellen und auch ökonomischen Aspekte dieses Pressefeldzugs ans Licht zu bringen.[33] Seine Grundzüge lassen sich in fünf Aspekten bündeln:
1. Den Impuls zu aktiver Pressearbeit lieferte in Bayern nicht Napoleon, sondern die Herausforderung durch die preußisch-nationale Publizistik. Der Entschluß zur Gegenpropaganda fiel Ende 1814, nachdem man ein Jahr lang vorwiegend mit Zensur, Protesten und Verboten – wie dem des *Rheinischen Merkur* im Juni 1814[34] – agiert hatte. Da sich diese traditionellen repressiven Instrumentarien wegen der schieren Menge der gegnerischen Schriften und des Interesses der Bevölkerung an ihnen als weitgehend wirkungslos erwiesen[35], entschloß man sich zu komplementärer aktiver Pressepolitik. Die Verwandtschaft zwischen diesen beiden Formen der Meinungskontrolle und auch ein Lerneffekt bei den Verantwortlichen im Umgang mit Öffentlichkeit werden hier wieder deutlich. Neben diesem Anstoß durch die preußische Propaganda waren es Person und Politik Montgelas', die den bayerischen Pressefeldzug maßgeblich prägten. Sein Sturz im Februar 1817

führte in Bayern nicht nur zur Milderung der rigiden Souveränitäts- und Großmachtpolitik, sondern auch zum Ende der damit verknüpften Propaganda und zur Auflösung des Presseapparates. Die pressepolitische Wende in Preußen, wo bereits am 3. Januar 1816 der *Rheinische Merkur* verboten worden war[36], hatte diese Entscheidung zusätzlich begünstigt. Auch in Bayern dominierte nun wieder »negative« Öffentlichkeitsarbeit.

2. Die *Allemannia* als Hauptorgan der Pressekampagne wurde im Januar 1815 gegründet, um – nach den Worten eines regierungsinternen Zirkulars – einen »Kampfplatz« gegen Preußen und die ›nationale‹ Partei zu eröffnen.[37] Private publizistische Aktivitäten auf diesem Gebiet unterband man hingegen streng. Noch im Monat der *Allemannia*-Gründung wurden die bayerischen Zensoren ermahnt, nichts zu erlauben, was die Zeitungen zum – nota bene! – »Kampfplatz der Meinungen macht, wie es z. B. in den letzten Zeiten mit den Aufsätzen für und gegen Preußen und Sachsen der Fall war«.[38] Wie in Österreich bemühten sich also auch in Bayern die Verantwortlichen um eine direkte Lenkung der Öffentlichkeit. Nicht umsonst waren hier wie dort die Träger der Propaganda fast ausschließlich Staatsbedienstete. Leiter des bayerischen Pressefeldzugs war der eingangs bereits zitierte Legationsrat im Außenministerium Hörmann. Er erledigte nicht nur administrative Aufgaben und verfaßte zahlreiche Flugschriften und *Allemannia*-Artikel – die fast vollständig erhaltenen Manuskripte der Kampagne zeigen auch, daß die grundsätzlich bei Hörmann einzureichenden Aufsätze von ihm häufig durch massive, teilweise von Montgelas persönlich angeordnete Eingriffe auf Regierungslinie gebracht wurden.[39]

3. Noch stärker als die österreichische bemühte sich die bayerische Regierung, ihre pressepolitischen Aktivitäten zu kaschieren. Die *Allemannia* ist zu Recht als »ein in der Geschichte der deutschen Presse ganz einzigartiges Experiment staatlicher Geheimjournalistik« bezeichnet worden.[40] Um zu verdecken, daß es sich bei ihr um ein Regierungsblatt handelte, erschienen sämtliche Artikel anonym; Verleger, Verlagsort und Herausgeber blieben ungenannt. Der Vordruck des Sulzbacher Buchhändlers Seidel als Verleger ab September 1816 geschah nur zum Schein, um dem Unternehmen einen privatwirtschaftlichen Anstrich zu geben. Die Geheimhaltung reichte bis in die Redaktionsarbeit. Damit der Kreis der Mitwisser möglichst klein gehalten

werden konnte, wurden auf die Manuskripte geschriebene Verfassernamen weggeschnitten oder geschwärzt. Durch Schriftvergleich und glückliche Zufälle in der Überlieferung konnte nun der größte Teil der Mitarbeiter bestimmt werden. Zu den wichtigsten gehörten neben Hörmann der Jurist und Publizist Johann Christoph von Aretin, der ehemalige Jakobiner Andreas Georg Friedrich Rebmann, der Landshuter Universitätsprofessor Joseph August Schultes und der Redakteur der Augsburger *Allgemeinen Zeitung* Joseph Widemann. Auch lassen sich Verbindungen zu sächsischen Publizisten und Politikern nachweisen.[41]

4. Besonders deutlich zeigt sich beim Projekt *Allemannia* die angesprochene Spannung zwischen der gewünschten Lenkung der Presse und ihrer aus politischer Raison und propagandistischen Gründen eigentlich notwendigen Freiheit. Die Verantwortlichen mußten bald feststellen, daß die *Allemannia* trotz aller Geheimhaltung als Regierungsblatt identifiziert wurde. Hörmann entwickelte daraufhin im Auftrag Montgelas' Strategien, wie die *Allemannia* »den halb offiziellen Carakther, welchen ihr das Publikum beylegt, verlöre, ohne darum aufzuhören, das Werkzeug zu seyn, dessen sich die Regierung zur Verbreitung [ihrer] politischen Ansichten bedient«.[42] Zu den von ihm vorgeschlagenen Instrumentarien gehörte die bewußte Aufnahme nonkonformer Meinungen in das Blatt und die – geradezu grotesk anmutende – effektvolle Beschlagnahme einzelner Exemplare durch die eigene Polizei. Der Erkenntnis, daß von Regierungseinfluß freie Blätter wesentlich höheren propagandistischen Wert haben, entsprach auch eine im August 1816 gegründete Einrichtung, die als frühes Beispiel der nach 1848 allenthalben zu findenden Pressebüros bezeichnet werden kann. Das Projekt wurde – unter Aufsicht Hörmanns – vom Verleger der *Nationalzeitung*, dem ehemaligen Würzburger Professor Albert Klebe, betrieben. Seine Aufgabe bestand darin, bereits in der *Allemannia* veröffentlichte Aufsätze ganz, teilweise oder in entsprechender Zusammenfassung in die auswärtige Presse zu lancieren.[43]

5. Präzise Aussagen wie bei keiner anderen Pressekampagne dieser Zeit lassen sich zu den ökonomischen, den verlags- und vertriebstechnischen Umständen der bayerischen Regierungspropaganda machen. Die vollständig erhaltenen Abrechnungen und Absatzlisten weisen das gesamte Unternehmen als beachtliches Verlustgeschäft aus: Nur etwa

ein Drittel der Aufwendungen ließ sich über den Verkauf decken, der Rest – während der gut zwei Jahre die in toto allerdings relativ bescheidene Summe von etwa 4000 Gulden – mußte aus dem Etat des Außenministeriums zugeschossen werden.[44] Von der *Allemannia* wurden im ersten Jahr ihres Bestehens um die 400, im zweiten Jahr nur noch um die 300 Exemplare verkauft – zu wenig, um für die gewinnorientierten Verleger interessant zu sein. Die Regierung befand sich in den Verhandlungen mit ihnen daher auch grundsätzlich in einer bemerkenswert schwachen Position. Der Münchner Buchhändler Lindauer gab den Verlag des Blattes bereits nach drei Monaten im März 1815 auf. Nach zahlreichen vergeblichen Bemühungen, einen neuen Verleger zu finden, mußte die Regierung das wirtschaftliche Risiko selbst übernehmen und Lindauer bitten, die *Allemannia* in Kommission zu vertreiben. Diesen ökonomisch völlig risikolosen Kommissionsverkauf ließ sich der Buchhändler – wie auch sein Nachfolger Seidel seit September 1816 – mit dem stolzen Provisionssatz von 50 Prozent des Verkaufserlöses vergüten.[45]

Nicht anders erging es Hörmann, als er 1815 vergeblich für die von ihm verfaßte Schrift »Tirol unter der baierischen Regierung« einen Verleger suchte. Nach zähen Verhandlungen ließ sich schließlich Sauerländer als scheinbarer Verleger vordrucken, vertrieb das Blatt aber lediglich in Kommission und erhielt dafür zwei Drittel des Verkaufserlöses. Die Zurückhaltung der Unternehmer läßt sich bei einem Blick auf den »Erfolg« der Schrift durchaus nachvollziehen: Von den 1000 aufgelegten Exemplaren wurden gerade einmal 200 Stück verkauft.[46]

Die amtliche bayerische Publizistik war – nicht anders als die vergleichbar eng geführten Organe anderer Regierungen[47] – gegenüber der freien Presse nicht konkurrenzfähig. Der Anspruch, als Obrigkeit eben nicht Partei zu sein, und das gleichzeitige Bemühen, die exklusive Regierungsstellung zu erhalten, standen erfolgreicher Propaganda letztlich im Weg. Die amtliche Presse begleitete nicht den Verlauf der Ereignisse interpretierend und spekulierend, wie es die freie Presse versuchte, sondern sie präsentierte trocken und regierungskonform das Ergebnis. Das war dem Publikum meist zu wenig informativ, zu unkritisch gegenüber der Regierung und nicht aktuell genug. Einer systemnahen, aber doch relativ freien Pressearbeit, wie sie die preußischen Reformer um 1813/15 erfolgreich betrieben, widersprachen die spätabsolutistischen Vorstellungen der Herrschenden von politischer Repräsentation. Die ›Karlsbader Beschlüsse‹ von 1819 und das strenge Zensurregiment des Vormärz waren der Ausfluß dieser Haltung.

II.

Die Revolution von 1848/49 brachte erstmals in Deutschland uneingeschränkte Pressefreiheit. Eine wahre »Leseexplosion« war die Folge: Die Auflagenzahlen vor allem der politischen Presse schnellten in die Höhe, zahlreiche – häufig allerdings nur kurzlebige – Blätter wurden neu gegründet. Ein Blick auf Österreich mag die Entwicklung verdeutlichen: Dort existierten unmittelbar vor der Revolution 79 Blätter, davon 19 politische, 1848 waren es 388, davon 306 mit politischer Ausrichtung.[48] Dieser ungeheuren Expansion politischer Öffentlichkeit, die durch die nun entstehende Parteipresse sich aufsplitterte und zugleich unübersichtlich zu werden begann, waren die obrigkeitlichen Steuerungsmechanismen des Vormärz nicht mehr gewachsen. Die Regierungen sahen sich zu umfassender aktiver Pressearbeit veranlaßt, um wieder Kontrolle über die Öffentlichkeit zu bekommen. In Preußen erkannte der Ministerpräsident Friedrich Wilhelm von Brandenburg im Spätherbst 1848 »das dringende Bedürfnis [...], durch ein Organ in der Tagesliteratur die konstitutionelle Monarchie und das Königthum gegen die überfließenden Angriffe der Demokratie und der Anarchie zu vertheidigen«.[49] Der österreichische Innenminister Alexander Freiherr von Bach konstatierte, daß »das Lesen der Tagespresse an die Stelle eines nothwendigen Lebensbedürfnisses« erhoben worden sei und empfahl, daß dieses Bedürfnis »im Interesse der erhaltenen Prinzipien, welche die Grundlage der Monarchie bilden, ausgebeutet und diesen Prinzipien unermüdlich und fortlaufend getreuer Ausdruck und stets wachsende Verbreitung in allen Volksschichten gesichert werde«.[50] Ganz in diesem Sinne hielt es auch der bayerische Innenminister Gottlieb Carl Freiherr Thon von Dittmer im April 1848 »für notwendig, daß man durch die Tagesliteratur im Sinne des monarchischen Prinzips und im Geiste der gesetzgebenden Ordnung auf die Gemüter der Verwalteten einwirke [...]«.[51]
Zwei Grundprobleme der staatlichen Propaganda beherrschten fortan die Entwicklung bis zur Reichsgründung von 1871 und waren den Ver-

antwortlichen in Österreich, Preußen und Bayern gemeinsam: die Organisation der Pressepolitik innerhalb des Regierungsapparates und ihre Umsetzung in geeigneten Presseorganen.[52] Auf beiden Feldern veränderten die Regierenden zwischen 1848 und 1871 ihre Konzeptionen mehrfach. Dies markiert Erfahrungsprozesse der Verantwortlichen im Umgang mit Öffentlichkeit, aber auch grundsätzlich unterschiedliche pressepolitische Vorstellungen, die Ausfluß eines sich jeweils wandelnden politischen Umfelds waren.

Rasch setzte sich bei den Verantwortlichen die Erkenntnis durch, daß wegen der enorm gestiegenen Anforderungen die Pressepolitik innerhalb des Regierungsapparates besser organisiert werden müsse. Dies versuchte man über die Einrichtung von Büros zu erreichen – eine in dieser Epoche auch in anderen Bereichen der Staatsarbeit feststellbare Entwicklung, die Max Weber in klassischer Typologie festgehalten hat. Zu ihren wichtigsten Elementen gehören Bereitstellung von Arbeitsräumen und -material, Hauptamtlichkeit der Beschäftigten, Amtshierarchie, geregelte Dienstzeiten, genaue Festlegung der Aufgaben und Rechenschaftspflicht.[53]

Erste Ansätze, die Pressepolitik innerhalb des Regierungsapparates auf diese Weise zu institutionalisieren, fielen noch in die Revolutionszeit; sie vermitteln in der Rückschau allerdings einen improvisierten, konzeptionell unausgereiften Eindruck und zeigen so, daß die Verantwortlichen zwar die Erfordernis der Zeit erkannt hatten, aber nur begrenzt umzusetzen wußten. In Österreich wurde im Juni 1848 ein Centralbureau etabliert, um der Regierungspresse »die nöthige Übereinstimmung in der politischen Richtung« zu geben.[54] Die Einrichtung – geleitet von einem Höhlenforscher und einem passionierten Landwirt – blieb ohne Wirkung und »blüht[e] als pressepolitisches Veilchen im Verborgenen«.[55] In Preußen hatte bereits seit 1841 eine frühe Form von Pressebüro in Gestalt des Ministerial-Zeitungsbureaus bestanden, dessen Aufgabe es in erster Linie gewesen war, mißliebige Pressemeldungen zu berichtigen. Es wurde während der Revolution aufgehoben, aber schon im Sommer 1848 als Literarisches Kabinett wiederbelebt. Sein Aufbau vollzog sich jedoch zunächst nur etappenweise.[56] Dezentraler ausgerichtet waren die Pläne in Bayern, wo König Maximilian II. im Juni 1848 die Bestellung hauptamtlicher Preßreferenten bei allen Ministerien anordnete, deren Aufgabe es sein sollte, den »Aufreitzungen« der Presse selbsttätig durch Berichtigungen entgegenzutreten.

Dauerhaft eingerichtet wurde ein derartiges Pressereferat aber nur beim Außenministerium.[57]

Der zielgerichtete Aufbau der Pressebüros fiel allenthalben in das Reaktionsjahrzehnt der 1850er Jahre. Die Regierungen setzten auf bürokratisch-autoritären Etatismus, der jedoch – eingedenk der Erfahrungen von 1848 – auch bonapartistische, also auf Zustimmung des Volkes ausgerichtete Züge trug. Die Bedeutung der ›öffentlichen Meinung‹ wurde durchaus anerkannt; nicht erträglich erschien allerdings die Spannung zwischen Regierungs- und veröffentlichter Meinung, die die Revolutionszeit gekennzeichnet hatte. Wie 1819 mit Hilfe der ›Karlsbader Beschlüsse‹ versuchte man auch jetzt, eine einheitliche, von oben gesteuerte Willensbildung zu erreichen; das ›Bundespreßgesetz‹ von 1854 wurde in einem durchaus vergleichbaren Geist abgefaßt. Das während der Revolution verlorengegangene Kontrollinstrument der Vorzensur wurde durch eine repressive Verwaltungspraxis ersetzt.[58] Daneben stand nun allerdings – im Gegensatz zur Zeit des Vormärz – das anhaltende Bemühen der Obrigkeiten auch um aktive Pressearbeit, das sich im Ausbau der entsprechenden amtlichen Institutionen spiegelt. Auch im Bereich der Pressepolitik war »die Reaktion, [...] paradox gesagt, moderner als die Restauration nach 1815«.[59]

In Preußen wurde unter maßgeblicher Beteiligung des Regierungschefs Otto von Manteuffel im Dezember 1850 aus den Ansätzen der Revolutionszeit die Zentralstelle für Preßangelegenheiten gegründet, während die österreichische Regierung unter Felix Fürst zu Schwarzenberg im Oktober 1852 ein Preßleitungskomitee etablierte.[60] Neben diesen in Berlin und Wien ansässigen zentralen Büros unterhielten die Großmächte auch analog aufgebaute Pressefilialen in anderen deutschen Staaten, die in der Regel bei der jeweiligen Gesandtschaft angesiedelt waren. Besonders Österreich war, um seinen Führungsanspruch in Deutschland zu untermauern, in der auswärtigen Pressearbeit bis in die 1860er Jahre sehr aktiv und hatte Büros in Frankfurt am Main, Leipzig, Stuttgart, Karlsruhe und München. Preußen unterhielt am Sitz des Bundestags in Frankfurt am Main eine Pressestation, die seit 1851 unter der Leitung Otto von Bismarcks stand.[61]

Komplizierter gestaltete sich die Entwicklung in Bayern. Dort wurden den einzelnen Ministerien zwar Pressereferenten zugewiesen, jedoch blieben – von der Forschung bislang wenig wahrgenommene – Pläne zum Aufbau eines zentralen Pressebüros dreimal (1852/53, 1858 und

1859) in ihren Ansätzen stecken, obwohl König Maximilian II. mit Blick auf die Aktivitäten der Großmächte mehrfach ein stärkeres pressepolitisches Engagement seiner Regierung forderte. Verglichen mit Österreich und Preußen war der Mittelstaat Bayern politisch kleinräumiger orientiert und finanziell wie publizistisch ressourcenärmer; vor allem die Ministerialbürokratie stand daher pressepolitischen Großprojekten zurückhaltend gegenüber.[62]

Die Charakteristika der verschiedenen Pressebüros bzw. -referate lassen sich in drei Aspekten zusammenfassen:

1. Die Büros sollten die aktuelle Presse beobachten und überwachen sowie die dabei gewonnenen Informationen für die jeweils betroffenen Regierungsstellen aufbereiten. Die Mitarbeiter des preußischen Pressebüros beispielsweise hatten zu diesem Zweck täglich etwa 100 Zeitungen auszuwerten.[63] Diese Tätigkeit wirkte sich vor allem in der Reaktionszeit auch in unterdrückender Weise aus, da auf ihrer Basis gegen einzelne Blätter vorgegangen wurde. Daneben produzierten die Büros eigene Publizistik. Diese war wiederum an die fachliche Beratung oder auch an detaillierte Aufträge der verschiedenen Ministerien gebunden, was sich nicht selten als pressepolitische Achillesferse der Unternehmen erwies, wenn die Ministerien internen Konkurrenzdenkens oder auch mangelnder Einsicht wegen mit den Büros nicht kooperieren wollten.[64]

2. Die Finanzierung der Büros und ihrer Aktivitäten zeigt das bereits für die Zeit um 1815 beobachtete Bemühen der Regierungen, ihr pressepolitisches Engagement gegenüber der Öffentlichkeit geheimzuhalten. Eine Vorlage des Etats bei der jeweiligen Abgeordnetenkammer wollte man vermeiden. Die österreichische Regierung gab für ihr Preßleitungskomitee seit 1852 jährlich 100000 Gulden aus, 1862 wurde der Betrag auf 350000 Gulden erhöht. Die Mittel stammten zunächst aus den Haushalten von Außenministerium und Oberster Polizeibehörde, seit der Aufstockung aus einem Geheimfonds des Staatsministeriums.[65] Verglichen damit war die preußische Zentralstelle weitaus bescheidener ausgestattet: Sie erhielt seit 1851 jährlich 35000 Reichstaler (dies entsprach etwa 60000 Gulden) aus dem polizeilichen Dispositionsfonds des Innenministeriums. Bismarck nutzte zur verdeckten Förderung der Regierungspresse darüber hinaus seit 1868 Zinserträge aus dem sogenannten Welfenfonds, dem beschlagnahmten Privatvermögen der 1866 abgesetzten Herrscher von Hanno-

ver und Hessen.[66] Die bayerische Regierung schließlich wendete pro Jahr etwa 10000 Gulden auf, die in der Regel aus Mitteln des vom Landtag nicht kontrollierten Reichsreservefonds bestritten wurden.[67] Gerade das liberale Bürgertum kritisierte diese Geheimhaltung der amtlichen Propaganda und die damit verknüpfte Attitüde der Obrigkeiten, eben nicht ›Partei‹ zu sein und über dem öffentlichen Diskurs zu stehen. Es sah darin eine unerträgliche Manipulation der mündigen Öffentlichkeit und ein Hindernis zu deren freier Entfaltung. Ganz in diesem Sinn wurde etwa die preußische Zentralstelle von der *Deutschen Zeitung* rückblickend als »Preßkorruptionsanstalt« bezeichnet.[68]

3. Die Pressebüros benötigten zum reibungslosen Funktionieren etwa ein Dutzend Personen. Die Suche nach geeigneten ›Offiziösen‹, wie man die journalistischen Mitarbeiter der Regierung nannte, war schwierig; sie zeigt sehr deutlich die Dilemmata der verdeckten Regierungspropaganda. Einerseits benötigte man wegen der angestrebten Geheimhaltung zuverlässige, systemtreue Personen, in dieser Hinsicht also möglichst Angehörige des Regierungsapparates. Andererseits suchte man »Männer vom Fache, aus der Schriftsteller-Welt [...], weil vielseitige Erfahrung gezeigt hat, daß sogenannt offizielle oder offiziöse Artikel oft durch ihre bloße äußerliche Fassung, durch das anhängende Zöpflein des unverleugbaren und unvertilgbaren Kanzleistyles, sich um Credit und Wirkung bringen«.[69]

Wegen des schlechten Ansehens der Pressebüros, das durch ihr geheimes Wirken ja gerade befördert wurde, waren wirklich gute Journalisten für amtliche Pressearbeit jedoch selten zu gewinnen; eine Mitarbeit schädigte den Ruf in der liberalen Öffentlichkeit auf verheerende Weise. Der langjährige Leiter der preußischen Zentralstelle, Küttge, erklärte 1862, es sei für ihn als Offiziösen so gut wie unmöglich, bei unabhängigen Blättern zu arbeiten, da er sich durch seine publizistische Tätigkeit für die Regierung »unheilbar kompromittiert« habe.[70] In den Pressebüros saßen daher meist unterdurchschnittlich begabte Journalisten, was natürlich der Qualität amtlicher Publizistik und damit ihrem Erfolg auf dem Markt abträglich war.

Das Ende der Reaktionspolitik, maßgeblich ausgelöst durch den Beginn der Regentschaft Prinz Wilhelms in Preußen 1857/58 und Österreichs Niederlage im italienischen Einigungskrieg 1859, wurde von den Zeitgenossen als Anbruch einer ›Neuen Ära‹ empfunden. Sie veränderte in den Jahren zwischen 1858 und 1862 in fast ganz Deutschland das politische Klima und auch die Konzeptionen amtlicher Pressepolitik und ihrer Institutionen. Wieder zeigt sich der enge Zusammenhang zwischen den Vorstellungen der Regierenden von politischer Repräsentation und ihrer Pressearbeit: Die neu berufenen Ministerien öffneten sich den liberalen Tendenzen der Zeit; ihre Pressepolitik entsprach diesem Trend. Die Meinungsbildung des Volkes sollte ganz im liberalen Sinn frei sein. Man wollte zeigen, daß das neue System die Öffentlichkeit nicht zu scheuen brauchte. Die Regierung wurde ein Stück weit ›Partei‹, indem sie am öffentlichen Diskurs teilnahm; für verdeckte Pressearbeit war in diesem Konzept wenig Raum. Pressepolitik sei kein »Arcanum gegen alle Regierungs-Verlegenheiten«, erklärte der neue bayerische Innenminister Max von Neumayr seinem König und fuhr fort: »Man kann auf die Länge nicht Schwarz als Weiß, nicht falsch als wahr an den Mann bringen, man kann die öffentliche Meinung nicht in eine ihr widerstrebende Richtung gewaltsam hineinzwängen.« Neumayr blockte daher 1859 auch die Einrichtung eines vom König geforderten Pressebüros erfolgreich ab.[71]

Ähnliche Tendenzen zeigten sich in Preußen, wo der neue Pressechef Max Duncker ausdrücklich alle gewaltsamen Unterdrückungs- und Beeinflussungsmethoden ablehnte und sich auf eine »offene und loyale Verteidigung« der Regierung beschränken wollte.[72] Die Zentralstelle wurde von der neuen Regierung zwar übernommen, aber personell reduziert und mit einem nun offenen Etat von nur noch 31 000 Reichstalern pro Jahr ausgestattet. Im Hinblick auf die »veränderte Auffassung und Behandlung der öffentlichen Presse« sowie »um schiefer und mißverständlicher Beurteilung [ihrer] Stellung und Wirksamkeit zu begegnen«, erhielt sie außerdem im Februar 1860 die verbindlicher klingende Bezeichnung Literarisches Bureau des Königlichen Staatsministeriums.[73] Da Bismarck dieser Form von offiziöser Pressearbeit sehr zurückhaltend gegenüberstand, verlor das Literarische Bureau in seiner Ära an Bedeutung. Bereits 1862, während des Verfassungskonflikts, wurde es dem Innenministerium unterstellt, um nun wieder primär repressiven Zwecken zu dienen. Seine außenpolitisch orientierte Propaganda organisierte Bismarck über einen eigenen Pressereferenten im Außenministerium.[74]

Auch in Österreich machte man eine pressepolitische Neuorientierung durch die Umbenennung der zuständigen Institution augenfällig. Die

Propaganda der österreichischen Regierungen war bislang sehr stark außenpolitisch orientiert gewesen, nach innen hatte man die ›öffentliche Meinung‹ in erster Linie über Repression gelenkt. Das Debakel in Italien erschütterte die Gesellschaft des Habsburgerreiches jedoch so schwer, daß sich die Regierung nun zu aktiverem Werben gegenüber dem eigenen Volk entschloß. Das im Dezember 1860 etablierte Preßleitungsbureau sollte daher ausdrücklich auch die Innenpolitik berücksichtigen.[75]

Mit welchen Strategien und Organen versuchten die Regierungen nach 1848 ihre Publizistik zu verbreiten? Vier Gesichtspunkte sind zu nennen:

1. Alle Regierungen verfügten über die seit langem bestehenden offiziellen Staatsanzeiger. Diese waren traditionell frei von Räsonnement und brachten trockene Informationen über das Geschehen bei Hofe, über Börsenkurse, Ernennungen, Anzeigen von Gerichten und Handelsgesellschaften. Es ist bezeichnend, daß sich die Verantwortlichen im Umfeld der Revolution 1848 zwar hektisch um pressepolitische Aktivitäten bemühten, aber eine Politisierung der doch sofort verfügbaren Staatsanzeiger ablehnten. Grund waren wie um 1815 spezifische Rücksichtnahmen amtlicher Pressearbeit: Die Regierung war mit dem Inhalt eines offiziellen Blattes unmittelbar verknüpft; jede Form der Polemik, der räsonierenden Aufladung hätte ihre obrigkeitliche, exklusive Position in den Augen der Verantwortlichen desavouiert. »Eine Regierung«, meinte Bismarck, »kann kein Blatt nach seinem ganzen Inhalte redigieren, ohne es unlesbar langweilig zu machen.«[76] Amtliche Publizistik, zu der die Regierenden stehen konnten, war dem Publikum – wie schon Jahrzehnte vorher – zu unkritisch gegenüber der Obrigkeit; ihr haftete das Odium der Manipulation an, sie war auf dem Markt nicht konkurrenzfähig. Bereits im April 1848 stellte der bayerische Innenminister Thon von Dittmer fest, daß »Originalartikel, welche im Sinne der Staatsregierung geschrieben und als solche erkannt werden, eben deshalb, weil sie von der Regierung kommen, nicht immer Anklang finden [...]«.[77] Noch deutlicher wurde der preußische Pressechef Duncker, als er 1861 notierte: »Das Publikum wie es heutzutage ist, will durchaus nichts lesen, was von der Regierung ausgeht. Es will sich seine Meinung wohl machen lassen, aber nicht von Regierungsorganen [...]«[78]

2. Wie um 1815 bemühten sich die Regierungen daher auch nach

1848, ihr pressepolitisches Engagement zu kaschieren, die Öffentlichkeit diskret, aber zugleich möglichst direkt zu beeinflussen. Ausdruck dieses Denkens waren die offiziösen Blätter, die vor allem während der Reaktionszeit eingesetzt wurden. Eine offiziöse Zeitung galt nicht als amtlich – wie die Staatsanzeiger –, war aber auch nicht völlig frei. Sie sollte der Öffentlichkeit gegenüber als unabhängig erscheinen, zugleich aber, nach einem berühmten Wort Bismarcks, der Regierung stets »ein Quantum weißes Papier zur Disposition« stellen, um darauf amtliche Ansichten als die ihren zu vertreten.[79] Offiziöse Blätter wurden meist vertraglich an die Obrigkeit gebunden: Der Verleger oder auch der leitende Redakteur verpflichtete sich zu systemkonformem Verhalten, die Regierung zu finanziellen Zuschüssen, oft zur Deckung des in der Regel unvermeidlichen Defizits. In Österreich bestand nach 1848 eine ganze Reihe derartiger Organe. 1858 war von den rund 60 dort existierenden Blättern ungefähr die Hälfte amtlich oder offiziös, zu den wichtigsten gehörten die *Wiener Zeitung* und der vom Außenministerium gesteuerte *Wanderer*.[80] Die bayerische Regierung benutzte bis 1862 die *Neue Münchner Zeitung*.[81] Häufig wechselten die offiziösen Blätter der preußischen Regierung: Auf die *Deutsche Reform* folgten die *Zeit*, die *Allgemeine Preußische (Stern-)Zeitung* und schließlich unter Bismarck – mit etwas anderem Charakter – die *Norddeutsche Allgemeine Zeitung*.[82]

Dieser häufige Wechsel der offiziösen Zeitungen in Preußen macht ein Problem augenfällig, vor dem auch die anderen Regierungen standen: Keines der Organe war auf längere Sicht erfolgreich. Bismarcks *Norddeutsche Allgemeine Zeitung* wollten weite Kreise des Publikums »nicht einmal geschenkt«, obwohl es sich bei ihr fraglos noch um das erfolgreichste Organ dieser Gattung handelte[83]; die *Wiener Zeitung* wurde von Nestroy als »das unwiderstehlichste zeitgenössische schwarzgelbe Schlafmittel« bezeichnet.[84] Grund für diese weitgehende Erfolglosigkeit war, wie so oft, die bei dieser Konzeption unvermeidliche Spannung zwischen direkter und zugleich diskreter Pressearbeit, die die publizistische Qualität stark beschädigte. Offiziöse Organe wurden schon aufgrund ihres Stils, ihrer Tendenz und der ihnen verfügbaren Informationen rasch als von der Obrigkeit inspiriert erkannt. Die Regierungen standen nun vor der Alternative: Um des publizistischen Erfolgs willen mußte das jeweilige Blatt eigentlich möglichst frei redigiert werden; andererseits erforderten die amtlichen

Rücksichtnahmen, die angestrebte präzise Vermittlung von Regierungsinformationen und das Bemühen, sich als Obrigkeit nicht zu desavouieren, eine enge Führung des offiziösen Organs – Notwendigkeiten, die sich letztlich immer durchsetzten. Der schlechte Ruf der Pressebüros übertrug sich so auch auf die offiziösen Blätter. Ihnen haftete in der Öffentlichkeit etwas Heimliches, Manipulatives an, und sie waren nicht informativ genug. Der preußische Pressechef Duncker brachte 1859 das Problem in einem Gutachten zur offiziösen *Allgemeinen Preußischen (Stern-)Zeitung* auf den Punkt: »Die Regierung hält sich ein Blatt um in demselben wenig zu sagen, aber zu schweigen, und verkauft dieses Schweigen mit einem Aufwande von jährlich 18000 Thalern.«[85]

3. Angesichts dieser Probleme war auch die subtilere, aber ungleich schwierigere Beeinflussung freier Blätter immer Gegenstand amtlicher Propaganda. Ein Mittel hierzu waren lithographierte Korrespondenzen, welche die Pressebüros der Großmächte herausgaben. Hierbei handelte es sich um je nach Zielgruppe unterschiedlich aufgebaute, meist wöchentlich erscheinende Sammlungen amtlicher Nachrichten und Kommentare, die von unabhängigen Blättern als Informationsquelle verwendet und – je nach Gusto – ganz oder teilweise veröffentlicht werden konnten. Vor allem bei Zeitungen, die keine Ressourcen für ein eigenes Korrespondentennetz hatten, ließen sich auf diese Weise regierungsfreundliche Artikel lancieren. Das erfolgreichste Projekt dieser Art war die von Bismarck 1863 ins Leben gerufene *Provinzialkorrespondenz*, die 1864 eine Auflage von 29000 Exemplaren hatte.[86]

4. Das Bemühen der Großmächte, unabhängige Blätter für ihre Interessen zu gewinnen, beherrschte schließlich auch ihre Pressepolitik während der Auseinandersetzung um die Lösung der ›deutschen Frage‹ in den 1860er Jahren. Die politische und gesellschaftliche Liberalisierung der ›Neuen Ära‹ hatte die Öffentlichkeit in einem seit 1848 nicht mehr gekannten Ausmaß mobilisiert und mit der Gründung des Deutschen Nationalvereins (1859) die seit einem Jahrzehnt obrigkeitlich abgeblockte Parteibildung wieder in Gang gebracht. Die Tolerierung dieses Vereins durch Preußen markiert die Aufspaltung des in der Reaktionszeit weitgehend monolithischen Blocks der Einzelregierungen: Diese begannen nun verstärkt um die Unterstützung der ›öffentlichen Meinung‹ zu konkurrieren.[87]

Die österreichische Propaganda hatte schon seit 1848 eine vorwiegend außenpolitische Orientierung. Die enorme finanzielle Ausstattung erlaubte die Subvention zahlreicher ausländischer Blätter. Vor allem in der Ära des 1866 berufenen Staatskanzlers Friedrich von Beust forcierte Österreich seine auswärtige Pressearbeit noch einmal erheblich. So erhielt das österreichische Pressebüro in Paris nach der Niederlage von Königgrätz (1866) 500000 Franc zugewiesen, um die französische Öffentlichkeit für die Sache der Habsburgermonarchie zu gewinnen.[88] Ein besonders spektakulärer Erfolg gelang mit dem Einschleusen des Agenten Emil Friedrich Pindter bei Bismarcks *Norddeutscher Allgemeiner Zeitung* – Pindter brachte es dort bis zum Chefredakteur.[89]

In Preußen stellte Bismarck die staatliche Propaganda auf eine neue Grundlage. Innenpolitisch wollte er mit einer straffen Führung der verschiedenen Kreisblätter und der bereits erwähnten *Provinzialkorrespondenz* die Unterstützung der seiner Ansicht nach prinzipiell systemtreuen, aber politisch passiven Landbevölkerung gewinnen.[90] Ganz im Gegensatz zur bisherigen Entwicklung seit 1848 lehnte Bismarck allerdings eine institutionelle Verankerung der Pressepolitik weitgehend ab. Die Erfahrung hatte ihm gezeigt, daß die publizistische Schlagkraft des offiziösen Presseapparates gering war und nicht selten die Regierung bloßstellte. Der preußische Ministerpräsident und spätere Kanzler setzte daher weitaus mehr auf persönliche, nicht institutionalisierte Beziehungen zu einzelnen Journalisten und deren Blättern.[91] Die von ihm vorwiegend genutzte *Norddeutsche Allgemeine Zeitung* war nicht mehr im klassischen Sinn per Vertrag offiziös, sondern über die Einflußnahme Bismarcks auf ihren Redakteur, August Heinrich Braß, »freiwillig gouvernemental«.[92] Ihre Lenkung war deshalb nicht geringer, konnte aber leichter abgestritten werden. Dem Einfluß der Regierung öffnete sich darüber hinaus eine ganze Reihe unabhängiger Blätter, seit das Gros des liberalen Bürgertums 1866 Bismarcks Deutschlandpolitik vehement zu unterstützen begann. Nicht ausgefeilte Propagandatechniken, sondern vor allem diese partielle, aber für einige Jahre dominierende Interessenidentität garantierte den Erfolg der Bismarckschen Pressearbeit. Auch im Bereich der außenpolitischen Propaganda agierte Bismarck sehr zurückhaltend, um eine Bloßstellung der preußischen Regierung zu vermeiden.[93] Wie sein österreichischer Gegenspieler Beust bemühte er sich in erster Linie um die ›öffentliche Meinung‹ in den deutschlandpolitisch noch nicht entschiedenen süddeutschen Staaten und in Frankreich. Regelmäßig und für längere Zeit unterstützte er die in München erscheinende *Süddeutsche Presse* Julius Froebels. Auf die französische Öffentlichkeit einzuwirken versuchte der preußische Konsul in Paris und Bismarck-Vertraute Felix von Bamberg.[94] Wie der österreichischen blieben allerdings auch der preußischen Propaganda spektakuläre Erfolge auf diesem Gebiet versagt. Die Reichseinigung von 1871 beendete schließlich diesen Pressekrieg im Sinne Preußens auf der Ebene der Realpolitik.

III.

Die aktive Pressepolitik deutscher Regierungen im 19. Jahrhundert entfaltete sich in zwei Phasen: Die eigentlichen Anfänge staatlicher Propaganda lagen in der Epoche des Napoleonischen Umbruchs und des Wiener Kongresses. Sie waren davon geprägt, das Phänomen ›öffentliche Meinung‹ überhaupt erst einmal zu erkennen und sie in ersten, noch tastend anmutenden Versuchen aktiv zu steuern. Weitaus breiter angelegt und auch filigraner wirkte Propaganda nach der Revolution von 1848. Motiv der aktiven Pressearbeit war in beiden Fällen die Erkenntnis der Regierungen, eine jeweils stark expandierende politische Öffentlichkeit mit »negativen«, also unterdrückenden Mitteln der Meinungssteuerung (z. B. Zensur) allein nicht mehr kontrollieren zu können. In beiden Fällen stand hinter dem aktiven Werben um die Öffentlichkeit also grundsätzlich der Anspruch auf das Meinungsmonopol; aktive Pressearbeit sollte den Abstand zwischen ›öffentlicher Meinung‹ und Regierungsansicht im obrigkeitlichen Sinn einschmelzen. Staatliche Propaganda gelang widerspruchsfrei und erfolgreich aber nur dann, wenn nicht Gegensätze zwischen Regierenden und Regierten einzuebnen waren, sondern wenn die amtlich propagierten Meinungsschablonen schon per se politischen Rückhalt in einem nur noch zu mobilisierenden Publikum hatten. Letzteres galt vor allem für die preußische Pressepolitik im Umfeld der Befreiungskriege und vor der Reichseinigung. Meist war die staatliche Pressearbeit jedoch geprägt von einer unvermeidlichen Spannung zwischen direkter und diskreter Einflußnahme: zwischen dem Anspruch der Regierenden, ihre obrigkeitliche Autorität nicht durch eine nurmehr nivellierte Teilnahme am öffentlichen Diskurs zu beschädigen und ihrem Ziel einer unmittelbaren Lenkung der Öffentlichkeit. Erst eine veränderte Vorstellung von politischer Repräsentation und die stärkere Bindung der Regierungen an Parteien und deren Presseorgane konnten diese Aporie lösen.

Ute Daniel

Die Politik der Propaganda

Zur Praxis gouvernementaler Selbstrepräsentation vom Kaiserreich bis zur Bundesrepublik

»In den Zeiten der Zensur märzten die Regierungen das ihnen Mißfällige aus den Zeitungen heraus, seitdem märzen sie das ihnen Gefällige in die Zeitungen hinein.«
K. Roscher [1]

Wie kaum ein anderer fach- und alltagssprachlicher Begriff deckt »Propaganda« ein derart vielfältiges Bedeutungsspektrum ab, daß als kleinster gemeinsamer Nenner all dessen, was unter diesem Ausdruck zusammengefaßt wurde und wird, nicht viel mehr bleibt als: Handeln in beeinflussender Absicht.[2]

Für eine epochale oder thematische Eingrenzung und damit für eine empirisch fundierte Diskussion erweist sich der Begriff ohne eine konkretere Bestimmung als untauglich. Dies zeigen die zahlreichen einschlägigen Veröffentlichungen mehr oder weniger wissenschaftlicher Herkunft, die mitunter als nachhaltigsten Eindruck die Ungewißheit über ihren eigentlichen Gegenstand hinterlassen.

Eine geschichtswissenschaftliche Annäherung an den Gegenstand »Propaganda« muß in ihrem ersten Schritt also aus der nahezu unbegrenzten Vielfalt möglicher Untersuchungsfelder eine sinnvolle Auswahl treffen, die konkrete Fragestellungen zuläßt – eine Auswahl im Spektrum von den steinzeitlichen Höhlenmalereien bis zur nationalstaatlichen Symbolproduktion des 19. und 20. Jahrhunderts, von der zwischenmenschlichen Verständigung bis zur Wahlwerbung der politischen Parteien, von der Zensur bis zur Medienpolitik, von der Massenagitation bis zum Flüsterwitz, von der Inquisition bis zur kommerziellen Reklame, vom politischen Attentat bis zur Vereinsgründung.

Die folgende Untersuchung behandelt ein Teilgebiet der im engeren Sinn politischen Propaganda: die staatliche Selbstdarstellung gegenüber der »eigenen« Bevölkerung, analysiert am Beispiel der verdeckten und der offenen regierungsamtlichen Informations- und Medienpolitik vom Kaiserreich bis in die Anfangsjahre der Bundesrepublik. Die Einschränkung auf die politische Propaganda geschieht in der Erwartung, Wandel und Kontinuität politischer Repräsentationsformen im innerstaatlichen Raum und damit die historische Entwicklung von Politik selbst zu erschließen. Die weitergehende Beschränkung auf die staatliche und regierungsamtliche Propaganda grenzt insbesondere die Wahlwerbung politischer Parteien und die Öffentlichkeitsarbeit von Interessengruppen aus; auch von anderen Formen gouvernementaler Selbstdarstellung neben der Informations- und Medienpolitik der Regierungen wird im folgenden abgesehen.[3] Diese Eingrenzungen geschehen auf der Basis folgender Thesen:

– Die gouvernementale Propaganda hebt sich ab von Agitations- und Wahlkampfstrategien, die die Machterlangung bezwecken, trotz mancher Ähnlichkeiten in zweierlei Hinsicht: einerseits in den zur Verfügung stehenden Mitteln, andererseits in den Zielen. Die Mittel unterscheiden sich darin, daß die gouvernementale Politik das staatliche Gewaltmonopol und andere staatliche Vorrechte in ihren Dienst zu stellen vermag. Sie kann also Strafgesetze ebenso wie Zensurbestimmungen und die Funkhoheit einsetzen und darüber hinaus auf staatliche Etatmittel und Geheimfonds zurückgreifen, um sich selbst und ihre Maßnahmen zu inszenieren. Und in den Zielen unterscheiden sich die beiden Spielarten politischer Propaganda insofern, als es den nicht an der staatlichen Macht beteiligten Parteien und Interessengruppen in der Regel darum geht, mit Hilfe der Medien in der Bevölkerung die Sichtweise zu verbreiten, daß der gegenwärtige gesellschaftliche Zustand unvollkommen oder verwerflich sei und Abhilfe nur durch ihre Betrauung mit der Regierungsmacht geschaffen werden könne. Staatliche und regierungsamtliche Selbstdarstellung bezweckt dagegen, den gesellschaftlichen Istzustand als unter den gegebenen Bedingungen bestmöglichen darzustellen.

Unter allen Mitteln staatlicher Selbstinszenierung hat die Medien- und Informationspolitik im hier untersuchten Zeitraum kontinuierlich an Bedeutung gewonnen: Je mehr sich die Nachrichtenmedien und ihre Konsumenten vervielfachten, desto stärker intensivierten und institutionalisierten sich die gouvernementalen Bemühungen um ihre Beeinflussung. Die in diesem Zusammenhang geschaffenen Regierungsstellen für Information und Kommunikationskontrolle entwickelten in der Folge zum Teil eine Eigendynamik, die über den Bereich der Medienpolitik im engeren Sinn hinauswies und zu Strategien und Praktiken

direkter Beeinflussung der Bevölkerung ohne Rückgriff auf die Mittlerrolle der Medien führte.
Gouvernementale Propaganda, die von der sich wechselseitig konstituierenden Macht des Staatsapparats und der jeweiligen Regierung ausgeht, soll hier als Ensemble aller Strategien und Maßnahmen definiert werden, welche über die zu diesem Zweck eingerichteten Organisationen in Medien und Bevölkerung die Ansicht verbreiten, es bestehe Interessenidentität zwischen den Individuen, Gruppen und Schichten der Gesellschaft einerseits und der gegenwärtigen Regierungsform, den Regierenden und den von diesen getroffenen Maßnahmen andererseits. Anders formuliert heißt das: Gouvernementale Propaganda will den Widerspruch zwischen individuellen oder kollektiven Bedürfnissen auf der einen Seite und der gesellschaftlichen Verfaßtheit und ihren Folgen für die Menschen auf der anderen Seite mit Hilfe kommunikationspolitischer Sinnstiftung entschärfen.[4] Zwar verfolgen auch zahlreiche andere politische Maßnahmen diesen Zweck; deshalb ist staatliches Handeln fast immer zugleich Mittel gouvernementaler Selbstdarstellung.[5] Zum Selbstzweck wurde diese Zielsetzung jedoch, abgesehen von der Präsentation und Inszenierung staatlicher Symbole, nur im Rahmen der Medien- und Informationspolitik. Die folgende Darstellung unterscheidet bei der Medien- und Informationspolitik vier gouvernementale Handlungsbereiche:
1. Die klassische Form staatlichen Einflusses auf den Informationssektor ist der Einsatz des staatlichen Gewaltmonopols durch *Zensur- und Strafrecht*. Diese Spielart gouvernementaler Eingriffe dominierte in der Frühphase staatlicher Propaganda: Eine repressive Informationspolitik sollte bevorzugt unliebsame Nachrichten unterdrücken.
Während der Staat hier offen agierte, indem er seine Strukturierungen als solche zu erkennen gab, gilt dies für die drei weiteren Bereiche regierungsamtlicher Medien- und Informationspolitik nur bedingt. Ihr Schwergewicht liegt zum Teil auf bewußt verdeckt angelegten Aktionen; außerdem wollten sie – als ein weiterer Unterschied zur ersten Ebene – von Anfang an stärker Nachrichten schaffen und Wertungen verbreiten, als sie unterdrücken.
Die beiden folgenden Bereiche staatlicher Propagandapolitik umfassen die Medienpolitik im engeren Sinn, also die nicht über die Zensur- und Strafgesetzgebung vollzogene Presse-, Rundfunk-, Film- und Fernsehpolitik. Bei ihrer Untersuchung soll im folgenden der staatliche

Umgang mit dem Medium Presse und Nachrichtenagentur einerseits sowie Rundfunk, Film und Fernsehen andererseits getrennt analysiert werden. Dies empfiehlt sich, weil – trotz der offenkundigen Wechselbeziehungen – Medientechnik und -struktur voneinander abweichen und damit andere staatliche Zugriffe erlauben.
2. Die *Pressepolitik* war ebenfalls zu Beginn des Kaiserreichs schon etabliert, doch veränderte sie sich bis zum Ende des Ersten Weltkriegs entsprechend dem Wandel der Presselandschaft: Technische Neuerungen erweiterten die Produktion und führten gegen Ende des Jahrhunderts zur Pressekonzentration und -vereinheitlichung; andererseits änderte sich der Umgang der Regierungen mit dem Medium. Herrschte noch unter Bismarck die Strategie vor, sich auf die »Offiziösen« zu stützen wie das *Wolffsche Telegraphenbüro (WTB)* sowie auf einige der großen überregionalen Zeitungen und die lokalen Amtsblätter, so setzte sich nach der Jahrhundertwende und verstärkt in der Weimarer Republik eine staatliche Informationspolitik durch, die zwar ihre Blätter immer noch auswählte, sich aber nicht mehr auf offiziöse Blätter konzentrierte. Die Pressekonferenzen wurden hierbei zum wichtigsten Instrument. In der Bundesrepublik wurde der Einfluß der Regierung auf die Auswahl der zu den Pressekonferenzen zugelassenen Journalisten von vornherein unterbunden; doch die besonders intensive Zusammenarbeit der Regierung mit bestimmten Zeitungen – die aber keinen offiziösen Charakter mehr hatten – fand beispielsweise in Form der sogenannten »Kanzlertees« ihre Fortsetzung.
Für den Bereich der Pressepolitik läßt sich somit als säkularer Trend – unterbrochen in der Zeit des Dritten Reichs – feststellen, daß sie zunehmend den mittelbaren Einfluß bevorzugte. Freilich hat auch die staatliche Pressepolitik der 1950er Jahre nicht auf das prohibitive Instrument der Gesetzgebung verzichtet; doch ging sie immer stärker dazu über, neben der Nachrichtenunterdrückung die Gesamtheit des Informationsangebots durch das Mittel der Nachrichtenschaffung, etwa über Pressekonferenzen und Regierungssprecher, zu erweitern und mitzubestimmen.
3. Eine vergleichbare Entwicklung vollzog staatliche Politik gegenüber *Rundfunk, Film und Fernsehen* nach dem Zweiten Weltkrieg. Zwei Besonderheiten der neuen Medien erklären diese Verzögerung: Die Regierungen befürchteten politische Auswirkungen von den neuen Übermittlungstechniken, die anders als das gedruckte Wort oder Bild

konkurrenzlos massenwirksame Unterhaltung und eine bis dahin unbekannte Suggestivkraft anboten. Da die Anfänge des Rundfunks in die Zeit der Weimarer Republik fielen, als sich die Widersprüche zwischen Gesellschaft und Staat besonders deutlich artikulierten, unterwarf die Regierung das neue Medium von vornherein besonders rigiden Kontrollmechanismen. Außerdem herrschten sehr günstige Voraussetzungen für eine staatliche Strukturierung und Kontrolle des Rundfunks. Die Funkhoheit lag beim Staat, so daß der Rundfunk allein schon wegen der Übermittlungstechnik und Vergabe von Frequenzen im gouvernementalen Einflußgebiet lag. Überdies entwickelte er stärker zentralisierte Organisationstrukturen als die Presse und ließ sich damit leichter kontrollieren. So entstand der Rundfunk von vornherein als gouvernementales Medium und blieb dies bis zum Ende des Zweiten Weltkriegs. Versuche der bundesrepublikanischen Regierungen nach 1949, sich diesem Zustand wieder anzunähern, scheiterten, so daß sich eine mediatisierte Form staatlichen Einflusses durchsetzte; er wird in hohem Maße von Mitgliedern der staatstragenden Parteien ausgeübt, die nach und nach die entscheidenden Gremien der Rundfunkanstalten besetzten.[6]

4. Manche Formen staatlicher Propagandapolitik wurden zwar von den für die allgemeine Medien- und Informationspolitik zuständigen Stellen durchgeführt, gingen jedoch über Medienpolitik im engeren Sinn hinaus. Dieser Bereich staatlicher Selbstdarstellung unterscheidet sich von den bislang skizzierten nach Mitteln und Zielen. Die Mittel umfassen das ganze Spektrum der jeweils kulturell verfügbaren Arten, *Menschenmengen direkt oder indirekt zu mobilisieren und zu beeinflussen.* Dazu zählen Massenveranstaltungen, flächendeckende Werbeaktionen mit Flugblättern und Plakaten, Film- und Theatervorführungen und die Gewinnung von Meinungsmultiplikatoren an Schulen und Hochschulen sowie in Kunst und Publizistik.

Gerade solche Aktivitäten wurden besonders häufig in verdeckter Weise durchgeführt und waren damit auf den ersten Blick nicht mehr als Versatzstücke staatlicher Selbstdarstellung erkennbar. Das hing mit den zugrundeliegenden Zielen zusammen, denkt man etwa an die beiden spektakulärsten Aktionen dieser Art: die Flottenpropaganda des Kaiserreichs und die Wiederaufrüstungspropaganda nach 1950. Sie sollten Meinungen in der Öffentlichkeit erst einmal schaffen oder verstärken, so daß die Regierung dann als deren Exekutor auftreten konnte. Für keinen anderen der vier bezeichneten Bereiche ist die funktionale Analogie zwischen Propaganda und Werbung so tragfähig: Hier wie da sollte überhaupt erst Nachfrage erzeugt werden, die dann den Absatz einer Ware oder einer bestimmten Politik förderte.[7]

Die jeweils betriebene Propagandapolitik hängt also – so läßt sich das bisher Gesagte verallgemeinern – vor allem vom technisch-organisatorischen Stand der Medienentwicklung und von den spezifischen Zielen ab, welche über den allgemeinen Zweck der proklamierten Interessenidentität zwischen Staat und Bevölkerung hinaus die Propaganda prägten. Da diese konkreten Ziele nur im Rahmen der jeweiligen politisch-gesellschaftlichen Gesamtkonstellation verständlich werden und umgekehrt die Analyse des gesellschaftlichen Teilbereichs Propagandapolitik ihrerseits ihr historisches Umfeld beleuchtet, werden die Kanäle und Strategien gouvernementaler Selbstinszenierung für die aufeinanderfolgenden deutschen Regierungs- und Gesellschaftssysteme jeweils gesondert dargestellt.

I. Das Kaiserreich (1871–1918)

Im Kaiserreich fand die Pressefreiheit durch das Reichspressegesetz vom 1. Juli 1874 zwar noch keinen ungeminderten verfassungsrechtlichen Schutz, aber das neue Presserecht enthielt doch zahlreiche Bestimmungen, welche die Unabhängigkeit der Presse schützten.[8] Es beseitigte die Zensur sowie den Kautions- und Konzessionszwang; die Befugnis zur Ausübung des Pressegewerbes durfte fortan niemandem mehr durch Verwaltung oder Justiz entzogen werden. Auch Eingriffe der Behörden in die publizistische Tätigkeit und Zeitungsverbote hatten keine gesetzliche Grundlage mehr.

An der Bismarckschen Pressepolitik der 1870er und 1880er Jahre zeigt sich jedoch, wie nachdrücklich eine relativ liberale pressegesetzliche Regelung auf dem Weg der Strafverfolgung ausgehebelt werden konnte. Etwa 6000 anhängig gemachte Pressedelikte in den Jahren 1874 bis 1890, vorwiegend Verstöße gegen Strafgesetze und das Sozialistengesetz, höhlten die liberalen Bestimmungen des Reichspressegesetzes aus. Von 1872 bis 1880 bestimmte der Kulturkampf Bismarcks gegen den politischen und publizistischen Katholizismus die

Pressepolitik: Allein das führende Zentrumsblatt *Germania* wurde in diesem Zeitraum 610mal verurteilt; mindestens einer seiner Redakteure war jeweils verhaftet; mitunter hielt sich fast die ganze Redaktion gleichzeitig im Gefängnis Plötzensee auf. Diese intensive staatliche Verfolgung bewirkte politisch das Gegenteil: Die Zahl der Zentrumszeitungen erhöhte sich von 1871 bis 1881 um fast 100 auf 221; die Abonnentenzahl stieg im gleichen Zeitraum um fast 100 Prozent auf 626000.

Ebenso stumpf zeigte sich die Waffe gouvernementaler Pressepolitik auf der Basis des staatlichen Gewalt- und Gesetzgebungsmonopols bei der Bekämpfung der Sozialdemokratie mit Hilfe des Sozialistengesetzes (1878–1890), das das Reichspressegesetz von 1874 de facto weitgehend außer Kraft setzte: Sozialdemokratische Publikationen durften wegen ihrer Tendenz verboten werden, ohne daß ein Verstoß gegen Strafgesetze geltend gemacht zu werden brauchte; Verbote ganzer Zeitungen wurden wieder eingeführt und konnten von der Polizeibehörde selbst, ohne Einschaltung der Justiz, ausgesprochen werden. Auch hier war die Verfolgung intensiv – zwischen 1878 und 1888 wurden 1234 sozialdemokratische Druckschriften unterdrückt –, ohne daß der Aufstieg der Sozialdemokratie zur Massenpartei verhindert werden konnte. Bereits in den 1880er Jahren wurde diese Variante regierungsamtlicher Pressepolitik weniger häufig angewandt als zuvor. Nach dem Auslaufen des Sozialistengesetzes 1890 galten für die Presse wieder ausschließlich die allgemeinen Gesetze und das Reichspressegesetz[9]; die Nachfolger Bismarcks lernten, staatlichen Einfluß auf die Presse in differenzierterer Weise auszuüben.

Einen erneuten Höhepunkt erreichte die gouvernementale Pressezensur und -kontrolle im Ersten Weltkrieg.[10] Das mit Verkündigung des Kriegszustands in Kraft gesetzte preußische Gesetz über den Belagerungszustand vom 4. Juni 1851 sah die Aufhebung des Rechts, »durch Wort, Schrift, Druck und bildliche Darstellung seine Meinung frei« zu äußern, vor.[11]

Das Reichspressegesetz von 1874 war zwar formell nicht außer Kraft gesetzt, doch nach einem Urteil des Reichsgerichts von 1915 war eine offizielle Suspension auch nicht erforderlich, um die Zensurpraxis der Militär- und Zivilbehörden zu legitimieren. Auf regionaler Ebene waren die stellvertretenden Generalkommandos für die Ausübung der Zensur verantwortlich, auf Reichsebene wurde im Februar 1915 die

Oberzensurstelle gebildet, die im Oktober 1915 im neuerrichteten Kriegspresseamt aufging. Von allen der Presseaufsicht unterliegenden Druckschriften war der jeweils zuständigen Militär- und der lokalen Polizeiverwaltung ein Exemplar einzureichen; bei Verstößen gegen die Zensurbestimmungen, die in sehr detaillierter Form und großem Umfang ergingen, konnten empfindliche Strafen verhängt werden.

Die Pressepolitik im Ersten Weltkrieg kehrte zum klassischen Kontrollinstrumentarium in intensivierter Form zurück; sie erwies sich als wirkunglos in Zeiten, in denen der Widerspruch zwischen Staat und Bevölkerung brisant wurde. Dies war seit Ende des Jahres 1916 der Fall, als insbesondere in den Städten die anfängliche Kriegsbegeisterung endgültig dem Unmut über die zunehmend schlechte materielle Situation und dem psychischen Elend angesichts der zahlreichen Toten an den Fronten gewichen war und die Sehnsucht nach Frieden zunahm.[12]

In dieser Situation gelang es der völlig von der Militär- und Zivilbürokratie kontrollierten Presse immer weniger, glaubwürdig und wirksam Nachrichten zu übermitteln. Die Bevölkerung, die den Zeitungen und Heeresberichten immer mehr mißtraute, baute sich ihr eigenes Kommunikationssystem auf: Ungelenkt und unlenkbar schuf es informelle Kommunikationskanäle, die kritische Urteile über die Behörden verbreiteten; sie berichteten über Gespräche in den unzähligen Warteschlangen, in denen die Zivilbevölkerung einen Großteil ihrer Zeit verbrachte, über Briefe der Frauen an ihre männlichen Angehörigen an der Front und über die vielen Gerüchte, Schreckensmeldungen und kriegs- oder staatsfeindlichen Äußerungen. Die Menschen bildeten sich eine Wahrnehmung der Zustände und Ereignisse, der mit keiner Art von Zensur oder Kontrolle beizukommen war. In einer derart angespannten Situation ließen sich die Konflikte einer Massengesellschaft des 20. Jahrhunderts nicht mehr mit dem zensurpolitischen Instrumentarium der Zeit vor 1848 kontrollieren.

Deshalb bemühten sich die Militär- und Zivilbehörden in der zweiten Kriegshälfte verstärkt, differenziertere und unauffälligere Methoden der Meinungslenkung aufzubauen, wie sie bereits während der Vorkriegsjahre neben der augenfälligen Kontrolle durch Zensur und Strafrecht erfolgreich zur Geltung gekommen waren.

Im Kaiserreich dienten vor allem folgende Institutionen der regierungsamtlichen Pressepolitik im engeren Sinn:[13]

– das *Literarische Bureau*: Es war aus den ersten preußischen Pressestellen entstanden, die nach dem Fortfall der Zensur 1848 die Presse auf neue Weise im Regierungssinn beeinflussen sollten. 1862 wurde es dem preußischen Innenministerium angegliedert, wo es bis 1920 ressortierte. Die hier beschäftigten Publizisten mußten für die preußischen Ministerien die Presse beobachten, regierungsnahe Zeitungen und Journalisten subventionieren und darüber hinaus offiziöse Korrespondenzen für inländische Zeitungen abfassen, allen voran die *Provinzialkorrespondenz*, die von 1863 bis 1884 die deutsche Provinzpresse mit regierungskonformen Nachrichten versorgte. Die Beeinflussung der kleinen Blätter auf dem Land, die sich meist keinen eigenen redaktionellen Teil leisten konnten, erwies sich als so erfolgreich, daß es um die Jahrhundertwende ca. 150 derartige Korrespondenzen gab, die teils im *Literarischen Bureau*, teils von Dritten in enger Zusammenarbeit mit der Regierung angefertigt und der Provinzpresse zugeschickt wurden;
– das *Pressereferat des Auswärtigen Amtes*: Es wurde 1871 für die auswärtige Pressepolitik aus einer ähnlichen Behörde des preußischen Außenamtes geschaffen und entwickelte sich nach seiner noch wenig institutionalisierten Frühphase unter Bismarck zum Zentrum der Reichspressepolitik auch für innenpolitische Belange, für die es seit 1890 zuständig war. Nach 1900 wurde es zur wichtigsten Informationsquelle für Journalisten, auch wenn die seit 1893 immer wieder erneuerten Bemühungen der Reichsregierung erfolglos blieben, alle anderen amtlichen Stellen am selbständigen Umgang mit der Presse zu hindern.
– die *Nachrichtenabteilung des Reichsmarineamtes*:[14] Sie wurde von Tirpitz, seit 1897 Staatssekretär im Reichsmarineamt, aus einem bislang bedeutungslosen Pressebüro in ein durchsetzungsfähiges Konkurrenzunternehmen zum Pressereferat des Auswärtigen Amtes ausgebaut. Die seit 1897 unter der offiziellen Bezeichnung *Abteilung für Nachrichtenwesen und allgemeine Parlamentsangelegenheiten* zur Zentrale für die Flottenpropaganda avancierende Nachrichtenabteilung verriet schon im Titel die ursprüngliche Zielgruppe: Insbesondere der Reichstag sollte auf dem Weg über die Mobilisierung bildungsbürgerlicher Schichten für den Aufbau einer deutschen Flotte, mithin zur Annahme der Flottenvorlagen bewegt werden. Die von der Nachrichtenabteilung angeregte Flottenagitation ging jedoch über die-

ses ursprüngliche Ziel schließlich weit hinaus und löste Propagandaaktivitäten und -strategien aus, die mit den bisher geübten Praktiken nicht mehr allzuviel gemeinsam hatten. Eher im traditionellen Rahmen bewegte sich die – allerdings intensiv wie nie zuvor betriebene – Presseinformationspolitik der Nachrichtenabteilung; sie versorgte weit über 1000 Zeitungen und Zeitschriften mit umfangreichem Werbematerial.

– das *Wolffsche Telegraphenbüro (WTB)*:[15] Zeichneten sich die 1870er und 1880er Jahre im allgemeinen eher durch eine wenig institutionalisierte, stark vom persönlichen Stil Bismarcks geprägte Pressepolitik aus, so fiel doch in diesen Zeitraum als wichtiges neues Medium gouvernementaler Informationspolitik die Nachrichtentelegraphie; sie übte sehr bald einen ebenso unmerklichen wie flächendeckenden staatlichen Einfluß auf den Nachrichtenmarkt aus. Die Nachrichtenbüros waren von vornherein an einer engen Kooperation mit der jeweiligen Regierung interessiert. Ihre ständig prekäre Finanzlage machte sie von Zuschüssen abhängig, denn sie holten weltweit Nachrichten ein, konnten diese aber nur auf einem begrenzten nationalen Markt absetzen. Die Regierung ihrerseits hatte ein Interesse daran, durch die Konsolidierung der inländischen Nachrichtenagentur ausländische Konkurrenten vom innerdeutschen Markt fernzuhalten und sich selbst diesen einzigartigen Zugang zum Nachrichtenmarkt zu öffnen. Nach Freigabe des Telegraphen für private Meldungen im Jahre 1849 war in Berlin das Telegraphen- und Korrespondenzbüro von Bernhard Wolff gegründet worden, das bis 1933 bestand. Mitte der 1860er Jahre leiteten Bismarck und der preußische König Wilhelm I. die finanzielle Unterstützung des Unternehmens durch Berliner Bankiers in die Wege. 1869 schloß die preußische Regierung auf die Dauer von zehn Jahren einen Vertrag mit *WTB*, welcher die Telegraphenverwaltung verpflichtete, Depeschen des Büros bevorzugt zu behandeln. Im Gegenzug sicherte *WTB* zu, alle politischen Meldungen vor ihrer Veröffentlichung durch die preußische Regierung kontrollieren zu lassen. Im gleichen Jahr erhielt das Büro aus der ersten Verteilung von Geldern des ›Welfenfonds‹ 50000 Taler. Zwar wurde dieser Vertrag nach Rückzahlung der staatlichen Vorschüsse 1874 hinfällig, doch als Gegenleistung für die bis 1904 geltenden Beförderungsvorteile für Telegramme und das Monopol auf die amtliche und halbamtliche sowie die Hofberichterstattung ließ *WTB* seine politischen Meldungen weiterhin vorab überprüfen. Das bedeutete, daß die wachsende Zahl der von *WTB* belieferten Zeitungen nur solche Nachrichten erhielten, die der jeweiligen Regierungspolitik genehm waren – 1905 hatte das Büro ca. 2300 Abonnenten und war die mit Abstand größte deutsche Agentur.

Doch erschöpfte sich die gouvernementale Propagandapolitik des Kaiserreichs nicht in diesen Aktivitäten, den Einfluß auf die Presse zu institutionalisieren, zu vermehren und zu verstetigen. Neben dem gewissermaßen selbstverständlichen Ausschluß oppositioneller Journalisten und Zeitungen vom amtlichen Nachrichtenfluß gab es in diesem Zeitraum vor allem zwei weitere bemerkenswerte Strategien im Umgang mit der Presse.

Die erste war die insbesondere von Bismarck favorisierte Verwendung offiziöser Zeitungen oder kongenialer Journalisten als Sprachrohr. In den 1870er und 1880er Jahren schuf er sich auf diese Weise zahlreiche Kanäle, über die sich Meldungen und Kommentare in das Spektrum der veröffentlichten Meinungen einspeisen ließen, wie es auch vielfach geschah.[16] Dieser Regierungseinfluß konnte nur wirksam sein, wenn er strikt geheim blieb. Bismarck beteuerte häufig, es gebe keine besonderen Beziehungen zu Zeitungen und Journalisten. Durch Indiskretionen bewirkte diese Einflußnahme aber oft das Gegenteil des Beabsichtigten. Darüber hinaus mußten auch die offiziösen Zeitungen und die willfährigen Journalisten aus geheimen Fonds bezahlt werden, die nicht immer so leicht verfügbar waren wie das beschlagnahmte, im ›Welfenfonds‹ zusammengefaßte Vermögen des Hauses Hannover, der bis 1892 als ›Reptilienfonds‹ diente.[17] Wegen dieser Probleme und der zunehmenden Ausdifferenzierung des Pressemarktes seit den 1880er Jahren griffen Bismarcks Nachfolger auf dieses Instrument deutlich seltener zurück, zumal die ebenso behäbigen wie notorischen offiziösen Zeitungen abgeschlagen hinter die Konkurrenz zurückfielen.[18]

Statt dessen entwickelten sie, wie besonders Reichskanzler Bülow, eine subtilere Form der Einflußnahme, die zukunftsweisend werden sollte: Sie hielten Pressekonferenzen ab, die einem ausgewählten Journalistenkreis die regierungsamtliche Sicht der Dinge nahebrachte und einen persönlichen Umgang mit den Pressevertretern erlaubte. Mit dem Beginn des Ersten Weltkriegs wurde auf Betreiben der Obersten Heeresleitung diese Praxis in Berlin dauerhaft institutionalisiert.[19]

Auch in anderer Hinsicht erwies sich der Erste Weltkrieg als Modernisierungsfaktor auf dem Gebiet der staatlichen Selbstdarstellung, indem er nämlich den Regierenden deutlich wie nie zuvor die Notwendigkeit vor Augen führte, ihre Handlungsfähigkeit und ihren Machterhalt durch eine intensivierte Propagandapolitik zu sichern. Dies zeigte sich zum einen an der institutionellen Verdichtung des Propagandaapparats,[20] wie es sich nach 1914 im engen Netz regionaler und ressortspezifischer Pressestellen äußerte. Hinzu kamen wichtige neue Informationsapparate: das bereits erwähnte Kriegspresseamt, das direkt der Obersten Heeresleitung unterstand, sowie die Vereinigte Presseabteilung der Reichsregierung; diese hatte im Februar 1918 die seit 1917 existierende Stelle des Pressechefs beim Reichskanzler zusammengeführt mit derjenigen des Direktors der Nachrichtenabteilung des Auswärtigen Amtes. Diese organisatorische Vereinheitlichung wurde in der Weimarer Republik beibehalten. Der Vereinigten Presseabteilung unterstand auch die ebenfalls neugegründete Zentrale für Heimatdienst, die die Arbeit der Propagandastellen im Reichsgebiet koordinieren und optimieren sollte.[21]

Der amtliche Nachrichtenapparat expandierte nicht nur durch diese Neugründungen, sondern auch durch die Aufblähung der vorhandenen Einrichtungen: So beschäftigte allein die Presseabteilung des Auswärtigen Amtes, die vor dem Krieg aus wenigen Personen bestanden hatte, bei Kriegsende über 400 Mitarbeiter. Dieser inflationären Vermehrung der Propagandisten folgte eine entsprechende Erhöhung des propagandistischen Ausstoßes. Die Zeitungen wurden mit offiziellem Material förmlich überschüttet, die Verstopfung der Informationskanäle – ebenfalls ein in Zukunft nicht mehr wegzudenkender Bestandteil regierungsamtlicher Propagandapolitik – kam einem Ersatz der Zensur gleich.[22]

Darüber hinaus bediente sich die staatliche Selbstdarstellung zwischen 1914 und 1918 vieler anderer Strategien, um die Bevölkerung trotz des zunehmenden Mißtrauens gegenüber amtlichen Verlautbarungen beeinflussen zu können. Sie gingen weit über die repressive oder anbietende Informationspolitik hinaus und agitierten für ein nicht (mehr) verfügbares Meinungsklima, das zur Kriegsfortsetzung animieren sollte. Dabei konnte sich die Propagandapolitik auf Vorläufer stützen, die diese Aufgabe in der Vergangenheit in einem Fall erfolgreich gelöst hatten: die Propagandisten der Flottenbewegung.

Die Nachrichtenabteilung des Reichsmarineamts hatte seit Ende des 19. Jahrhunderts den Flottengedanken propagiert, um in der deutschen Bevölkerung, in der veröffentlichten Meinung und im Parlament dafür zu werben. Sie entwickelte hierbei im Vergleich zur herkömmlichen staatlichen Informationspolitik einige innovative Züge:[23]

– die Einschaltung und Gründung von Massenorganisationen: Der Alldeutsche Verband und die Deutsche Kolonialgesellschaft waren zwar beide bereits vor Tirpitz' Amtsantritt tätig gewesen, verbanden sich aber nach 1897 streckenweise mit den Zielen und Aktivitäten des Nachrichtenbüros. Der 1898 gegründete Deutsche Flottenverein, bis 1914 das wirksamste Propagandainstrument des Reichsmarineamts, war ein gemeinsames Produkt des Tirpitzschen Amts und der deutschen Schwerindustrie. Der Verein, der sich nach außen als unabhängig darstellte, de facto aber eine halboffiziöse Einrichtung war, wurde mit rund einer Million Mitglieder am Beginn des Ersten Weltkriegs zum größten der drei Agitationsvereine;

– die amtliche Trägerschaft der Veröffentlichungen, Veranstaltungen und sonstigen Aktionen wurde soweit wie möglich kaschiert; sogar die wichtigste Publikation des Nachrichtenbüros, der *Nauticus*[24], erschien als nichtamtliches Periodikum;

– die Einsetzung von Meinungsmultiplikatoren: Schul- und Universitätslehrer sowie andere zu diesem Zweck geeignete Persönlichkeiten wurden beispielsweise als Wanderredner angeworben;

– der Versuch, an Gefühl und Phantasie zu appellieren; in diesem Zusammenhang wurden Bild und Grafik, Lichtbild und Fotografie erstmals in großem Umfang gezielt als Propagandamittel eingesetzt.

Alle diese Strategien lebten neu auf, als im Ersten Weltkrieg die Regierung und das Militär die gesamtgesellschaftliche Sinnstiftung als neues Aufgabengebiet zu betrachten lernten.[25] Auch hier bevorzugte man die indirekten Formen der Beeinflussung, die die staatliche Herkunft nicht unmittelbar erkennen ließen: Gewerkschaften und Unternehmerverbände, nationale Vereine und Handelskammern, Frauenvereine und sozialpolitische Verbände, Geistliche und Künstler, Lehrer und Professoren wurden für Vortragsreisen angeworben. Mit Diavorträgen und Theateraufführungen, Wanderkinos und Musikdarbietungen ging die Durchhaltepropaganda auf Tournee, um auch alle diejenigen zu erreichen, die den Zeitungen nicht mehr glaubten oder sie gar nicht lasen – die Zielgruppe war schon längst nicht mehr das Bürgertum, sondern

die Arbeiterschaft und hier insbesondere der weibliche Teil: Die Arbeiterfrauen kritisierten den Krieg und die schlechten Lebensverhältnisse besonders scharf und immer radikaler.
Als neues, wenn auch noch sehr unbeholfen genutztes Werbemittel entdeckten die Militärbehörden auch schon den Film. Die propagandistischen Möglichkeiten dieses Mediums und der unter ihrer Beteiligung 1917 gegründeten *Universum-Film-AG (Ufa)* konnten jedoch erst von einer späteren Regierung ausgeschöpft werden.[26]

II. Die Weimarer Republik (1918–1933)

Nach der mehr als vier Jahre andauernden Phase besonders strenger staatlicher Kontrolle der Presse im Krieg begann die Weimarer Republik mit dem Versprechen eines qualitativen Sprungs auf dem Gebiet der Medienpolitik.[27] Artikel 118 der Weimarer Verfassung von 1919 enthielt die verfassungsrechtliche Sicherung der Meinungs- und Pressefreiheit; eine Zensur sollte nicht stattfinden. Sondergesetze gegen die Presse wie das Sozialistengesetz waren damit ausgeschlossen. Doch war die verfassungsmäßig garantierte Zensurfreiheit schon deshalb eingeschränkt, weil sie für Film und Rundfunk nicht galt. Die tagespolitische Realität des Weimarer Staates bestimmte in den folgenden Jahren weit mehr die medienpolitische Praxis als seine verfassungsrechtlichen Grundlagen. Informationspolitisch am folgenschwersten war die Tatsache, daß Vertreter des rechtsnationalistischen politischen Spektrums dem neuen Staat und seinen Repräsentanten die Legitimität und damit seine Existenzberechtigung absprachen. Diese Ablehnung des republikanischen Staats kulminierte im August 1921 ein erstes Mal in der Ermordung Matthias Erzbergers, der das Waffenstillstandsabkommen vom 11. November 1918 unterzeichnet hatte und 1919/20 Finanzminister gewesen war. Die Regierung antwortete mit massiven Eingriffen in die Pressefreiheit: Am 29. August, drei Tage nach dem Attentat, erging die Verordnung des Reichspräsidenten aufgrund des Artikels 48 der Reichsverfassung »zur Wiederherstellung der öffentlichen Sicherheit und Ordnung«, die Verbote antirepublikanischer Druckschriften möglich machte. Sie wurde im September 1921 teilweise zurückgenommen. Als dann am 24. Juni 1922 Reichsaußenminister Walther Rathenau ermordet wurde, begann mit der sogenannten Republikschutzgesetzgebung eine Praxis rigider staatlicher Kontrollen und Verbote, die erst Ende 1932, gut einen Monat vor Hitlers Ernennung zum Reichskanzler, vorübergehend gemildert wurde. Das erste ›Republikschutzgesetz‹ vom 21. Juli 1922 führte für die Dauer von fünf Jahren ein erweitertes Beschlagnahmerecht der Regierung für politische Druckwerke ein; auf seiner Basis konnten Tageszeitungen bis zu vier Wochen verboten werden, wenn in ihnen zu Gewalttaten gegen Politiker aufgefordert oder die Republik beleidigt wurde. Im Juni 1927 verlängerte die Regierung das Gesetz, auf dessen Grundlage über 200 Zeitungsverbote ausgesprochen wurden, für zwei Jahre und löste es im März 1930 durch ein Nachfolgegesetz ab.

In den Jahren 1931 und 1932 war der Artikel 48 der Weimarer Verfassung, der ein Notverordnungsrecht des Reichspräsidenten am Parlament vorbei zuließ, die wichtigste Grundlage staatlicher Kontrollpolitik. Hindenburg schränkte durch zahlreiche derartige Notverordnungen die Meinungsfreiheit drastisch ein:[28] Flugblätter und Plakate unterlagen der Zensur; das polizeiliche Beschlagnahmerecht und die Verbotsmöglichkeiten für politische Publikationen wurden erweitert; die Notverordnung vom 17. Juli 1931 verpflichtete die Redakteure, Regierungsverlautbarungen auf Verlangen kommentarlos in vollem Wortlaut abzudrucken. Allein in diesem Jahr wurden 224 Zeitungsverbote ausgesprochen – eines davon im Oktober gegen die *Rote Fahne*, das Parteiblatt der KPD, das eine Statistik der Zeitungsverbote veröffentlicht hatte.

Zwar hob die Regierung Schleicher – wiederum mit einer Notverordnung – am 19. Dezember 1932 die meisten zuvor dekretierten Beschränkungen der Pressefreiheit auf. Doch geschah dies zu spät, um den Charakter der Pressepolitik des Weimarer Staats insgesamt noch verändern zu können – einer Pressepolitik, die ausgerechnet die erste deutsche Republik mit ihrer verfassungsmäßig garantierten Meinungs- und Pressefreiheit zum Vorläufer der vollständigen staatlichen Kontrolle der Medien in der nationalsozialistischen Zeit werden ließ.

Die restriktive und reglementierende Verbots- und Zensurpolitik des Weimarer Staats wehrte nicht nur den gewalttätigen Attacken gegen den neuen Staat, sondern sie entsprach auch der Vorstellung der Weimarer Politiker, die einer Medienlandschaft ohne gouvernementale

Strukturen durchweg wenig abgewinnen konnten.[29] In einer wichtigen Hinsicht jedoch gilt diese Vorläuferrolle keineswegs: Im Gegensatz zur Zeit nach 1933 flankierte man die repressive staatliche Selbstinszenierung kaum durch informationspolitische Maßnahmen affirmativer Art. In dem eigentümlichen, stark der überkommenen obrigkeitlichen Denkweise verhafteten Demokratieverständnis der Politiker und Parteien geriet eine dezidierte Parteinahme für die Weimarer Republik allzu schnell in den Geruch der Parteilichkeit, als daß sie von den wechselnden Koalitionsregierungen zwischen 1919 und 1932 zur Grundlage propagandapolitischer Strategien hätte erhoben werden können.[30] Die Politiker und Ministerialbürokraten hatten zwar die Lektion des Ersten Weltkriegs von der Unerläßlichkeit staatlicher Propaganda durchaus gelernt, aber ihre direkte Propaganda für die Republik erschöpfte sich in blasser Staatsbürgerideologie und der Beschwörung gesamtgesellschaftlicher Harmonie.[31] Sie bevorzugten den propagandistischen Kampf gegen den Vertrag von Versailles, den sie zur emotionalen Klammer der Nation und damit zur legitimatorischen Basis des Bestehenden machen zu können glaubten. Diese Strategie gouvernementaler Selbstrepräsentation erwies sich nur zum Teil als erfolgreich: Die anfangs eher diffuse Anti-Versailles-Stimmung verdichtete sich zwar tatsächlich nach und nach in weiten Kreisen der Bevölkerung zu einem »Syndrom«. Doch statt die Stabilität des Weimarer Staats zu erhöhen, stärkte diese partiell erfolgreiche staatliche Sinnstiftung die Gegner des Systems, die nicht nur den Geburtsfehler der Republik, sondern gleich das angeblich mißratene Kind selbst zu beseitigen versprachen.[32] Diesen Verheißungen setzten die wechselnden Weimarer Regierungen keine genuin demokratische Sinnstiftung entgegen – ein Versäumnis, das durch Zensur, Verbote und Staatskontrolle der Medien eher verschärft als gemildert wurde, da schließlich nicht nur der Mangel an demokratischer Propaganda, sondern an Demokratie selbst drängend wurde und die Einsetzung Hitlers erst ermöglichte.

Von betont gouvernementalem Charakter war zwischen 1919 und 1932 auch die Medienpolitik im engeren Sinn, die jenseits von Zensur und Strafgesetzgebung erfolgte; ganz besonders galt dies für den Rundfunk, der in diesem Zeitraum zum neuen Massenmedium wurde.

Die Vereinigte Presseabteilung der Reichsregierung und des Auswärtigen Amtes war das organisatorische Kernstück staatlicher Informationspolitik.[33] Als Nachfolgerin der Nachrichtenabteilung des Auswärtigen Amtes ressortierte sie weiterhin im Außenministerium; ihr Leiter, der Pressechef, war jedoch dem Reichskanzler unterstellt. Die gegen Ende des Ersten Weltkriegs enorm angewachsene Zahl von Mitarbeitern reduzierte sich bis Anfang 1922 auf etwa 170 und war 1932 auf rund 100 Personen gesunken. Das Inlandsreferat arbeitete als innenpolitische Zentrale; es versorgte während der Weimarer Zeit unter neun wechselnden Pressechefs insgesamt zwölf Reichskanzler und ihre insgesamt 21 Kabinette mit Informationen aus der Presse und bereitete die regelmäßig stattfindenden Pressekonferenzen vor. Die offiziellen Konferenzen für die inländische Presse fanden dreimal, diejenigen für die ausländischen Journalisten einmal wöchentlich statt. Im Unterschied zur Zeit vor 1919 und ab 1933 war die Pressekonferenz eine Institution der Presse, nicht der Regierung: Sie gab sich ihre Geschäftsordnung selbst, entschied über die Zulassung von Journalisten, wählte einen Journalisten zum Vorsitzenden und lud den Pressechef, den Leiter des Inlandsreferats oder andere Politiker als Gäste.

Dem Pressechef war darüber hinaus die Reichszentrale für Heimatdienst unterstellt,[34] die bereits während des Kriegs gegründet und jetzt zur strategischen Schaltstelle für die Erziehung der Bevölkerung zur Demokratie umfunktioniert worden war. Sie sollte die Position der Regierung zu umstrittenen politischen und wirtschaftlichen Fragen stützen und verbreiten, beispielsweise zum Versailler Vertrag und zu seinen Folgen, zum politischen Terror und zur Wirtschaftsentwicklung. Dies geschah durch eigene Druckschriften – insbesondere die Zeitung *Der Heimatdienst* –, die Organisation von Vortragsreisen und Lichtbildervorträgen, die Bereitstellung von Informationsgrundlagen für Redner und die Belieferung der Presse mit Artikeln. Die Regierungen der Weimarer Republik maßen ihrer Propagandazentrale nur geringe Bedeutung bei; das zeigten die Debatten um ihre Existenzberechtigung, vor allem aber die Tatsache, daß die Reichszentrale finanziell auf den Aussterbeetat gesetzt wurde und ihr Handlungsspielraum spätestens seit 1930 zunehmend gegen Null tendierte. Die Zahl ihrer festen Mitarbeiter reduzierte sich immer weiter, bis 1931 nur noch knapp 60 übrig waren. Trotz ihrer anpassungsbereiten Haltung gegenüber der diktatorischen Regierung Papen und schließlich auch der Regierung Hitler wurde die Reichszentrale im März 1933 aufgelöst.

Einen festen Platz im propagandapolitischen Selbstverständnis der

Weimarer Regierungen nahm dagegen seit 1920/21 das Kriegsschuldreferat im Auswärtigen Amt ein, hervorgegangen aus dem Büro, das der deutschen Delegation in Paris zugearbeitet hatte.[35] Es sollte im In- und Ausland die These propagieren, daß Deutschland keine Schuld am Ausbruch des Weltkriegs trage, um damit einer Revision des Versailler Vertrags den Boden zu bereiten. Seine wichtigste Veröffentlichung war die Quellenedition *Die Große Politik der Europäischen Kabinette* 1871–1914, die die deutsche Sicht der Vorgeschichte des Ersten Weltkriegs belegen sollte.

Die pressepolitische Strategie, sich Zeitungen als offiziöse Regierungsorgane in Abhängigkeit zu halten, blieb wie bereits unter Bismarcks Nachfolgern auch in der Weimarer Zeit ein Randphänomen der Propagandapolitik. Wenn sich – wie bei Stresemann – bestimmte Zeitungen dafür zur Verfügung stellten, behielten sie sich meist das Recht vor, offiziöse Meldungen kenntlich zu machen.[36] Als die *Norddeutsche Allgemeine Zeitung* – seit November 1918 *Deutsche Allgemeine Zeitung* –, Bismarcks hochoffiziöses Flaggschiff, das 1920 in die Hände von Hugo Stinnes übergegangen war, nach dessen Tod 1924 von einem Bankenkonsortium übernommen wurde, erwarb das Auswärtige Amt aus den Mitteln seines Geheimfonds Verlagsrechte an diesem Blatt. Im April 1926 ließ die Reichsregierung die *Deutsche Allgemeine Zeitung* ohne Wissen der Redaktion aufkaufen. Nachdem dies Ende 1926 publik gemacht worden war und heftige Proteste der veröffentlichten Meinung verursacht hatte, löste die Regierung diese Verbindung wieder und überließ die Zeitung erneut einem Bankenkonsortium; sie blieb jedoch ein hochoffiziöses Organ.[37]

Wichtigste offiziöse Institution war auch in der Weimarer Republik das *WTB*.[38] Es konnte zwar nach 1918 seine monopolartige Stellung auf dem Inlandsmarkt nicht wieder erlangen, blieb aber das effektivste Instrument regierungsamtlicher Informationspolitik. Daran änderte auch die Tatsache nichts, daß seit 1919 der Verein Deutscher Zeitungsverleger Aktien des *WTB* und damit Einfluß auf dessen Tätigkeit besaß. Die anhaltende Finanzmisere der Nachrichtenagentur hielt sie wie zuvor dem Regierungseinfluß gegenüber gefügig: Während der Inflationszeit zahlte die Reichsregierung 50 Prozent der Gehälter der *WTB*-Angestellten und gab der Agentur schließlich ein Darlehen von 70000 Dollar mit einer Laufzeit von dreißig Jahren. *WTB* erhielt wie zuvor bestimmte Nachrichten exklusiv. Im Gegenzug verpflichtete es

sich 1920, der Vereinigten Presseabteilung vorab telefonisch über alle wichtigen politischen Meldungen Bericht zu erstatten. Die Regierung besaß ein Einspruchsrecht bei der Besetzung des Chefredakteurspostens und ein vertragliches Mitbestimmungsrecht bei der Besetzung des Direktoriums des *WTB*. Unter Brüning, Papen und Schleicher ließ die Reichsregierung insgeheim 60 Prozent der *WTB*-Aktien für das Reich aufkaufen; dieser Verstaatlichungsprozeß wurde 1933 durch den Aufkauf der restlichen Aktien abgeschlossen. Das Telegraphenbüro hatte rund 1300 Zeitungen als Abonnenten, von denen 250 auch auf das größte Konkurrenzunternehmen, die *Telegraphen-Union (TU)*, abonniert waren. Etwa 1000 Abnehmer hatte das 1918 von *WTB* und dem Verein deutscher Zeitungsverleger gemeinsam gegründete Nachrichtenbüro des Vereins Deutscher Zeitungsverleger; es war das erste deutsche Nachrichtenbüro auf genossenschaftlicher Grundlage und widmete sich schwerpunktmäßig der Berichterstattung aus den Parlamenten und Parteien.
Die *TU*, die 1913 gegründet worden war, gehörte seit 1918 zum Hugenbergschen Pressekonzern.[39] Entsprechend ihrem schwerindustriellen, politisch rechts orientierten Gründermilieu spiegelte die Tendenz ihres Nachrichtenmaterials die gegen die Weimarer Republik gerichtete Grundstimmung rechtsnationaler Kreise wider. Auch sie erhielt amtliche Nachrichten und hatte 1933, als sie von den Nationalsozialisten mit dem *WTB* zum *Deutschen Nachrichten-Büro* zusammengelegt wurde, 1600 Abonnenten.
Die wichtigste Neuerung auf dem Medienmarkt der Weimarer Republik war der Rundfunk, der sich seit 1923 zum Massenkommunikationsmittel entwickelte.[40] Seine Institutionalisierung und Ausgestaltung verliefen von Anfang an unter staatlicher Ägide. Die gouvernementale Strukturierungsmacht konnte sich hier besonders ungehemmt entfalten, da alle wesentlichen Organisationsstrukturen erst noch geschaffen werden mußten, und sie fand ihre Legitimation in der staatlichen Funkhoheit und der wirtschaftlich-technischen Abhängigkeit des neuen Mediums. Über den gesamten Zeitraum der Weimarer Republik mit zunehmender Intensität staatlich gelenkt und kontrolliert, wies so der Rundfunk besonders deutlich diejenigen Merkmale auf, die die regierungsamtliche Informations- und Medienpolitik zwischen 1918 und 1933 insgesamt prägten: Wichtigste Zielsetzung war die umfassende organisatorische Gängelung und inhaltliche Zensur,

durch die man staatsfeindliche Tendenzen auszuschalten hoffte, ohne daß dieser regierungsamtlichen Wahrnehmung des neuen Mediums als Gefahrenquelle eine Erkenntnis und Nutzung seiner propagandapolitischen Chancen für die Stabilisierung der Republik an die Seite gestellt wurde. So machte die gouvernementale Zensur den Rundfunk zum »Kindergarten«,[41] zu einer von der Obrigkeit gehüteten Spielwiese für die angeblich politisch-gesellschaftlichen Konflikten nicht gewachsene Bevölkerung: Politik fand im Radio kaum statt. Dessen Anerkennung als politisches Medium im Dienst der Republik befürworteten nur wenige Politiker, vorwiegend Sozialdemokraten. Nicht einmal Direktübertragungen aus dem Reichstag – für die nur die KPD und die NSDAP votierten – waren durchsetzbar. Auch auf rundfunkpolitischem Gebiet bot die Weimarer Republik das Bild einer Demokratie, die sich zu Tode schützte.

Im Jahre 1919 hatte sich die Reichsregierung die Reichsfunkbetriebsverwaltung, die das Funkwesen aufbauen sollte, direkt unterstellt und dem Reichspostministerium eingegliedert. Es dauerte einige Jahre, bis die organisatorischen und technischen Voraussetzungen geschaffen waren, um mit der Ausstrahlung eines Programms für private Empfänger beginnen zu können. Als dies 1923 in erreichbare Nähe gerückt war, ergriff das Reichsinnenministerium die Initiative, um den regierungsamtlichen Einfluß auf die Programmgestaltung und Senderstruktur zu sichern. Im Mai 1923 war die Aktiengesellschaft für Buch und Presse als privates Unternehmen, aber unter inoffizieller Führung des Innenministeriums, gegründet worden. In deren Aufsichtsrat saßen Politiker und Publizisten, die auf diesem Weg in Presse, Film und Rundfunk propagandapolitische Initiativen zur Stützung der Republik lancieren wollten. Die Gesellschaft wurde im Oktober in *Drahtloser Dienst (Dradag)* umbenannt und erhielt durch den im November 1923 mit dem Reichspostministerium geschlossenen Vertrag das Monopol auf den Nachrichtenteil des künftigen Programms. Nachdem dessen Ausstrahlung im Oktober 1923 beginnen konnte,[42] stieg die Zahl der Rundfunkteilnehmer im Reich bis 1926 auf 1,5 pro 100 Einwohner, bis 1931 auf 4,6. Während die Post, die für den wirtschaftlich-technischen Bereich des neuen Mediums verantwortlich blieb, eher einen Unterhaltungsrundfunk anvisierte, setzte sich das Innenministerium via *Dradag* erfolgreich dafür ein, daß das Radioprogramm auch eine publizistische Komponente erhalten sollte. Unumstritten war bei Politikern und Ministerialbürokraten, daß der kulturelle ebenso wie der Nachrichtenteil des Programms strikter Überwachung bedurften. Ende 1925 einigten sich Reich und Länder auf Regeln, wie die politischen Programme der einzelnen regionalen Sendegesellschaften zu überwachen seien: Bei jeder Gesellschaft wurden dreiköpfige Überwachungsausschüsse zur Ausübung der Vor- und Nachzensur eingerichtet; das Reich entsandte jeweils einen, die Länder zwei Mitglieder; diese Überwachungsausschüsse übten bald nur noch die Vorzensur. Als Zensurgremien für den kulturellen Teil wurden »Kulturbeiräte« eingerichtet.

Da die Nachrichten ohnehin ausschließlich von der *Dradag* bezogen werden mußten, war die Kontrolle von vornherein gesichert. Die *Dradag* war mittlerweile von einer inoffiziellen zu einer offiziellen Institution des Reichsinnenministeriums geworden, das seit 1925 51 Prozent der Anteile an der Nachrichtenstelle besaß; den Rest hielten der Reichsverband der deutschen Presse und andere Verbände. Anfang 1926 begann der Aufsichtsrat der Nachrichtengesellschaft seine Arbeit; es arbeiteten in ihm zwei Reichsvertreter – einer aus dem Innenministerium, ein zweiter aus der Vereinigten Pressestelle –, acht Länder- und sieben Parteienvertreter (ohne KPD und NSDAP), acht Delegierte der Minderheitsaktionäre und ein Repräsentant der Reichsrundfunkgesellschaft, der Dachorganisation der einzelnen Rundfunkgesellschaften. Das Aufsichtsgremium wurde 1928 auf 40 Personen erweitert; hinzu kamen insbesondere Vertreter von Pressediensten und publizistischen Berufsorganisationen. Wichtigste Richtlinie der Nachrichtenpolitik der *Dradag* sollte, so wurde beschlossen, die strenge »Überparteilichkeit« sein. Eigene Korrespondenten beschäftigte die Nachrichtenstelle nicht; als Nachrichtenquellen wurden vor allem das *WTB*, die *TU*, verschiedene Korrespondenzen und die Pressestellen der Parteien herangezogen. Seit Mitte 1926 arbeitete die *Dradag* als anerkannte Nachrichtenstellte des deutschen Rundfunks. Das Innenministerium behielt sich das Recht vor, Anstellung und Entlassung des leitenden Redakteurs zu genehmigen; es machte darüber hinaus die Auflage, daß die Nachrichtenstelle ihre Tätigkeit in enger Anlehnung an die Vereinigte Pressestelle betreiben und Nachrichten auf Verlangen unverändert und ohne Kürzungen übermitteln mußte. Am 1. Januar 1932 beschäftigte die *Dradag* 22 Personen.

Im selben Jahr bereitete ihr die Regierung Papen im Zuge der defini-

tiven Einführung des Staatsrundfunks das Ende. Ihre Aufgaben gingen an die neuerrichtete Dienststelle Drahtloser Dienst, die der Reichsrundfunkgesellschaft nachgeordnet war. Diese wiederum wurde ebenso wie die Ländergesellschaften der Aufsicht von zwei Reichskommissaren unterstellt; einer kam vom Innenministerium und war für das Programm zuständig; der andere, vom Postministerium, beaufsichtigte den wirtschaftlich-technischen Bereich. Der Erlaß des Reichsinnenministers vom 24. September 1932 definierte den neuen Drahtlosen Dienst als völlig von der Regierung abhängiges Organ.
Gleichzeitig mit dieser endgültigen Verstaatlichung des Rundfunks wurden die politischen Bestandteile des Programms erstmals wesentlich erweitert. Waren bis 1932, von anfänglichen Ausnahmen abgesehen, infolge des Überparteilichkeitsdogmas keine Wahlsendungen von Parteien übertragen worden, so erhielten zur Juli-Reichstagswahl alle Parteien außer der KPD Sendezeit. Sich selbst richtete die Regierung ebenfalls Mitte 1932 die »Stunde der Reichsregierung« ein: eine halbe Stunde Sendezeit nach Bedarf, die von allen Sendern übernommen werden mußte.
Die Weimarer Regierungen beschränkten ihre propagandapolitischen Aktivitäten, soweit diese über Informations- und Medienpolitik im eigentlichen Sinn hinausgingen, auf wenige Bereiche: Produzieren und Kontrollieren von Nachrichtenmaterial, gezielte Schaffung von Meinungsklimata, in der Hauptsache aber die Frage der Schuld am Ausbruch des Ersten Weltkriegs und, in engem Zusammenhang damit, den Kampf gegen den Versailler Vertrag.[43] Zu diesem Zweck arbeitete das Kriegsschuldreferat des Auswärtigen Amts streng mit dem im April 1921 gegründeten Arbeitsausschuß Deutscher Verbände zusammen, einem nach außen unabhängigen, politisch auf dem rechten Spektrum angesiedelten Zusammenschluß zahlreicher Verbände und Vereine, der über weite Strecken vom Auswärtigen Amt gelenkt und finanziert wurde. Seine ihm vom Kriegsschuldreferat zugedachte Aufgabe war es, die Schuldfrage und damit die Anti-Versailles-Propaganda so »überparteilich« zu betreiben, daß eine Plattform zur Integration der nationalistischen Rechten geschaffen wurde. Der Arbeitsausschuß publizierte einschlägige Veröffentlichungen – Hauszeitung war *Der Weg zur Freiheit* –, verbreitete Flugblätter und andere Werbemittel und organisierte Vorträge und Schulungen: allein im Jahr 1925 1456. Darüber hinaus stellte er Kontakte nicht zuletzt zu den Schul- und

Hochschullehrern her, die bereits die Flottenpropagandisten der Jahrhundertwende als Meinungsmultiplikatoren geschätzt hatten. Wichtigstes Propagandamittel war jedoch die Belieferung der Presse mit einschlägigen Artikeln. Bereits ein Jahr nach seiner Gründung waren ihm etwa 500 bis 600 Verbände angeschlossen, 1931 fast 2000. Aus den Etatmitteln des Auswärtigen Amts erhielt der Arbeitsausschuß bis 1924 20000 Reichsmark pro Jahr, 1928/29 waren es bereits 72000 Reichsmark. Hinzu kam eine finanzielle Unterstützung seitens der Industrie, mit deren Hilfe die Kosten der laufenden Propagandaaktionen bestritten werden konnten.

Außerdem wurde, ebenfalls im April 1921, die Zentralstelle für Erforschung der Kriegsursachen gegründet, die die These von der deutschen Unschuld am Krieg wissenschaftlich abzusichern hatte. Als ihr zentrales Organ erschien seit 1923 die Zeitschrift *Die Kriegsschuldfrage*. Auch die Zentralstelle arbeitete nach außen hin als unabhängige Organisation, wurde jedoch vom Auswärtigen Amt finanziert und kontrolliert. 1924/25 erhielt sie von dort 23400 Reichsmark, zu denen aus Spenden und anderen Quellen ein eigenes Einkommen von 5200 Reichsmark kam; 1929/30 waren die entsprechenden Beträge auf 84000 bzw. 24000 angestiegen.

Diese mehr oder weniger verdeckten regierungsamtlichen Einwirkungen bildeten das Kernstück der nichtrepressiven gouvernementalen Propagandapolitik und blieben nicht ohne Erfolge – allerdings solche sehr zwiespältiger Art: Die zunehmende Anti-Versailles-Stimmung kam weniger den Unterstützern der Republik als denjenigen zugute, die dem nun so nachdrücklich entlasteten Kaiserreich nachtrauerten, und sie integrierte weniger die rechtsnationalen Kreise in die Republik als die republikanische Gesellschaft in das rechtsnationale Weltbild. Da die übrigen propagandapolitischen Aktivitäten sich vorwiegend auf Zensur und Kontrolle beschränkten und hierin den obrigkeitsstaatlichen Charakter des Kaiserreichs noch übertrafen, leiteten sowohl die Inhalte als auch die Instrumentarien der staatlichen Propaganda schließlich fugenlos ins Dritte Reich über.

III. Das Dritte Reich (1933–1945)

Die nationalsozialistische Regierung entwickelte eine Zensur- und Kontrollpraxis, deren gesetzliche Regelung nicht erst beim Produkt – etwa der Nachricht und dem Artikel –, sondern bereits bei der Person der Publizisten einsetzte.[44] Die erste einschlägige Notverordnung »zum Schutze des deutschen Volkes« vom 4. Februar 1933 bewegte sich noch im üblichen Rahmen der Weimarer Usancen; sie war von deren letzten Regierungen bereits vorbereitet worden und griff vor allem durch Zeitungsverbote in die Presselandschaft ein. Die am 28. Februar, dem Tag des Reichstagsbrands, erlassene Notverordnung »zum Schutze von Volk und Staat« ging schon darüber hinaus und setzte die Meinungs- und Pressefreiheit des Artikels 118 der Weimarer Reichsverfassung außer Kraft: Die Zensur wurde wieder eingeführt, die Möglichkeit zu Zeitungsverboten und -beschlagnahmen erweitert.
Diesen Weg staatlicher Kontrolle schlug die Regierung Hitler insbesondere gegen die sozialdemokratische und kommunistische Presse ein. Deren Vermögen wurde dann schließlich aufgrund des Reichsgesetzes vom 14. Juli 1933 als »volks- und staatsfeindliches Vermögen« entschädigungslos beschlagnahmt. Gegen diese Ausschaltung der linken Presse hatte die im Verein Deutscher Zeitungsverleger organisierte bürgerliche Presse kaum protestiert, da sie nicht unmittelbar betroffen war. Ihre Umfunktionierung zum Staatsmedium folgte jedoch unmittelbar; sie konnte sich allerdings auf anderem Wege vollziehen, da die kooperationswilligen Journalisten, Verleger und berufsständischen Korporationen dem gouvernementalen Zugriff nicht grundsätzlich abgeneigt waren.
Als ersten Schritt verordnete das Reichskulturkammergesetz vom 22. September 1933 die Zwangsmitgliedschaft aller Publizisten in der Reichspressekammer, die neben entsprechenden Kammern für Schrifttum, Rundfunk, Theater, Musik, Film und bildende Künste unter dem Dach der Reichskulturkammer[45] eingerichtet wurde; Präsident war Propagandaminister Goebbels. Die Berufs- und Standesorganisationen wurden in den Kammern zusammengeschlossen – in der Reichspressekammer neben elf weiteren Fachverbänden als wichtigster der Verein Deutscher Zeitungsverleger; er wurde nun umbenannt in Reichsverband der Deutschen Zeitungsverleger und unter nationalsozialistische Leitung gestellt wie der Reichsverband der Deutschen

Presse als Berufsorganisation der Journalisten; diese Fachverbände beschickten einen Verwaltungsbeirat. Wichtigste Gruppierung war der Reichsverband der Deutschen Zeitungsverleger, der die Anordnungen der Reichspressekammer zu erarbeiten und durchzuführen hatte. Aufgrund der ersten Durchführungsverordnung zum Reichskulturkammergesetz vom 1. November 1933 konnte jedermann aus der Reichspressekammer ausgeschlossen werden, der »die erforderliche Zuverlässigkeit« nicht besaß; da nur Mitglieder der Kammer publizistisch tätig sein durften, bedeutete der Ausschluß den Entzug der Gewerbekonzession und damit das Berufsverbot.

Nach dem Reichskulturkammergesetz erließ die nationalsozialistische Regierung als zweite einschneidende legislative Regelung das Schriftleitergesetz vom 4. Oktober 1933. Es machte die Redakteure gleichsam zu Staatsbeamten, zu Trägern der ab jetzt zur öffentlichen Aufgabe deklarierten publizistischen Tätigkeit. Zulassungsvoraussetzung für die Ausübung einer journalistischen Tätigkeit war nunmehr neben der »arischen« Abstammung die politische Eignung; über sie wurde vom jeweiligen Landesverband des Reichsverbands der Deutschen Presse entschieden, in dem jeder Journalist Mitglied sein mußte und der wiederum als Körperschaft des öffentlichen Rechts unter Staatsaufsicht stand. Die Journalisten hatten ihren Beruf laut Gesetz »im Einklang mit der nationalsozialistischen Weltanschauung« auszuüben und alles aus den Zeitungen fernzuhalten, was den deutschen Staat schwächen oder in seinem Ansehen herabsetzen könnte; den Weisungen des Propagandaministeriums war Folge zu leisten. Ohne Genehmigung des Berufsverbandes konnte kein Verleger einen Redakteur entlassen; ein Versuch, die Journalisten zu »berufswidriger« Ausübung ihrer Tätigkeit zu veranlassen, war als Pressebestechung oder -nötigung strafbar. Das Propagandaministerium konnte jederzeit – ohne Notwendigkeit der Begründung und ohne Möglichkeit der Anfechtung – einen Journalisten aus dem Berufsverband ausschließen und damit an der weiteren Berufsausübung hindern.

Wurde in den ersten Jahren der nationalsozialistischen Regierung der privatwirtschaftliche Aufbau der Presse nicht grundlegend angetastet, so änderte sich dies mit den drei sogenannten Amannanordnungen vom 24. April 1935, die vom Reichsverband der Deutschen Zeitungsverleger durchgeführt wurden. Neben der Anordnung zur »Beseitigung der Skandalpresse« und der Anordnung über Schließung von Zeitungsverlagen zwecks Beseitigung ungesunder Wettbewerbsverhältnisse« vollzog vor allem die Anordnung »zur Wahrung der Unabhängigkeit des Zeitungsverlagswesens« den letzten entscheidenden Schritt zur Umwandlung in eine reine Staats- und Parteipresse. Diese Verordnung schloß einerseits zahlreiche Personengruppen – in erster Linie Juden –, andererseits eine Vielzahl von Unternehmensformen – juristische Personen wie Aktien- und Kommanditgesellschaften auf Aktien, Gesellschaften mit beschränkter Haftung, Genossenschaften und Stiftungen – von der publizistischen Tätigkeit aus. Kein Verlag durfte fortan mehr als eine Zeitung herausgeben. Auf dieser gesetzlichen Basis wurde im folgenden eine Presseenteignungsaktion größten Ausmaßes durchgeführt. Die betroffenen Verlagsbesitzer mußten in der Mehrzahl der Fälle an den parteieigenen Pressekonzern verkaufen, der sich in den Händen der Franz Eher Nachf. GmbH befand, die seit 1932 im Alleinbesitz der NSDAP war; der parteieigene Pressekonzern kontrollierte bei Kriegsende 82,5 Prozent der Gesamtauflage der deutschen Zeitungen. Als Folge dieser Maßnahmen sank die Zahl der Zeitungen von 4703 im Jahre 1932 auf 3000 im Jahr 1939 und schrumpfte im Krieg durch Zusammenlegungen und Schließungen wegen Papiermangels auf unter 1000.

Die staatliche Medienpolitik verstärkte ihre Kontrollen seit 1933 nicht nur auf dem Weg über die Gesetzgebung, sondern auch bei der Pressepolitik im engeren Sinn. Ihr institutionelles Zentrum lag für die Inlandspresse bei dem am 13. März 1933 gegründeten Reichsministerium für Volksaufklärung und Propaganda, dem der bisher hierfür zuständige Pressechef der Reichsregierung als Staatssekretär integriert wurde.[46] Dem Propagandaminister unterstanden gleichzeitig die Reichskulturkammer und die Reichspropagandaleitung der NSDAP. Laut Gründungserlaß war das Propagandaministerium »für Zwecke der Aufklärung und Propaganda unter der Bevölkerung über die Politik der Reichsregierung und den nationalen Wiederaufbau« geschaffen worden. Über die zwei für die deutsche Presse zuständigen Abteilungen seines Ministeriums – Deutsche Presse und Zeitschriften-Presse – betrieb Goebbels die inhaltliche Pressepolitik. Die verlegerische Kontrolle lag in den Händen von Max Amann, dem Reichsleiter für die Presse der NSDAP und Leiter des parteieigenen Pressekonzerns, der sein Imperium zwischen 1933 und 1945 auch durch Aufkäufe erwei-

terte; so gingen etwa 1934 der Ullstein-Verlag und noch in den letzten Kriegsmonaten der Scherl-Verlag in dessen Besitz über. Amann war gleichzeitig Präsident der Reichspressekammer.
Die Abteilung Deutsche Presse im Propagandaministerium war der wichtigste Nachrichtenfilter für die inländische Presse. Sie bereitete die täglichen Berliner Pressekonferenzen vor; ihre Referate Politische Zensur und Pressebeobachtung waren für die Vor- und Nachzensur zuständig. Die täglichen Pressekonferenzen wandelten sich von Veranstaltungen der Presse zur Befehlsausgabestelle des Ministeriums an die Berliner Zeitungen. Sie dienten weniger der Nachrichtenübermittlung als der Bekanntgabe der verbindlichen Goebbelsschen Richtlinien und Schweigegebote. Die Provinzzeitungen erhielten ihre Sprachregelungen über die Reichspropagandaämter, denen sie vom Propagandaministerium jeweils über Fernschreiber durchgegeben wurden. Im Krieg wurden diese sogenannten Pressekonferenzen durch die »Tagesparole des Reichspressechefs« ersetzt.
Das Nachrichtenmaterial für die Zeitungen wurde vom *Deutschen Nachrichten-Büro (DNB)*[47] geliefert, das, 1933 aus der Zusammenlegung des *WTB* und der *TU* entstanden, im Reichsbesitz war: Die reichseigene Kapitalgesellschaft Cautio hielt erst über die Hälfte, seit 1938 alle Stammanteile am *DNB*. Ein Vertrag von 1934 regelte die Beziehungen der Nachrichtenagentur zum Reich; darin verpflichtete sich das Reich zur finanziellen Unterstützung, die Agentur zur Belieferung der Regierung mit Auslandsnachrichten und Versorgung der inländischen Presse mit genehmigtem Nachrichtenmaterial. In den Ländern hatte das Propagandaministerium einen organisatorischen Unterbau in Gestalt der 40 Reichspropagandaämter am Sitz der jeweiligen Gaubehörden.
Auch die obersten Kontrollinstanzen für Film und Funk ressortierten im Propagandaministerium. Die Filmabteilung war für die Überwachung der Filmproduktion und die Durchführung eigener Projekte zuständig, wofür seit dem Ankauf der *Ufa* 1937 der technische Apparat und das Personal vorhanden waren.[48] Mit seinem Massenausstoß an Unterhaltungsfilmen setzte der nationalsozialistische Propagandaapparat die Erkenntnis von der beschwichtigenden Wirkung medialer Vergnügungsprogramme in die Praxis um – kulturkritische Beobachter hatten sie bereits am Beispiel des Radios formuliert.[49] 1940 wurde ein eigenes Wochenschaureferat eingerichtet: Mit den im Herbst 1930

eingeführten Tonwochenschauen war die staatlich kontrollierte Publizistik in die Kinos vorgedrungen, nachdem sie zum Pflichtbestandteil aller Kinoprogramme geworden waren.
Die Rundfunkabteilung des Propagandaministeriums und die Nachrichtenstelle Drahtloser Dienst, die bei der Presseabteilung des Ministeriums angesiedelt war und nach Kriegsbeginn der Reichsrundfunkgesellschaft unterstellt wurde, entwickelten sich zur Kommandozentrale für die inhaltliche Abwicklung des Rundfunkprogramms, während für dessen wirtschaftlich-technische Seite weiterhin das Postministerium zuständig blieb.[50] Da der Rundfunk in der Weimarer Republik ohnehin schon zum Staatsorgan durchgebildet worden war, veränderten diese organisatorischen Umstellungen die zuvor schon betriebene Pressepolitik nicht einschneidend. Am 16. März 1933 übernahm Goebbels vom Reichsinnenminister alle einschlägigen Kompetenzen samt der Weisungsbefugnis für den politischen Rundfunkkommissar – dessen Pendant aus dem Postministerium ab jetzt entfiel. Nach einigen Anfangsquerelen zwischen dem Propagandaministerium und den Länderregierungen bestimmte Hitler im Juli 1933, daß der Rundfunk ausschließlich den Reichskompetenzen zu unterliegen hatte. Die regionalen Rundfunkgesellschaften wurden bis Mai 1934 aufgelöst; ihr Vermögen übernahm die Reichsrundfunkgesellschaft. Diese wiederum erhielt durch Satzungsänderung vom 8. Juli 1933 die volle Zuständigkeit für die politische, künstlerische und wirtschaftlich-technische Gesamtleitung des Rundfunkbetriebs. Ihr bisheriger Verwaltungsrat wurde abgesetzt; an seine Stelle trat ein neues Gremium von fünf Mitgliedern, von denen drei aus dem Goebbels-Ministerium, einer aus dem Finanz- und der letzte aus dem Postministerium kamen. Das Reich besaß alle Geschäftsanteile der Gesellschaft, die zum ausführenden Organ des Propagandaministeriums wurde. Nach dieser Umorganisation, begleitet von personellen Umbesetzungen, ging der rundfunkpolitische Befehlsweg jetzt vom Ministerium über die Reichsrundfunkgesellschaft, die ihrerseits die neun Reichssender kontrollierte. Die Intendanten der Reichssender behielten gewisse dezentralisierte Befugnisse zur Programmgestaltung. Bei dieser Verfassung des Funks blieb es im großen und ganzen, bis im Krieg die Reichsrundfunkgesellschaft in ihren Kompetenzen zugunsten des Ministeriums selbst beschnitten wurde.

Die historische Forschung hat die zentrale Rolle der propagandapolitischen Aktivitäten im Dritten Reich so ausführlich beschrieben, daß sie hier nicht noch einmal im Detail wiederholt werden soll.[51] Federführend war auf diesem Gebiet neben den entsprechenden Parteigremien die Propagandaabteilung des Goebbels-Ministeriums. Sie führte Regie bei zahlreichen Großveranstaltungen und Ausstellungen, leitete die Jugend- und Sportpropaganda, die Wirtschafts-, Sozial- und Kolonialpropaganda und produzierte große Mengen an Propagandamaterial. Ihr unterstanden die Reichspropagandaämter, aber auch Institutionen wie *Lebensborn*.

Im Gegensatz zur Zeit vor 1933 bestand kein regierungsamtliches Interesse mehr daran, diesen propagandistischen Aktivitäten den Anschein der Unabhängigkeit zu verleihen: Die Taktik, über verdeckte Maßnahmen Meinungsklimata zu schaffen, als deren Exekutor der Staat dann auftreten konnte, hatte keinen sinnvollen Platz in einem Staat, dessen zentrale Legitimation die Behauptung war, als ganzer zu jedem Zeitpunkt und in jeder Hinsicht ausführendes Organ der Volksmeinung zu sein.

IV. Die Bundesrepublik Deutschland (1950er Jahre)

Der im Jahre 1949 in Westdeutschland konstituierte Staat bezog seine Legitimation und Sinnstiftung aus der Abgrenzung vom politischen System des Dritten Reichs; er sollte auf dem Gebiet der von den Westalliierten besetzten deutschen Länder eine parlamentarische Demokratie des westlichen Typs verankern.[52] Paradoxerweise führte aber gerade die Abgrenzung vom Nationalsozialismus in ihrer in den ersten Jahren nach 1945 vorherrschenden Form zu einer stark gouvernemental geprägten Staats- und Gesellschaftsauffassung und Regierungspraxis; sie bestimmte auch die regierungsamtliche Medien- und Informationspolitik der 1950er Jahre. Dieses Paradox beruhte darauf, wie man den nationalsozialistischen Machtantritt erklärte. In den 50er Jahren setzte sich in Politik und Wissenschaft die Erklärung durch, die Verantwortung für die »Katastrophe« von 1933 sei den angeblich entwurzelten, materialistischen, staats- und machtgläubigen »Massen« zuzuschreiben; daraus leitete sich nicht die Notwendigkeit von mehr Demokratie, sondern von mehr Staat ab: Der Staat müsse die Bevölkerung zur Demokratie im richtig verstandenen Sinn erziehen. Das entsprach auch der Sichtweise Konrad Adenauers, des prägenden Politikers der 50er Jahre.[53] Aus dieser unter den Vorzeichen des kalten Kriegs hervortretenden Sichtweise ergab sich ein relativ ungebrochenes Verhältnis der ersten bundesdeutschen Regierungen zu propagandapolitischen Aktivitäten jeder Art und auch zum Begriff »Propaganda«, den sowohl Adenauer als auch andere maßgebliche Politiker durchaus im positiven Sinn benutzten.[54]

Dies zeigte sich bereits an der gesetzlich betriebenen Medien- und Informationspolitik.[55] Artikel 5 des am 24. Mai 1949 in Kraft getretenen Grundgesetzes garantiert die materielle, formelle und institutionelle Presse- und Meinungsfreiheit; die Zensur wurde abgeschafft, Sondergesetze waren nicht mehr möglich. Einschränkende allgemeine Bestimmungen enthielt und enthält das Grundgesetz insbesondere an zwei Stellen: Artikel 18 bestimmt, daß die Meinungs- und Pressefreiheit verwirkt, wer sie »zum Kampfe gegen die freiheitliche demokratische Grundordnung mißbraucht«. Praktisch bedeutsamer wurde jedoch eher Artikel 21 des Grundgesetzes, der die Möglichkeit gibt, Parteien für »verfassungswidrig« zu erklären. Auf der Basis dieses Artikels verbot das Bundesverfassungsgericht 1952 die rechtsradikale Sozialistische Reichspartei und 1956 die KPD; gleichzeitig unterdrückte das Verbot jeweils die parteieigenen Druckschriften und Periodika. Darüber hinaus wurde am 3. September 1953 die Europäische Menschenrechtskonvention in der Bundesrepublik geltendes Recht; deren Artikel 10 erlaubt, bei Einschränkungen der Meinungs- und Informationsfreiheit den Europäischen Gerichtshof in Straßburg anzurufen.

Mit Inkrafttreten des Grundgesetzes erhielt die Bundesregierung auf dem Gebiet der Pressepolitik eine Rahmenrichtlinienkompetenz; Anläufe in den 50er Jahren, sie zu realisieren, schlugen fehl. Der im März 1952 vom Bundesinnenminister vorgelegte Referentenentwurf für ein Bundespressegesetz erregte heftigen Widerstand, weil darin auf Landes- und Bundesebene zehnköpfige Presseausschüsse vorgesehen waren, deren Mitglieder – zwei amtierende Richter als Vorsitzende, vier Journalisten und vier Verleger – von den jeweiligen Regierungen ernannt werden sollten. Ein 1958 vom Bundesjustizminister vorgelegter Entwurf zu einem Gesetz zur Neuordnung des zivilrechtlichen Persönlichkeits- und Ehrenschutzes scheiterte daran, daß der Vorrang, der hier dem Recht der Persönlichkeit vor dem Grundrecht auf Pressefrei-

heit gegeben wurde, ebenfalls die veröffentlichte Meinung gegen sich hatte.
Als gangbar erwies sich jedoch der Weg, restriktive pressepolitische Bestimmungen im Strafrecht zu verankern; dieser Weg wurde in den 1950er Jahren in sehr nachhaltiger Weise beschritten. Das Erste Strafrechtsänderungsgesetz vom 30. August 1951 übernahm im wesentlichen die nationalsozialistischen Regelungen der Materien Hoch- und Landesverrat und erweiterte sie durch die Gruppe der sogenannten Staatsgefährdungsdelikte (§§ 88–98 StGB). Die entsprechenden Paragraphen sahen unter anderem Gefängnisstrafen für »Verunglimpfung« des Staates und seiner Organe vor und führten für jeden Oberlandesgerichtsbezirk besondere »Staatsschutzkammern« ein. Spätere Änderungsgesetze verschärften das Strafrecht weiter; so verbot beispielsweise das Strafrechtsänderungsgesetz vom 4. August 1953 alle »staatsgefährdenden« Publikationen. Die inhaltliche Unschärfe derartiger Begriffe ermöglichte ihre ausufernde Anwendung: Wurden im Kaiserreich jährlich etwa 5 Personen wegen Staatsschutzdelikten verurteilt und in der Weimarer Republik nach Inkrafttreten des Republikschutzgesetzes zwischen 1924 und 1927 durchschnittlich 267 Personen pro Jahr, so stieg die Zahl der wegen Hochverrats, Staatsgefährdung und Landesverrats Verurteilten in der Bundesrepublik auf 442 im Jahr 1961; die in politischen Strafsachen eingeleiteten Verfahren beliefen sich in den ersten Jahren auf etwa 10000 pro Jahr und reduzierten sich im Lauf der Zeit auf rund 3000.
Institutionelles Zentrum der regierungsamtlichen Presse- und Informationspolitik im engeren Sinn wurde das im Oktober 1949 von Adenauer eingerichtete Presse- und Informationsamt der Bundesregierung, das 1950 in das Bundeskanzleramt integriert und 1958 dem Kanzler wieder direkt unterstellt wurde.[56] Das Bundespresse- und Informationsamt (BPA), wie die offizielle Bezeichnung schließlich lautete, beschäftigte 1950 176 Beamte, Angestellte und Arbeiter und expandierte im folgenden sehr schnell über 394 (1955) auf 424 Mitarbeiter (1960). 1958 standen den offiziell akkreditierten rund 250 deutschen und 150 ausländischen Journalisten in Bonn etwa 420 Angehörige des BPA gegenüber.
Dieser umfangreiche Apparat, dessen Abteilung III für das Inland zuständig war, hatte die Aufgabe, die Regierung mit Nachrichten zu versorgen und regierungsamtliche Nachrichten zu verbreiten. Dies ge-

schah über die Herausgabe von Periodika, Broschüren und Beilagen, über Filme, Ausstellungen und Rundfunksendungen und nicht zuletzt durch die Pressekonferenzen.

Die Konferenzen wurden von der Bundes-Pressekonferenz, einem von der Presse gegründeten eingetragenen Verein, abgehalten. Da die Bundesregierung hier nur als Gast auftrat, hatte sie nicht mehr das Recht, mißliebige Journalisten fernzuhalten. Adenauer, der für den Gedanken regelmäßiger Pressekonferenzen dieser Art nicht zu erwärmen war, zog die sogenannten Kanzlertees vor, die in nicht förmlicher Umgebung, unter seiner Regie und mit ausgewählten Journalisten stattfanden.[57] Der Leiter des BPA war gleichzeitig Regierungssprecher. Ihm war die Bundeszentrale für Heimatdienst nicht mehr unterstellt; sie wurde 1963 in Bundeszentrale für politische Bildung umbenannt, sollte auf überparteilicher Grundlage demokratische Bewußtseinsbildung betreiben und ressortierte nun im Innenministerium. Sie bezuschußte die Wochenzeitung *Das Parlament*, gab zahlreiche Publikationen heraus und veranstaltete auch Tagungen und Vortragsreihen.[58]

Die zentrale Rolle des BPA als Informationsstelle der Regierung ging seit den 1960er Jahren zugunsten der ressortspezifischen Pressestellen zurück.

Abgesehen von den Personal- und Verwaltungskosten wurde die Tätigkeit des BPA in den ersten Jahren über einen Geheimfonds finanziert, der weder vom Parlament noch vom Bundesrechnungshof, sondern ausschließlich vom Präsidenten des Bundesrechnungshofs kontrolliert wurde: Aus dem entsprechenden Titel 300 »zur Verfügung des Bundeskanzlers für Förderung des Informationswesens« erhielt das BPA 1949/50 450000, 1955 11,25 Millionen und in den Jahren 1959 bis 1965 jeweils 13 Millionen DM. Für die 1956 dem BPA übertragene »Öffentlichkeitsarbeit in Verteidigungsfragen« wurde dem Amt neben diesem Reptilienfonds erstmals ein größerer Etattitel angewiesen, der 1960 ca. 8,3 Millionen DM betrug. Unter der Großen Koalition wurde 1967 der geheime Titel 300 stark gekürzt und mit dem Titel 314 »Öffentlichkeitsarbeit Inland« ein umfangreicher neuer propagandapolitischer Etatposten geschaffen, der der regulären Prüfung durch den Bundesrechnungshof unterlag.

Durch die Erinnerung an das Goebbels-Ministerium allem Anschein nach eher inspiriert als abgeschreckt, legten die ersten Bundesregierungen gouvernementaler Propaganda gegenüber große Unbefangenheit an den Tag. Dies zeigte sich auch anläßlich der bis 1953 angestellten regierungsinternen Überlegungen zur Errichtung eines Informationsministeriums. Insbesondere Otto Lenz, der erste Staatssekretär im Bundeskanzleramt, lancierte solche Pläne, nachdem ihm Adenauer »als dringendste Aufgabe die Schaffung einer zugkräftigen Propaganda nahegelegt« hatte, aber auch andere Politiker wirkten dabei mit.[59] Die Überlegungen sahen unter anderem vor, einem derartigen Ministerium neben den bisherigen Aufgaben des BPA das Presse-, Rundfunk- und Filmrecht einzuverleiben.[60] Als diese Überlegungen 1953 in die Öffentlichkeit gelangten und heftige Proteste im In- und Ausland hervorriefen, distanzierte Adenauer sich von ihnen; Lenz trat im Oktober als Staatssekretär zurück.

Der gouvernementale Zugriff auf den Nachrichtenmarkt lockerte sich, als die nationale Nachrichtenagentur nach 1949 auf dem westdeutschen Gebiet Konkurrenz durch die amerikanischen Agenturen AP und UPI erhielt[61] und sich überdies nun in den Händen der Verleger- und Rundfunkgesellschaften befand. Im August 1949 fusionierten die Nachrichtenagenturen der drei Westzonen zur *Deutschen Presse-Agentur (dpa)*, die am 1. September mit 856 Mitarbeitern ihre Tätigkeit aufnahm. Da sich das ursprüngliche Gründungskapital von 350000 DM bald als zu gering erwies, kam es im August 1950 zu einer Neufassung des Gesellschaftsvertrags. Das Stammkapital wurde auf 1,2 Millionen DM erhöht; Gesellschafter waren nicht mehr die Agenturen der Zeit vor 1949, sondern einzelne Anteilseigner, welche, um die Unabhängigkeit der Agentur vom Staat zu wahren, ausschließlich Verleger, Verlagsgesellschaften und Rundfunkanstalten sein konnten. Deren Stimmrecht war nach Höhe der Kapitaleinlage abgestuft. Wiederum zur Wahrung der Unabhängigkeit wurde festgelegt, daß die einzelnen Stammanteile 1 Prozent des Gesellschaftskapitals nicht übersteigen und die Rundfunkanstalten nicht mehr als 10 Prozent des Kapitals halten durften. Die 181 neuen Gesellschafter rekrutierten sich vorwiegend aus den Kreisen der Großverlage und der Verlegerverbände.

Die erste vertragliche Regelung der *dpa* mit der Bundesregierung datiert vom 10. April 1951; die Agentur verpflichtete sich darin, ihr Korrespondentennetz zu erweitern und der Regierung In- und Auslandsnachrichten zu liefern; die Regierung zahlte dafür monatlich 72000 DM, das heißt, sie trug mit knapp 1 Million DM pro Jahr etwa

ein Zehntel des *dpa*-Etats dieser Jahre. Im Protokoll zum Vertragsentwurf verpflichtete sich die Nachrichtenagentur, »Nachrichten von besonderer Bedeutung für die Bundesregierung« dieser so schnell wie möglich zur Kenntnis zu bringen, um ihr so »Gelegenheit zu einer mit Vorrag zu behandelnden Äußerung« zu bieten.[62]
Insbesondere dem Bundeskanzer fiel die Gewöhnung an eine nationale Nachrichtenagentur ohne direkte Anbindung an die Regierung offensichtlich schwer; seine Versuche, *dpa* auf Regierungslinie zu bringen oder deren auf seiner Unabhängigkeit beharrenden damaligen Chefredakteur Fritz Sänger von seinem Posten entfernen zu lassen, sind als »Sängerkrieg« in die Annalen der 1950er Jahre eingegangen.[63]
Auch die neuen Medien waren in ihrer von den Westalliierten vorstrukturierten Verfaßtheit in größerer Ferne von der Zentralregierung angesiedelt als zuvor. Das Fernsehen befand sich zunächst noch im Aufbaustadium, überschritt aber 1957/58 mit über einer Million angemeldeter Fernsehgeräte die Schwelle zum Massenmedium.[64] Die Bundesregierungen der 1950er Jahre bemühten sich, diesen Zustand zu ändern; bis zum Auslaufen des Besatzungsstatuts im Mai 1955 stellten sich ihnen die fortdauernden rundfunkpolitischen Vorbehalte der Alliierten entgegen, darüber hinaus der starke Widerstand der Bundesländer. Woran regierungsnahe Kreise dachten, zeigte sich nicht nur an den Plänen zur Errichtung eines Informationsministeriums unter Einschluß der Rundfunkbelange; aussagekräftig sind hier auch Überlegungen, wie sie die Bundesgeschäftsstelle der CDU im Oktober 1950 Adenauer unterbreitete: In einem zu schaffenden Rundfunkgesetz müßten, so hieß es hier, festgeschrieben sein: eine Lizenzierung der Sender durch die Bundesregierung, die rundfunkpolitische Finanzhoheit des Bundes, die Vertretung des Bundes durch einen Bevollmächtigten in den Gremien jedes Senders, die Berechtigung der Bundesregierung zur Verbreitung von Auflagen-Nachrichten und -kommentaren – das hieß von regierungsamtlichen Meldungen, zu deren Übermittlung die Sender verpflichtet wären – sowie die Neuerrichtung einer Nachrichtenstelle nach dem Muster der *Dradag*.
Die verschiedenen Initiativen der Bundesregierung und der Regierungsparteien zur Verabschiedung eines Bundesrundfunkgesetzes scheiterten im folgenden am entschiedenen Widerstand auch der unionsregierten Bundesländer. Der Bundestag beschloß im Oktober 1960 gegen die Stimmen der SPD lediglich ein rundfunkpolitisches Rumpf-

gesetz »über die Errichtung von Rundfunkanstalten des Bundesrechts«, auf dessen Grundlage sich die Bundesregierung zwei eigene Sender neben den Landesanstalten schuf: die *Deutsche Welle* als Kurzwellensender für das Ausland und den Langwellensender *Deutschlandfunk* als einzigen überregionalen Sender für das Bundesgebiet und die DDR; er sollte das propagandapolitische Gegenstück zum in Ostdeutschland betriebenen *Deutschlandsender* darstellen, mit dem die DDR-Regierung Propaganda ins westdeutsche Gebiet hineinfunkte. Die beiden Bundessender nahmen am 1. Januar 1962 ihre Sendungen auf; ihre Aufsichtsgremien wurden vorwiegend mit Abgeordneten, Staatssekretären und Ministerialbeamten besetzt.

Diese Methode einer nicht im eigentlichen Sinn staatlichen, aber durchaus gouvernementalen Kontrolle der Rundfunkanstalten über die Entsendung von Angehörigen der staatstragenden Parteien in die Kontrollgremien prägte auch die Entwicklung der Länderanstalten. Dies zeigte sich an den verschiedenen organisatorischen Veränderungen, die sich während der 1950er Jahre in der Rundfunklandschaft vollzogen, besonders deutlich an der 1956 vollendeten Auflösung des *Nordwestdeutschen Rundfunks* und der Gründung der Nachfolgesender WDR und NDR.[65] Der NWDR war die größte der sechs existierenden Rundfunkanstalten und erreichte im norddeutschen Sendegebiet knapp 5 Millionen HörerInnen. Die übrigen fünf Landesanstalten versorgten demgegenüber zusammen weniger als 4,5 Millionen HörerInnen (Stand: April 1951). Im Zuge dieser Zerschlagung des NWDR, welche die nordrhein-westfälische Landesregierung in Gang gesetzt hatte, bildete sich seither gleichsam als Normalfall die Praxis heraus, die entscheidenden Gremien der Sender nach dem Parteienproporz zu besetzen – ein Verfahren, das dem Staat in diesem Bereich zwar nicht mehr die direkte Möglichkeit des Hineinregierens gibt, ihn aber über die staatstragenden Parteien gewissermaßen einsickern läßt.

Die Bestrebungen der Bundesregierung, ein Rundfunkrahmenrecht zu verhängen, scheiterten am Fernsehurteil des Bundesverfassungsgerichts vom Februar 1961; es machte die Bemühungen Adenauers zunichte, eine zweite, privatwirtschaftlich organisierte und CDU-nahe Fernsehanstalt einzurichten,[66] und beendete definitiv den lange schwärenden Kompetenzkonflikt zwischen Bund und Ländern zugunsten der letzteren.

Einen erneuten Aufschwung erlebten nach 1949 die verdeckten propagandapolitischen Aktivitäten des Staates, die Meinungsklimata schaffen wollten, als deren Exekutor der Staat dann auftreten konnte. Wieder einmal – wie schon bei der Flottenpropaganda um die Jahrhundertwende – handelte es sich um eine rüstungspolitische Frage: Die seit 1950 diskutierte Wiederaufrüstung der Bundesrepublik, die zu Anfang in der Bevölkerung überwiegend auf Ablehnung stieß, sollte propagandistisch vorbereitet werden. Der Reptilienfonds des BPA sowie Spenden der Industrie und der amerikanischen Hochkommission finanzierten diese Aktivitäten.[67]

Auch das gewissermaßen klassische, wenn auch nicht mehr legale Vorgehen, kongeniale Journalisten, Publikationen und Periodika zu subventionieren, wurde wiederbelebt. Zu den von der Regierung finanziell bezuschußten Zeitschriften zählten diverse »Wehrpublikationen«: Die *Deutsche Soldaten-Zeitung* erhielt 13000, die *Wehrwissenschaftliche Rundschau* 2000 bis 5000 DM monatlich; der Verlag der Zeitschrift *Der Frontsoldat erzählt...* hatte einen Lieferungsvertrag mit dem BPA, auf dessen Grundlage er monatlich 5000 DM erhielt und rund 8000 Exemplare dieser Zeitschrift vor allem an Traditionsverbände schickte; der *Europäischen Wehrkorrespondenz* zahlte das BPA jeweils 70 Exemplare, die an die Bundesministerien verteilt wurden. Mindestens fünfzehn, wahrscheinlich aber mehr Institutionen und Verlage, die Heimatvertriebenen-Zeitungen herausgaben, wurden mit Beiträgen zwischen 1800 und 75000 DM für Ankäufe, Abonnements oder »Beihilfen« bedacht.[68] Mit der Unterstützung war in einigen Fällen eine inhaltliche Kontrolle des Blatts durch die Regierung verbunden. So vereinbarte das BPA 1952 mit dem, wie es in einer vertraulichen Aufzeichnung hieß, zuständigen »Schriftleiter« der *Wehrwissenschaftlichen Rundschau* die allgemeine »Ausrichtung« der Zeitschrift ebenso wie eine Vorabkontrolle jedes Hefts durch das BPA.[69]
Auch allgemeinpolitische Zeitungen wie etwa der *Rheinische Merkur* standen mit einigen Hundert Patenschaftsabonnements auf der Subventionsliste.[70] Private Nachrichten- und Public-Relations-Agenturen wurden mit der Schaltung von positiven Artikeln über die NATO, das Militär im allgemeinen und das zu schaffende bundesdeutsche im besonderen beauftragt. Solche Artikel, deren regierungsamtliche Herkunft nicht erkennbar sein durfte, sollten vorzugsweise im redaktionellen Teil von Kunden- und Frauenzeitschriften untergebracht werden, da, wie es ein BPA-Mitarbeiter ausdrückte, Frauen »im allgemeinen

derjenige Teil der häuslichen Gemeinschaft [sind], der auf die Meinungsbildung innerhalb der Familie einen großen, wenn nicht den größten Einfluß hat!«[71]

Als Reinfall erwies sich 1955 die Finanzierung einer Agentur, die in Form von Kurzerzählungen in der Provinzpresse Gegenpropaganda gegen den als zersetzend erachteten Film *08/15* nach dem Roman von Hans Hellmut Kirst machen sollte; der beauftragte Journalist brachte das Geld anderweitig durch.[72] Auch ein weiterer Versuch aus den Jahren 1956/57, dem Kirstschen Kinokassenschlager propagandistisch zu Leibe zu rücken, verlief im Sande. Ein vom BPA angeworbener Schriftsteller sollte einen Anti-*08/15*-Roman schreiben. Dieser entstand dann auch gegen Zahlung von rund 40000 DM unter dem Arbeitstitel *Nackt bis auf die Knochen*, verschwand aber nach der Prüfung durch das BPA als Werbemittel mit zweifelhaften Erfolgsaussichten in der Schublade.[73]

Der Bekämpfung der Oppositionspartei SPD diente unter anderem eine vom BPA angeregte und finanzierte, aber unter dem Namen eines Verlags herausgegebene Broschüre über die Opposition in der Weimarer Republik und in der Bundesrepublik – deren Vergleich zuungunsten der bundesrepublikanischen SPD ausfiel.[74]

Entsprechend dem propagandapolitischen Credo des Staatssekretärs Lenz, »daß heute die Presse sowieso nur noch in sehr kleinem Umfange die öffentliche Meinung beeinflusse und daß es darauf ankomme, mit moderneren Methoden an das Volk heranzukommen«,[75] verfolgte die verdeckte regierungsamtliche Propaganda neben den traditionellen publizistischen auch andere, die Bevölkerung direkt ansprechende Strategien. Staatssekretär Lenz rief zahlreiche einschlägige Organisationen ins Leben. Maßgeblich beteiligt war er beispielsweise an der Gründung der Bundeszentrale für Heimatdienst, des Europa-Bildungswerks e. V., der Gesellschaft Freies Europa und der Deutschen Atlantischen Gesellschaft.[76] Seine wichtigsten und teuersten Gründungen waren jedoch die ›Mobilwerbung‹ und die Arbeitsgemeinschaft demokratischer Kreise (AdK). Die ›Mobilwerbung‹ gab sich nach außen als Initiative der AdK, die ihrerseits als regierungsunabhängiger Zusammenschluß von Privatpersonen und Vereinen firmierte; sie schickte Filmvorführer in Kleinbussen über das Land, um in Schulen und Gaststätten Filme zu zeigen, von denen sich das BPA eine Stärkung des »Wehrwillens« erhoffte.[77] Wichtigste Organisation war die AdK,[78] die, auf Betreiben von Lenz im Dezember 1951 gegründet und von Hans-Edgar Jahn geleitet, fortan in allen Bundesländern außer dem Saarland regionale Untergruppierungen bildete und mit zahlreichen anderen Organisationen zusammenarbeitete. Ende März 1952 beschäftigte die AdK acht, Ende März 1953 zwölf, Ende März 1954 24 Mitarbeiter. Bis Ende August 1957 führte sie allein oder in Zusammenarbeit mit anderen Organisationen im ganzen Bundesgebiet insgesamt gut 43000 Veranstaltungen unterschiedlicher Art durch – Tagungen, Diskussionen und Vorführungen, die von knapp 2,5 Millionen Teilnehmern besucht wurden. Hierzu erstattete das BPA beträchtliche finanzielle Zuschüsse – soweit diese Zahlungen dokumentiert sind: bis zum 31. März 1952 gut 400000, im folgenden Rechnungsjahr gut 500000, 1953/54 knapp 600000, 1955 allein von Januar bis Mai rund 500000 DM vom BPA.

Die hier skizzierte Entwicklung der Strategien und Kanäle gouvernementaler Selbstdarstellung vom Kaiserreich bis in die Anfangsjahre der Bundesrepublik kann nur einen Überblick darstellen. Viele weitere Forschungen müssen das Thema »staatliche Selbstdarstellung« noch besser ausleuchten. Mehr Klarheit wäre wünschenswert über die regierungsamtliche Medien- und Informationspolitik, über die strukturellen Veränderungen der Medienlandschaft, über die wirtschaftlichen und technischen Voraussetzungen und überhaupt über die Formierung von Propagandainhalten in zeitlich weiten Dimensionen. Zwei Ergebnisse lassen sich jedoch bereits an dieser Stelle festhalten:

– Die Maßnahmen und Strategien staatlicher Selbstdarstellung gegenüber der Bevölkerung dokumentieren praktisch das Politikverständnis der jeweils Regierenden. Insofern erschließt die Geschichte staatlicher Propagandapolitik historische Kontinuitäten und Wandlungsprozesse im Rahmen der inneren Staatsbildung. Wie kaum ein anderer politikgeschichtlicher Gegenstand beleuchtet sie Zusammenhänge und Widersprüche im Verhältnis von Staat und Gesellschaft – einem Verhältnis, das seit der »Erfindung« der Gesellschaft durch die entstehende Soziologie zu Beginn des 19. Jahrhunderts seiner begrifflichen, historischen und soziologischen Klärung noch nicht sehr viel näher gekommen ist.[79]

– Die längerfristig vielleicht wichtigste Innovation auf dem Gebiet der Propaganda war die Entdeckung, daß das »Hineinmärzen« von Nachrichten in die Medien dem »Ausmärzen«[80] unliebsamer Meldungen an Effektivität zumindest gleichkam. Regierungen und andere Gruppierungen und Institutionen, die an breitenwirksamer Werbetätigkeit interessiert sind, setzen seit dem Ersten Weltkrieg bis heute in wachsendem Maße diese Erkennntnis um und lassen sich davon leiten, was »Nachricht« tatsächlich ist: mehr als bloßer Bericht über Naturkatastrophen, Verkehrsunfälle, nämlich primär eine zum Zweck der Verbreitung durch die Medien vollzogene und an die Bevölkerung gerichtete (Sprech-)Handlung.

Paul Nolte

Parteien und Propaganda im Vormärz

Die schwierigen Anfänge staatlicher Meinungslenkung in einer politisierten Gesellschaft

Als im März 1846 in der kleinen badischen Stadt Ettlingen Landtagswahlen abgehalten werden sollten, legte sich Alois Vogel, der 34jährige Distriktsnotar, der zugleich als Angestellter des örtlichen Amtsrevisorats in Staatsdiensten stand, einen Plan zur Beeinflussung und Kontrolle der Wahlen zurecht. Bereits in den Tagen vor der Wahl schrieb er mit seinen Gesinnungsfreunden Wahlzettel, welche die Namen der Kandidaten der konservativ-regierungstreuen Partei enthielten, und verteilte sie unter die Bürger der Stadt. Am Wahltag stellte er sich an die geöffnete Tür des Wahlzimmers im Ettlinger Rathaus und notierte auf einem Blatt Papier, wer für die eigenen Kandidaten stimmte – das erkannte er daran, ob die Wähler die auf dem blaulinierten Papier der Amtsbehörde geschriebenen Wahlzettel abgaben. Der Schuhmachermeister Franz Becher ließ sich davon jedoch nicht beeindrucken: Er schrieb zu Hause zwei Wahlzettel, einen mit den Namen der konservativen, den anderen mit den Kandidaten der liberalen Partei. Am Rathaus von Vogel angesprochen, ob er schon wisse, wie er wählen wolle, zeigte Becher den konservativen Stimmzettel vor, gab im Wahlzimmer aber die Liste der liberalen Partei ab, der er sich, wie eigentlich auch Vogel hätte wissen müssen, zugehörig fühlte.[1]

Diese Episode ist in vieler Hinsicht aufschlußreich für die frühe Geschichte staatlicher »Propaganda« in Deutschland im 19. Jahrhundert. Propaganda, die staatliche Kontrolle und Beeinflussung von öffentlicher Meinung (und insbesondere: von politischer Gesinnung), vollzog sich nicht einfach als »Infiltration von oben« in eine passive Gesellschaft hinein, sondern traf vielmehr auf eine dynamische, eine politische, eine »eigensinnige« Gesellschaft, die nach ihren eigenen Regeln funktionierte und in die einzudringen für Regierungsbehörden nicht leicht war. Vom historischen Sonderfall der Propaganda im totalitären Staat des 20. Jahrhunderts (und ihrer Selbststilisierung als

»Propaganda der Propaganda«) darf man sich das Bild von Propaganda in der Geschichte, zumal von ihren Anfängen, nicht allzusehr bestimmen lassen – in der Regel stieß der Staat nicht auf eine monolithisch-konformistische, sondern auf eine konflikthafte Gesellschaft, die selber Formen von »Propaganda« betrieb und zum Teil seit langem zu betreiben gewohnt war. Damit verschiebt sich das Interesse von den Intentionen der Propagandisten auf den konkreten Vollzug von Propaganda »an der Basis«, im lokalen Milieu etwa, in einer kleinstädtischen Gemeinde wie Ettlingen; die Frage nach den Wirkungen, nach den Wechselbeziehungen zwischen Propaganda und Gesellschaft rückt in den Vordergrund, und das heißt immer auch, wie das Beispiel schon angedeutet hat, nach den Grenzen, Dilemmata und Aporien staatlicher Propaganda. Die eigentliche Kommunikationsrevolution fiel wohl erst in das 20. Jahrhundert; trotz einer Explosion der Presse, trotz der Eisenbahn war die Gesellschaft des 19. Jahrhunderts noch weithin eine »lokalistische« und »orale« Gesellschaft, in der auch Propaganda zum erheblichen Teil als persönliche Kommunikation geschah, in der ihr Erfolg oder Mißerfolg wesentlich auf persönlichen Beziehungen beruhte. Auf jeden Fall gab es keine scharfe Zäsur, sondern, wie vor allem die Zeit des Vormärz zeigt, gleitende, fließende Übergänge von älteren Formen der politischen Meinungssteuerung und -beeinflussung, die zu einer Vermischung »traditionaler« und »moderner« Elemente in der konkreten Praxis von Propaganda führten.

Dies soll im folgenden am Beispiel von Wahlen und Wahlkämpfen, einem wichtigen Medium von Propaganda bis heute, etwas näher beleuchtet werden, speziell am anschaulichen und außergewöhnlich gut überlieferten Fall des Ettlinger Wahlkampfes von 1846. Es geht also um eine Institution, die eine viel längere Geschichte hat, als die historische Wahlforschung häufig unterstellt,[2] eine Institution, die sich im Vormärz aber rapide veränderte und zu einem der wichtigsten Kristallisationszentren moderner, partei- und gesinnungspolitisch motivierter Propaganda in einer noch weithin traditionalen, aber sich rasch politisierenden und in Parteien spaltenden Gesellschaft und damit auch zu einem Instrument wurde, das der Staat für seine neuen Legitimationsbedürfnisse einzusetzen versuchte. Das kann man im Prinzip in allen deutschen Staaten beobachten, besonders gut jedoch am südwestdeutschen Großherzogtum Baden, wo sich das Verhältnis von »Staat« und »Gesellschaft« im Vormärz schärfer zuspitzte als anderswo, wo Regierung, Bürokratie und Beamte in zunehmend schroffer Opposition zu den Bürgern, zu den Gemeinden und zum Liberalismus standen und wo sich außerdem innerhalb der Gemeinden liberale und radikale Gegner der Regierung sowie konservative Regierungsanhänger heftig bekämpften. Baden im Vormärz war in ausgeprägter Weise zugleich Beamtenstaat und Bürgerstaat, und das läßt die Strategien wie die Schwierigkeiten früher Propaganda besonders deutlich hervortreten.[3]

Wenn auch nicht für die Gesellschaft, für die Masse der Bevölkerung in Städten und Dörfern, so doch für den Staat und seine Repräsentanten begann um die Wende zum 19. Jahrhundert eine neue Zeitrechnung, was die Bemühungen um öffentliche Meinungsbildung, um Legitimitäts- und Sinnstiftung staatlichen Handelns angeht. Die Revolutionen des späten 18. Jahrhunderts, zuerst in Nordamerika und dann – für Deutschland in jeder Hinsicht ungleich folgenreicher – in Frankreich, hatten republikanische Staatsmodelle etabliert, die auf der Repräsentation der Gesellschaft in staatlichen Institutionen beruhten; zugleich begründeten sie äußerst erfolgreich Nationalideologien, wie sie die Frühe Neuzeit nicht gekannt hatte. Der Mythos von Revolution und neuer Ordnung erwies sich als gelungene »invention of tradition«; er konnte eine politische Gesellschaft begründen und dauerhaft integrieren und bot zugleich ganz neue Ansatzpunkte für staatliche Propaganda in die Gesellschaft hinein. Seit den Revolutionen war Propaganda auf neue Weise möglich und, jedenfalls aus der Sicht des Staates, auch nötig und unverzichtbar.

In der politischen Umbruchzeit des frühen 19. Jahrhunderts mußten sich, ohne Revolution, auch die Regierungen der deutschen Staaten auf dieses neuartige Spannungsverhältnis einstellen. Das alte Reich zerfiel unter dem Druck Napoleons, Hunderte souveräner Einzelherrschaften gingen in größeren Staaten wie den Königreichen Bayern und Württemberg oder den Großherzogtümern Baden und Hessen auf; der preußische Staat Friedrichs des Großen war gedemütigt und ebenso auf der Suche nach einer neuen Identität wie die jungen Mittelstaaten im Westen und Süden. Der Appell der preußischen Reformer an die »Nation« und den »Nationalgeist«, überhaupt die staatlichen Reformen waren in dieser Situation nicht zuletzt ein Versuch, um Vertrauen in der Bevölkerung zu werben, eine Staatsideologie zu propagieren, »Staatsgesellschaften« zu formieren und damit die Legitimation der

Regierungen zu sichern.[4] Dazu gehörten die Anfänge moderner Pressepolitik ebenso wie Verfassungen und Landtage, mit deren Hilfe vor allem die süddeutschen Staaten seit 1818/19 die Bevölkerung stärker an den Staat zu binden hofften.

Gerade an diesen neuen Institutionen zeigte sich aber schon sehr bald die Ambivalenz staatlicher Propaganda- und Legitimationsstrategien. Presse und Landtag gewannen Bedeutung als Instrumente bürgerlich-liberaler Opposition gegen die Regierungen; seit 1815, stärker noch nach der französischen Julirevolution von 1830, etablierte sich eine politische Öffentlichkeit in der Gesellschaft weit über die gebildete und meist staatsnahe Aufklärungsgesellschaft des 18. Jahrhunderts hinaus; die fundamentale, immer weitere Bevölkerungsschichten einbeziehende Politisierung ließ sich für die Zwecke der Regierungen nicht mehr einfach instrumentalisieren, sondern stieß mit diesen immer häufiger und grundsätzlicher aufeinander. Die relativ liberale badische Bürokratie um den langjährigen Innenminister Ludwig Winter hoffte zunächst, gerade durch die Gewährung von Autonomie und Freiheit Loyalität zu befördern und Konflikte im Zaum zu halten. So war etwa die Gemeindeordnung von 1831 ein Versuch, das traditionelle Muster gemeindlicher Konflikte, den erbitterten Kampf von Faktionen, dem die Regierung oft hilflos hatte zusehen müssen, zu beseitigen und einen demokratisch legitimierten Konsens der Bürger an seine Stelle zu setzen. Aber diese Hoffnung trog: Die Gemeindeordnung förderte noch stärker als die Verfassung des Jahres 1818 Politisierung, Parteibildung und liberale Opposition, die sich immer mehr gegen die Regierung, ja gegen den Staat richteten anstatt nur gegen konkurrierende Gruppierungen innerhalb der Gemeinde. Bei den Landtagswahlen von 1830 verzichtete Winter ausdrücklich auf staatliche Wahlbeeinflussung – das Ergebnis war ein glänzender Sieg der Liberalen, die ihrerseits keineswegs auf Wahlpropaganda verzichtet hatten; 1832 wurde für kurze Zeit die Pressezensur aufgehoben – das Resultat war eine beispiellose Entfaltung liberaler Agitation in unzähligen neuen Blättern. Seitdem versuchte die Regierung wieder, auf die Landtagswahlen einzuwirken. Im Wahlkampf wurden regelmäßig alle Staatsdiener – und gerade die lokalen Beamten »vor Ort« – durch Ministerialverordnungen angewiesen, im Sinne der Regierung Gespräche zu führen, zu überzeugen, zu überreden, versteckten oder offenen Druck auszuüben; aber auch das erwies sich als ambivalentes Rezept,

weil die intensivierte Regierungspropaganda die Opposition gegen die Regierung, die liberale Gegenpropaganda, nur verstärkte.
Zu Beginn der 1840er Jahre spitzte sich dieser Wettlauf um die Meinungsführerschaft noch einmal zu; in den Landtagswahlen des Frühjahrs 1842 standen sich »Beamte« und »Bürger« in nicht gekannter Schärfe gegenüber, und gleichzeitig veränderten sich für beide Seiten die Formen und die Mittel des Wahlkampfes. Es genügte nicht mehr, auf die Wahlmänner – die ihrerseits in diesem indirekten Wahlverfahren erst die Abgeordneten wählten – einzuwirken; das Fortschreiten von Politisierung und Parteibildung verlangte den Appell an die Urwähler schon in den Wahlmännerwahlen; die »Massen« – ein schon zeitgenössischer Ausdruck in diesem Zusammenhang! – mußten mobilisiert und propagandistisch erreicht werden; dazu wiederum bedurfte es intensiverer Kommunikation, dazu waren Wahlversammlungen nötig und der vermehrte Einsatz von Flugblättern. Die Ausweitung solcher Propagandatätigkeit auf die Unterschichten lag ursprünglich überhaupt nicht im Interesse der Regierung; sie war dazu gezwungen, um dem Gegner nicht das Feld zu überlassen, verstärkte damit aber, das war ein grundsätzliches Dilemma, doch nur die Unruhe in den Gemeinden. In der Mitte der 1840er Jahre, vor allem in den Wahlen von 1846, kamen Tendenzen zur zentralen Organisation des Wahlkampfes für das ganze Land zum Durchbruch; Regierung und liberale Opposition bildeten förmliche Komitees, die von Mannheim aus die öffentliche Meinung zu steuern versuchten. Die Regierungspartei, die sich in den Gemeinden lange Zeit vor allem aus Staatsdienern rekrutiert hatte, fand vermehrten Zulauf von konservativen Bürgern, aber für die Beamten tauchte damit ein weiteres Dilemma auf: Die bis dahin aufrechterhaltene Ideologie der staatlichen Überparteilichkeit, die gegen die »einseitigen« Liberalen das »objektive« öffentliche Wohl propagierte, trug nicht mehr; die lokalen Beamten gerieten oft mehr, als ihnen recht war, zwischen die Fronten konkurrierender Bürgerparteien, und manche zogen daraus die Konsequenz, die Regierung möge sich besser wieder aus dem politischen Tageskampf heraushalten und die Vertretung der »guten« Sache den konservativ-regierungstreuen Bürgern überlassen.[5]
Vor diesem Hintergrund begann der Wahlkampf im Februar 1846 auch in Ettlingen, einer wenige Kilometer südlich der Haupt- und Residenzstadt Karlsruhe gelegenen, überwiegend katholischen Stadt mit damals etwa 5000 Einwohnern, von denen etwa 600 erwachsene Män-

ner über das Gemeindebürgerrecht und damit über das aktive Landtagswahlrecht verfügten, das sonst an keinen Zensus gebunden war.[6] In einer charakteristischen Weise war die Sozial- und Gewerbestruktur der Stadt allerdings »gespalten«: Auf der einen Seite existierte die traditionelle Bürgerstadt nahezu ungebrochen fort: die vorindustrielle Ökonomie der Handwerker, Kleinhändler und Gastwirte, von denen viele Landwirtschaft als Nebenerwerb betrieben; daneben, aber relativ scharf getrennt, entwickelte sich Ettlingen zu einem frühindustriellen Gewerbezentrum, mit einer Papierfabrik zunächst, seit 1836 mit der »Gesellschaft für Spinnerei und Weberei«, einer Textilfabrik, die 1850 schon etwa 1600 Arbeiter beschäftigte, und etwas später mit einer Rübenzuckerfabrik. Alle diese Unternehmungen gingen von der badisch-pfälzischen Industriellenfamilie Buhl aus, deren damaliges Haupt Franz Peter Buhl zugleich liberaler Abgeordneter der badischen Zweiten Kammer war.[7] Nur ein ganz kleiner Bruchteil der meist zugewanderten Fabrikarbeiter gelangte aber in den Genuß des Gemeindebürgerrechts; und umgekehrt verdingte sich nur eine Handvoll der ansässigen Gemeindebürger als Fabrikarbeiter, obwohl während des Vormärz immer gut ein Fünftel der Bürger sein Brot nur als Tagelöhner, viele davon in mehr oder weniger regelmäßigen Diensten für die Gemeinde, verdiente. Ein erheblicher Teil der politisch vollberechtigten Bürger war also buchstäblich arm, gehörte zur sozialen Unterschicht der Gemeinde und durfte doch – anders als die Fabrikarbeiter – bei Gemeinde- und Landtagswahlen mitbestimmen.

Politische Unruhe, politischer Radikalismus und Parteibildung im Vormärz gingen aber keineswegs von den unzufriedenen Fabrikarbeitern aus, auch nicht von den Tagelöhnern, sondern von der traditionellen Elite der Gemeinde: den führenden Familien der Handwerker und Gastwirte in Ettlingen. Der Führer der immer radikaler auftretenden Liberalen war der Wirt des Gasthauses zur Sonne, Philipp Thiebauth, Sproß einer um 1700 aus dem Lothringischen eingewanderten Familie, der wohl während seiner Lehrjahre in Frankreich und der Schweiz radikale Ideen kennengelernt hatte und seit etwa 1840 systematisch und erfolgreich eine liberale Partei in seiner Heimatstadt aufbaute.[8] Sein konservativer Gegenspieler war der Bürgermeister Jakob Ullrich, der wie Thiebauth aus einer Familie stammte, die schon im 18. Jahrhundert den Bürgermeister Ettlingens gestellt hatte; ein Maurermeister, der im Grunde ein Bauunternehmer war und als solcher einer der reichsten Männer der Stadt. Beide scharten Gesinnungsgenossen und Anhänger um sich; zunächst waren das kleinere Gruppen innerhalb der vermögenderen Kaufleute, Handwerker und Gastwirte der Stadt, aber je schärfer die politische Auseinandersetzung wurde, desto mehr versuchten sie, Anhängerschaft unter allen Bürgern der Stadt einschließlich der ärmsten Tagelöhner zu gewinnen, weil ohne ihre Stimmen keine Wahl gewonnen, Macht nicht behauptet werden konnte. Dieser Prozeß früher Parteibildung vollzog sich also nicht entlang sozioökonomischer Klassenlinien – die Liberalen waren im Durchschnitt lediglich etwas jünger als die Konservativen –, sondern eher als allmähliche Umformung und Politisierung traditioneller Faktionen, traditioneller kleinstädtischer Elitenkonflikte.[9] Je radikaler die Liberalen auftraten, je vehementer sie nicht nur ihre Gegner im Innern, sondern zugleich nach außen die Regierung bekämpften, desto mehr ordneten sich zugleich die lokalen Beamten und Staatsbediensteten der konservativen Partei zu und versuchten, sie aktiv zu unterstützen. Im Februar 1845 hatte die Partei Thiebauths ihr Ziel erreicht: Bei den Gemeinderatswahlen setzte sie ihre eigenen Kandidaten durch und entmachtete damit zugleich den Bürgermeiser Ullrich, an dessen Stelle aber nicht Thiebauth selber, sondern Wilhelm Schneider, von 1836 bis 1839 schon einmal Bürgermeister, dieses Amt übernahm.[10]

Bereits im Herbst des Jahres 1845, als der schlesische Pfarrer Johannes Ronge auch durch Baden reiste, sorgte die religiöse Reformbewegung der »Deutschkatholiken« für Unruhe und eine politische Krise. Die Liberalen unterstützten die Deutschkatholiken und hofften, von ihrem Erfolg in Form einer Stärkung der eigenen Partei profitieren zu können, doch dieser Erfolg blieb weitgehend aus – im Gegenteil: Die überwiegend katholische Bevölkerung Badens fühlte ihre angestammte Religion angegriffen, als die Liberalen im Landtag einen Antrag auf die völlige Gleichberechtigung der Deutschkatholiken einbrachten, und der Freiburger Professor Franz Joseph Buß organisierte eine erfolgreiche Petitionskampagne gegen diesen Antrag. Daß die Konservativen stärker als die Liberalen vom Appell zum Schutz der Religion profitieren konnten, zeigte die Zahl der Unterschriften unter den Ettlinger Petitionen: Nur 80 Bürger plädierten im Winter 1845/46 mit den Liberalen für die Gleichstellung der Deutschkatholiken, aber 550 sprachen sich dagegen aus und baten den Großherzog um den besonderen Schutz ihrer Religion.[11] Im Landtag gab es tumultuöse Szenen, und da

die Stimmung der Bevölkerung ohnehin günstig für die Regierung schien, löste der Großherzog den erst im Herbst 1845 zusammengetretenen Landtag wieder auf und schrieb sofortige Neuwahlen aus.
Der Höhepunkt der konfessionspolitischen Aufregung überschnitt sich in Ettlingen – wie auch anderswo – mit dem Beginn der »heißen Phase« des Landtagswahlkampfes. Vermutlich in den letzten Februartagen 1846 ging den Initiatoren der Bittschrift um den »Schutz der katholischen Religion«, namentlich Notar Vogel, eine Antwort des Großherzogs zu, die nun allen Unterzeichnern in einer Versammlung bekanntgemacht werden sollte. Da man nicht erwarten konnte, daß der Gemeinderat zu diesem Zwecke das Rathaus zur Verfügung stellen würde, beraumte Vogel ein Treffen im Gasthaus zum Kreuz an, das offenbar gut besucht war; auch »Spione« der Radikalen fehlten nicht. Hier verlas Notar Vogel persönlich das Schreiben des Großherzogs, auf den daraufhin ein vielfaches Hoch angestimmt wurde. In der Hochstimmung der fürstlichen Versicherung, den Katholizismus schützen zu wollen, sprang jetzt der Steinbrucharbeiter Ignaz Mackert auf: »Ihr Mitbürger, die Gesinnungen, welche wir in der Bittschrift für den Großherzog und unsere Religion ausgesprochen haben, die wollen wir bewahren, und wer damit einverstanden ist, der lege die Hand aufs Herz.« Diese »Eidleistung« griffen die Radikalen später um so mehr als ungehörige Wahlbeeinflussung an, als noch am selben Abend im »Kreuz« die Kandidaten der konservativen Partei für die Wahlmännerwahlen vorgeschlagen wurden und so der Eindruck entstehen konnte, die Anwesenden seien mit dem Eid quasi-religiös darauf verpflichtet worden, diese und keine anderen zu wählen.[12] Tatsächlich erhängte sich der Schuster Xaver Utz nach den Wahlen in seinem Kuhstall, angeblich, so der Vorwurf der Radikalen, wegen Gewissensskrupeln infolge des geleisteten Eides, der ihn gegen seine eigentliche politische Überzeugung gezwungen habe, für die Konservativen zu stimmen.[13]
Die Versammlungen der Konservativen im »Kreuz« zogen sich über mehrere Tage und schließlich auch über die beiden Wahltage hin; die Anhänger der konservativen Partei trafen sich dort ohnehin zum Trinken, und nicht zuletzt die Beamten nutzten die Gelegenheit zur massiven Beeinflussung und »Bearbeitung« der Wähler. Dabei tat sich besonders Sigmund Oertel, der 55jährige Amtsrevisoratsassistent, hervor. Den ärmeren Bürgern, die sich so ausgedehnte Wirtshausbesuche sonst gar nicht leisten konnten, wurde freie Zeche gewährt, und ein

großer Teil der Urwähler – nicht nur der konservativen – ging vermutlich angetrunken auf das Wahlzimmer.[14] Der Kreuzwirt Heinrich lief selbst von Tisch zu Tisch und schrieb den Gästen mit Kreide die Namen der konservativen Wahlmänner auf. Als Leo Weber, ein Tagelöhner Thiebauths, sich mit diesem Vorschlag nicht einverstanden erklärte, lud Heinrich ihn auf die nächsten Tage wieder in sein Gasthaus ein und räumte die Bedenken Webers, er könne an einem Werktage nicht sein Geld im Wirtshaus vertrinken, großzügig aus: »Komme nur, wenn Du auch drei bis vier Schoppen trinkst, das kostet Dich nichts.«[15] Trotzdem wählte Weber vermutlich radikal – und verschmähte außerdem den Wein der anderen Seite in der »Sonne« und der »Traube« nicht.
In diesen ersten Märztagen des Jahres 1846 gab es in der kleinen Stadt kein anderes Thema als die Wahlen; alle interessierte nur dies: ob die Radikalen oder die Konservativen den Sieg davontragen würden. Aber die politische Erregung war so groß, daß sie »rationale« Politik und Propaganda fast schon wieder unmöglich machte. Beschimpfungen der Liberalen und der Deutschkatholiken – »Du bist auch so ein Rongeaner, Dir gehört der Kopf weggeschnitten«[16] – waren noch eine milde Form der Auseinandersetzung; einem Anhänger des Deutschkatholizismus wurde angeblich ein Kreuz in die Backe geschnitten;[17] der Kaufmann Hörnig fühlte sich mit anderen liberalen Bürgern so sehr bedroht, daß das Bezirksamt zu seinem Schutz 14 Tage lang eine besondere Wache abstellen mußte;[18] abends und nachts kam es zu Prügeleien zwischen Radikalen und Konservativen.[19] Dabei lieferten sich Gemeinderat und Staatsbehörde, offiziell beide um den Schutz von Ruhe und Ordnung bemüht, einen verbissenen Kampf um die Macht in der Stadt: Der Bürgermeister ließ konservative »Ruhestörer« einsperren, deren Gesinnungsfreunde, nachdem sie sich Verstärkung im »Kreuz« geholt hatten, zum Amt gingen und dort die Anweisung zur Freilassung der Festgenommenen erwirkten, die der Bürgermeister wohl oder übel erfüllen mußte.[20] Beide Seiten standen sich in dieser politischen Schlacht in nichts nach.
Dazu gehörte auch das Verteilen von Flugblättern, bei dem auf konservativer Seite besonders Johann Vogel – nicht der Notar, aber als ein untergeordneter Amtsdiener ebenfalls in Staatsdiensten – aktiv war. Er ging noch am Wahltag von Haus zu Haus und verteilte die »Ermahnung an das badische Volk im Augenblick seiner Wahlen«, was von

den Liberalen als Beeinflussungsversuch der Staatsbehörden scharf kritisiert wurde, zumal die Behörden später wegen der Verteilung der liberalen Flugschriften eine Untersuchung einleiteten, nicht aber gegen das konservative Flugblatt. Vogel bestritt jedoch, wahrscheinlich zu Recht, die Wahlwerbung im ausdrücklichen Auftrag der Staatsbehörde betrieben zu haben; er habe die Flugblätter überhaupt nicht in seiner Funktion als Staatsdiener, sondern als Gemeindebürger Ettlingens, der er ebenfalls war, verteilt.[21] Natürlich ließen sich diese beiden Rollen nicht so säuberlich trennen, aber das war ja gerade das Problem: In der konkreten Praxis von Propaganda standen sich »Staat« und »Gesellschaft« nicht antagonistisch gegenüber, sondern waren in komplizierten Beziehungen ineinander verflochten.
So spielten argumentative und rationale Medien wie Flugblätter in der Ettlinger Wahlpropaganda generell nur eine untergeordnete Rolle gegenüber »irrationalen« und personenbezogenen Beeinflussungsversuchen, die häufig eine lange Vorgeschichte in der lokalen Konflikttradition hatten und die zu steuern, ja auch nur zu durchschauen, für die auswärtigen Beamten nicht einfach war. Gerüchte etwa haben für die Propaganda einer »oralen« Gesellschaft eine große Bedeutung, und zahlreiche Gerüchte kursierten während des Wahlkampfes in Ettlingen, bei denen sich nicht trennen läßt, was wirklich empfundene Ängste und was gezielt gestreute »Falschmeldungen« waren. Die Konservativen verbreiteten, ein liberaler Landtag würde wohl den Katholizismus abschaffen, und das gleiche habe auch der Ettlinger Gemeinderat vor; die Liberalen argwöhnten, die Regierung plane eine Steuererhöhung zur Finanzierung des als so drückend empfundenen Beamtenheeres und wolle möglicherweise den Landtag als Vertretung des Volkes gleich ganz abschaffen.[22] Der Amtsassistent Oertel warb im »Kreuz«, er werde dafür sorgen, daß die Bürgerannahme Auswärtiger in Zukunft erschwert werde; kurz darauf ging das Gerücht, es solle niemand mehr Gemeindebürger in Ettlingen werden können, der nicht die exorbitante Summe von 1000 Gulden bezahle.[23]
Das vielleicht wichtigste »Propagandainstrument« beider Seiten neben ungezählten Schoppen badischen Weines aber waren Drohungen, Bestechungen und Erpressungen – oder die Versuche dazu –, die die ökonomische Abhängigkeit ärmerer Bürger gezielt auszunutzen versuchten, und gerade auf dieses Mittel konnten die Staatsbeamten, die weitgehend außerhalb der traditionellen Gemeindeökonomie standen,

kaum zurückgreifen. Der Notar Vogel versprach dem Steinbrucharbeiter Joseph Geisert zwar: »Wenn wir obsiegen, so gibt es ein paar fidele Tage«, aber Geisert erwartete nicht, daß Vogel selbst dafür aufkommen würde, sondern antwortete lakonisch, daß es dem Altbürgermeister Ullrich wohl »auf ein paar hundert Gulden nicht ankommen« werde – was Vogel bestätigte.[24] Ullrich selber gewährte seinen Gesellen an den beiden Wahltagen bezahlten Urlaub und freies Trinken im »Kreuz«;[25] die beiden städtischen Straßenwärter Joseph Gleißle und Simon Schuler rief er zu sich und drohte, in einem Bericht an die staatliche Straßenbauinspektion ihre Entlassung zu beantragen, wenn sie nicht den von ihm genannten Kandidaten ihre Stimme gäben.[26] Joseph Korn, der bei Ullrich mit 1050 Gulden verschuldet war, wurde vom Kreuzwirt Heinrich mitgeteilt, er riskiere die sofortige Aufkündigung dieser Schulden, wenn er nicht im Sinne der konservativen Partei wähle.[27]

Ebenso wie die Konservativen hielten auch die Radikalen ihre Wahlversammlungen ab, und zwar in den zwei Wochen vor dem Wahltermin täglich in verschiedenen Wirtshäusern der Stadt, vor allem in der »Traube« und in der »Sonne« Thiebauths, und auch hier floß der Wein reichlich für diejenigen ärmeren Bürger, die man auf diese Weise für die eigene Partei zu gewinnen hoffte.[28] Seit der vollständigen Eroberung der Gemeindebehörden im Vorjahr verfügten die Radikalen jedoch über ein spezifisches Druckmittel, das der entmachteten Partei Ullrichs nun fehlte: Viele der mit Tagelohn ihr Brot verdienenden Bürger waren von den städtischen Arbeiten und Gemeindediensten abhängig, die der Gemeinderat vergab – oder auch versagen konnte. Diese Abhängigkeit versuchten Thiebauth und seine Gesinnungsgenossen schonungslos auszunutzen, und Thiebauth selber stritt seine Überredungsversuche auch gar nicht ab: »Ich habe mir überhaupt Mühe gegeben«, erklärte er nach der Wahl, »die hiesigen Bürger zu veranlassen, für die liberale Partei zu stimmen, einmal deswegen, weil gegen den Gemeinderat böswillige Gerüchte ausgesprengt worden waren, als wolle man die Leute um ihre Religion bringen, und sodann deswegen, weil ich die liberale Partei als diejenige, welche die Rechte des Volkes verteidigt, für die bessere halte.« »Unerlaubter und ungesetzlicher Mittel« wollte er sich dabei nicht bedient haben; »ich habe«, gab er sich überzeugt, »nur die Bürger über die ihnen beigebrachte irrige Meinung aufzuklären getrachtet«.[29]

Diese »Aufklärung« vollzog sich etwa so, daß ein des Schreibens unkundiger Tagelöhner, der ohne Wahlzettel zum Rathaus kam, von Anhängern der Liberalen im Hause eines Kaufmanns mit einem entsprechenden Stimmzettel versorgt wurde, den er, ohne die Namen darauf zu kennen, dann auf dem Rathaus abgab.[30] Ein anderer Tagelöhner gab an, von Thiebauth einen Schoppen Wein erhalten zu haben – »ich glaube aber nicht«, deutete er dieses Geschenk sehr vielsagend, »daß es wegen der Wahlmännerwahl geschehen ist, sondern deswegen, weil ich sein Tagelöhner bin und er überhaupt ein guter Mann ist«.[31] Ein Mitglied des Gemeinderats nahm den von Gemeindeaufträgen lebenden Tagelöhner Alois Weber auf dem Rathaus zur Seite und erklärte ihm ganz offen: »Es ist besser, daß Ihr zu uns haltet, denn die im Kreuz könnten Euch ja keinen so großen Verdienst verschaffen, als wir die Stadtherren!« Dadurch ließ Weber sich »überzeugen«, für die radikale Liste des Ettlinger Gemeinderates zu stimmen.[32]

Auch wenn die Elite der Radikalen in diesen Fällen »Erfolg« hatte – die zur städtischen Unterschicht gehörenden Bürger ließen sich von ihr genausowenig wie von Ullrich umstandslos instrumentalisieren, sondern durchschauten die Absichten und Mechanismen der Parteienpropaganda meist sehr wohl und traten Drohungen und Erpressungen auch offen entgegen. Joseph Singer etwa wurde von seinem Nachbarn, dem Gemeinderat Ignaz Pfeil, freundlicher als sonst gegrüßt und mit einem Gruß vom Sohn des Bürgermeisters Schneider in das Traubenwirtshaus eingeladen. »Ich erwiderte ihm darauf«, spielte Singer auf die scharfen sozioökonomischen Unterschiede und lokalen Prestigehierarchien an, die im Wahlkampf auf einmal nicht mehr zu gelten schienen, »jetzt gelte der Siebener soviel wie das As, heute schmeichelten einem diese Herrn, und wenn die Wahl vorüber sei, so besehe einen keiner mehr« – er wolle ins »Kreuz« gehen und zur anderen Partei halten.[33] Als Thiebauth den verarmten Schneidermeister Franz Mackert auf dessen Weg zum Wahllokal mit den Worten ansprach: »Sie wissen ja, daß Sie ein armer Mann sind und daß Sie, wenn Sie irgend einer Unterstützung bedürfen, solche nur von Ihrem Gemeinderat erhalten können«, erinnerte Mackert daran, daß Thiebauth ihn schon öfter angezeigt hatte, weil er wegen seiner Armut seine Kinder nicht in die Schule habe schicken können: »Herr Thiebauth, Sie sind nicht der Mann, der für die armen Leute sorgt.«[34] Er stimmte ebenso für die Konservativen wie ein Tagelöhner Buhls, dem mit Entlassung gedroht wurde, wenn er nicht die Liberalen wähle – er verlor seine Arbeit aber dennoch nicht.[35]

Das traditionelle Selbstbewußtsein der lokalen Elite, das auf einer jahrzehnte-, zum Teil jahrhundertelangen Vorrangstellung ihrer Familien beruhte, war offenbar noch wenig erschüttert; die von ihm ausgehenden subtilen Herrschaftsmechanismen funktionierten aber nicht mehr so gut wie zuvor, seit die Herausbildung eines klaren politischen Zweiparteiensystems immer eine Alternative bot. Der Fabrikant Buhl erklärte im Brustton der Überzeugung, daß »mein Name« in Ettlingen »noch einen so guten Klang hat, daß ich einen Teil von Denjenigen, die in den Fabriken arbeiten und der Buhl'schen Familie zugetan sind, hätte dazu bringen können, der Partei des Fortschritts sich anzuschließen«,[36] aber dieser auf der traditionellen Ehrerbietung gegenüber Höherrangigen[37] gründende Mechanismus der Rekrutierung von politischer Gefolgschaft hatte im Vormärz viel von seiner Wirkung eingebüßt. Das verlangte nach neuen Formen der Meinungsbeeinflussung, die jedoch gar nicht so leicht zu »lernen« waren und die auch ihrerseits noch nicht voll wirksam werden konnten, solange die *ökonomischen* Grundlagen persönlicher Abhängigkeit ungeachtet ihrer kulturellen Erosion fortbestanden; solange die lokalistisch-persönliche Gesellschaft einer individualisierten »Massen«-Gesellschaft noch nicht Platz gemacht hatte. Dieses Dilemma einer Übergangszeit kam in der schlagfertigen Antwort Augustin Gräules, der im Gemeindeauftrag die Ettlinger Gänse hütete, zum Ausdruck: Als der Gemeinderat Seyfried ihm wegen seiner hartnäckigen Weigerung, für die Radikalen zu stimmen, mit der Entlassung vom Gänsehirtendienst drohte, erwiderte Gräule, daß ihn als armen Mann dann doch ebenfalls die Gemeindekasse unterhalten müsse.[38]

Obwohl die Radikalen, sehr zum Ärger ihrer Gegner, wiederum über ihre Machtposition im Gemeinderat ganz alleine die Vertreter der lokalen Wahlkommission stellten, die für Organisation und korrekten Ablauf der Wahlen verantwortlich war,[39] konnte der Verlauf und Ausgang der Wahl sie keineswegs zufriedenstellen. Der Gemeinderat Bernhard, ein Mitglied der Wahlkommission, notierte sich aus den abgegebenen Wahlzetteln ständig das aktuelle Zwischenergebnis, und als die Chancen für die Radikalen, überhaupt einen einzigen Wahlmann zu stellen, am Abend des zweiten Wahltages sehr schlecht standen, teilte er das schnell Thiebauth mit, der durch einen Wachtmeister zwei Lehrer zur Wahl zitieren ließ und ihnen radikale Stimmzettel in die Hand drückte.[40] Es nützte nichts mehr: Offenbar hatte sich der konservative Appell an die religiösen Gefühle und an die Fürstenloyalität ausgezahlt und vielleicht hatten die Radikalen für viele den Bogen überspannt, jedenfalls mußten sie nur ein Jahr nach dem Sieg in den Gemeindewahlen eine vernichtende Niederlage hinnehmen, wie ihre Gesinnungsgenossen im übrigen Wahlkreis Rastatt/Ettlingen, aber gegen den Landestrend, der der Opposition in der Zweiten Kammer eine klare Mehrheit bescherte und die Hoffnungen der Regierung und der Katholisch-Konservativen auf eine Trendwende in der badischen Politik enttäuschte. Die Wahlmänner des Bezirks, zehn davon aus Ettlingen, wählten am 3. April ihren Abgeordneten: Nur 33 Stimmen entfielen auf den bisherigen Deputierten Itzstein, 60 Stimmen dagegen auf den Mannheimer Regierungsdirektor Schaaf, einen hochrangigen Beamten der Innenverwaltung also. Nach ihrem Sieg bei den Wahlmännerwahlen hatten die Ettlinger Konservativen eine Siegeshymne angestimmt, in der es hieß: »Gott im Himmel danken wir / Für die edle Gabe, / Daß wir einen katholischen Mann / Zum Abgesandten haben«[41] – doch Schaaf war Protestant, und die Radikalen argwöhnten, die Wähler seien bewußt über die Person und Konfession ihres Abgeordneten getäuscht worden.

Vor allem aber meinten sie – oder gaben vor –, die für sie so unerwartete Niederlage sei nur auf die zügellose Propaganda der Gegenpartei zurückzuführen und nicht zuletzt auf die ihrer Ansicht nach ungesetzliche Wahlbeeinflussung durch die Beamten und Staatsbehörden. Diesen Vorwurf brachten Thiebauth und seine Freunde am 4. Mai 1846 in einer mit 39 Unterschriften gezeichneten Petition an die Zweite Kammer zum Ausdruck, in der sie die Ungültigerklärung der Ettlinger Wahlmännerwahlen forderten.[42] Nicht zufällig traf die Petition pünktlich zu den sogenannten Wahlprüfungen beim Karlsruher Parlament ein: Unmittelbar nach der Konstituierung eines neuen Landtages prüften die Abgeordneten hier das ordnungsgemäße Zustandekommen einer jeden einzelnen Wahl, aber was anfangs eine bloße Formalität gewesen war, hatte sich seit Beginn der 1840er Jahre immer mehr zu einem Anlaß für grundsätzliche und langwierige Auseinandersetzungen zwischen Regierung und liberal-radikaler Opposition gewandelt; die Liberalen nutzten die Wahlprüfungen, um Propagandamethoden und Wahlbeeinflussung der Regierung und der lokalen Beamten aufzudecken und öffentlichkeitswirksam anzuprangern. Am 11. Mai beschloß die Zweite Kammer, aufgrund der Vorwürfe in der Thiebauthschen Petition eine offizielle Untersuchung der Ettlinger Wahlen, mit der aber wegen seiner befürchteten Parteilichkeit nicht der Ettlinger Oberamtmann, der selbst Wahlmann für die Konservativen war, sondern der Karlsruher Oberamtmann Bausch beauftragt wurde.[43] Bausch begab sich denn auch unverzüglich in das nahe Ettlingen und führte, offenkundig mit großer Sorgfalt und um Neutralität bemüht, umfassende Vernehmungen durch, über die er schon am 5. Juni dem Innenministerium berichtete.[44] Diese Konstellation hatte etwas Ironisches: Ein staatlicher Beamter untersuchte im Auftrag der Regierung die Wahlbeeinflussung seiner Kollegen, die ebenfalls im ausdrücklichen Auftrag der Regierung so gehandelt hatten – diese merkwürdige Doppelrolle der Bürokratie zeigte nicht zuletzt, daß die Propaganda an der »Peripherie« sich verselbständigt hatte; daß sie der »Zentrale«, der Ministerialbürokratie, entglitten war, wenn diese überhaupt jemals die Kontrolle über die Meinungssteuerung in der Gesellschaft besessen hatte.

Die Diskussionen im Landtag nahmen diese grundsätzlichen Fragen auf; sie zeigen deshalb, wie über den konkreten Einzelfall hinaus im Vormärz das Recht der Regierung zur gezielten Meinungsbeeinflussung bewertet wurde; sie zeigen aber zugleich, wie eine politische Elite – die Abgeordneten der Zweiten Kammer und die führenden Ministerialbeamten – unabhängig von politischer Couleur und Parteistandpunkt auf die zunehmende Politisierung an der Basis reagierte und von den Wirkungen der Propaganda gleich welcher Seite irritiert war, weil sie die Eigendynamik der lokalen Gesellschaft und insbesondere das politische Verhalten der Unterschichten, wie die Aussagen der Beteiligten über die Ettlinger Wahlen es offenbart hatten, nicht in Rechnung gestellt hatten. Nach der längeren Diskussion am 11. Mai erstattete Lorenz Brentano, ein junger Anwalt und aufsteigender Wortführer der Radikalen, am 7. Juli einen Kommissionsbericht vor dem Landtag, der sich ausführlich auf die Untersuchungsergebnisse Bauschs stützte; drei Tage später debattierten die Abgeordneten noch einmal sehr lange und grundsätzlich die Ettlinger Wahlmännerwahlen und lehnten schließlich mit 37 : 22 Stimmen ihre Ungültigerklärung ab.[45]

Als ausgesprochen liberale Beamte äußerten sich Johann Baptist Bekk und Carl Friedrich Nebenius für die Regierung sehr vorsichtig; Bekk erklärte »Wahlbestechungen« für »höchst verwerflich« und gestand zu, daß solche Beeinflussungen in gravierenden Fällen durchaus zur Ungültigerklärung einer Wahl führen könnten.[46] Nebenius verteidigte die Untersuchungsführung Bauschs gegen Einwände der Liberalen, die Bausch in seiner Funktion als Beamten grundsätzlich für parteilich hielten, da nach ihrer (falschen) Ansicht die konservative Partei Ettlingens hauptsächlich durch die Staatsdiener mobilisiert worden war; er wagte es jedoch, implizit Kritik an weniger souveränen Lokalbeamten zu üben.[47] Zugleich erinnerte Nebenius aber daran, daß sein Vorgänger Ludwig Winter 1830 »großmütig« geglaubt habe, die Regierung könne sich »durchaus passiv bei den Wahlen verhalten«, weil das die andere Seite dann auch tun werde, und darin von den Liberalen getäuscht worden sei. Deshalb verteidigte er das Recht, ja die Pflicht der Regierung zur Wahlbeeinflussung, sofern sie »in ehrenhafter Weise« geschehe: »Man muß einwirken, wenn man verhindern will, daß betrügerische Mittel ihre beabsichtigte Wirkung hervorbringen.«[48] Propaganda erschien ihm insofern als ein erst durch den Gegner aufgezwungenes notwendiges Übel.

In der Sichtweise der Liberalen verhielt es sich genau umgekehrt, und darin kam ein grundlegender verfassungspolitischer Dissens zum Ausdruck: Während die Regierung gewissermaßen von einem natürlichen Recht ausging, das politische Verhalten der Untertanen zu steuern und vor Verwirrung zu schützen, war der Landtag für die Liberalen das hart umkämpfte Privileg der Vertretung der Bürger gegenüber der Regierung und damit allein Sache des »Volkes«; die Bürger dürften also Wahlagitation betreiben, die Beamten aber grundsätzlich nicht. In diesem Sinne stellte Welcker der Einmischung der »Ministerialpartei« das Ideal der »freien Volkswahlen« gegenüber.[49] »Blicken Sie auf Ihre Beamte«, forderte Itzstein die Regierung auf. »Sehen Sie nicht, daß diese überall von Haus zu Haus, von Amt zu Amt wandern, um die Urwähler zur Wahl von Wahlmännern, und diese zur Wahl der Deputierten im Geiste der Beamten zu bestimmen?«[50] Natürlich sah Nebenius das – er hatte es ja selber veranlaßt und verteidigte sein Recht dazu. Ohne die staatliche Wahleinwirkung, davon gaben sich die Liberalen im badischen Landtag überzeugt, wären die Ettlinger Wahlmännerwahlen zumindest deutlich ruhiger verlaufen.

Nach den Ergebnissen der Untersuchung Bauschs konnten die liberalen Abgeordneten freilich nicht mehr leugnen, daß auch ihre eigenen

Parteigänger an den Wahlunruhen erheblichen Anteil hatten; überhaupt: Das Ausmaß und die Methoden der Drohungen, Bestechungen und Manipulationsversuche in der kleinen Stadt hatte alle Abgeordneten erkennbar schockiert, um so mehr, als es keinen Anhaltspunkt dafür gab, daß es sich hier um einen Einzelfall handelte. »Diese Akten«, gab Franz Joseph Buß, Wortführer der Katholisch-Konservativen, stellvertretend für seine Kollegen im Landtag zu, »haben mir vorgeführt den ganzen Zustand des Volkes, die schönen Züge desselben und die düsteren, die es umnachten.«[51] Vor allem Anton Christ, ein durchaus gemäßigt-liberal gesonnener Beamter, zog daraus die Konsequenz, solche Vorgänge bei Wahlen müsse man hinnehmen, sie seien eine natürliche Begleiterscheinung des konstitutionellen Systems im allgemeinen und einer die Unterschichten einschließenden, auf einen Zensus verzichtenden breiten politischen Partizipation im besonderen. »Je mehr das Volk zu einer politischen Selbständigkeit gelangt«, argumentierte er, »je größer seine Teilnahme am öffentlichen Leben ist, um so schärfer, ja um so blutiger, werden die Wahlkämpfe sein.« Da sich die »Ideen der Zeit« inzwischen »auch der unteren Volksklassen bemeistert« hätten, könne es überhaupt keine Wahl mehr geben, bei der sich »das Volk nicht in feindselige Lager teilt und wechselseitig Kämpfe führt«.[52]

Das war einerseits ein realistisches Urteil, weil es den modernen politischen Parteienkampf und seine propagandistischen Mittel als legitimen Bestandteil von Politik in einer pluralistischen Massengesellschaft anerkannte, andererseits konnte es aber als infames Plädoyer für eine Beschränkung des Wahlrechts im Interesse der Rückkehr zu »ruhigeren« Verhältnissen verstanden werden, und deshalb wurde Christ von der parlamentarischen Linken, vor allem von Friedrich Hecker, wiederholt scharf angegriffen. Hecker verteidigte das egalitäre Wahlrecht – »ich trage den Proletarier hoch empor und habe ihn gern«, gab der Mannheimer Anwalt in geradezu anbiedernder Weise kund[53] –, und angesichts des genauen Einblickes in die Mechanismen der Wahlmanipulation durch die lokalen Eliten bestritten auch immer mehr Abgeordnete der Regierung und der Konservativen, daß der Grund für die heftigen Wahlkämpfe im Wahlrecht der »Masse«, der »niederen Volksklassen« liege; sie lobten die Standhaftigkeit der Tagelöhner gegenüber den Erpressungen des Ettlinger Gemeinderates, und der Gänsehirt Gräule avancierte als weiser »Diogenes«[54] von Ettlingen geradezu zum Helden der Konservativen: »Er verdient ein anderes Los«, lobte Schaaf ihn, »als die konservativen und liberalen Gänse in Ettlingen hüten zu müssen.«[55] Von einer führenden Rolle der Regierung und der lokalen Beamten in den Auseinandersetzungen des Wahlkampfes sprach am Ende der Debatte kaum mehr ein Abgeordneter – Liberale und Konservative hatten je auf ihre Weise erkannt, daß sie die Möglichkeiten staatlicher Meinungssteuerung in einer konfliktgeladenen lokalen Gesellschaft bisher überschätzt hatten; daß die Verbindung von traditionellem Milieu und moderner Politisierung eine eigendynamische Propaganda an der Basis erzeugte, in die von außen einzudringen nur schwer möglich war.

Jakob Ullrich, der entmachtete Bürgermeister, konnte schließlich noch einen persönlichen Erfolg verbuchen, als er anstelle von Schaaf, der es vorgezogen hatte, die Wahl in einem anderen Bezirk des Großherzogtums anzunehmen, zum Landtagsabgeordneten seiner Heimatstadt bestimmt wurde. Aber der Ettlinger Parteienkampf ging weiter, und zwei Jahre später, in der Revolution 1848, waren Thiebauth und seine Freunde wieder obenauf.

Peter Jungblut

Unter vier Reichskanzlern

Otto Hammann und die Pressepolitik der deutschen Reichsleitung 1890 bis 1916

Geheimnisumwittert und voll dunkler Absichten muß dem britischen Journalisten G. Valentine Williams im Jahre 1910 erschienen sein, was er schlicht als »The German Press Bureau« bezeichnete.[1] Wer in der Berliner Wilhelmstraße 76 den Messing-Klingelknopf bediente, drei Stockwerke hoch über ausgelegte rote Teppiche stieg und durch eine gläserne Schwingtür trat, der kam der undurchsichtigen Pressepolitik der deutschen Reichsleitung nach den Ermittlungen von Williams schon sehr nahe. Hier befand sich nämlich die politische Abteilung I a des Auswärtigen Amtes, hier arbeiteten Otto Hammann und sein kleines Team fast 25 Jahre lang daran, die deutsche Politik in der Presse möglichst vorteilhaft erscheinen zu lassen. Auf das Wohlbefinden etwaiger Besucher legten die Pressearbeiter des Auswärtigen Amtes keinen Wert. Williams berichtet von drei abschreckend nüchtern ausgestatteten Wartezimmern für Journalisten, in denen lediglich so trokkene Lektüre auslag wie eine nicht mehr ganz neue Ausgabe des »Krankenhausführers durch Berlin«. In einem größeren Besucherraum hatte Kanzler Bülow einen Gobelin aus seiner Privatsammlung aufhängen lassen, der eine Entenjagdszene darstellte. Wohl nicht nur Williams kam dabei die Assoziation, über Hammanns Jagd auf Zeitungsenten nachzudenken.

Otto Hammann prägte zweifellos als Schlüsselfigur die Pressepolitik der deutschen Reichsleitung vom Sommer 1892 bis Ende 1916 maßgeblich und sicherte deren Kontinuität unter vier Reichskanzlern.[2] An der konservativen Gesinnung Hammanns kann es kaum Zweifel geben, zumal er bis 1891 auch an einer Zeitung der Deutschkonservativen – dem *Deutschen Tageblatt* – mitarbeitete. Bei aller Bewunderung für Bismarck gab sich Hammann nach dessen Entlassung jedoch pragmatisch: Statt sich Bismarcks Kampf gegen den Neuen Kurs anzuschließen, hielt er auch unter der neuen Führung an seinen Verbindungen zum Auswärtigen Amt fest. Der Landrat von Teltow, Stubenrauch, der gemeinsam mit Hammann einem Stammtisch im Berliner Lokal ›Weihenstephan‹ angehörte, soll die entscheidende Verbindung zu Reichskanzler Leo Graf von Caprivi (1890–94) geknüpft haben.[3] Als Hammann dem Nachfolger Bismarcks Mitte Juni 1892 schließlich gegenüberstand, wurde im Gespräch bald deutlich, daß die Pressearbeit der Reichsleitung völlig neu geordnet werden mußte. Es gab mehrere drängende Gründe, die Caprivi veranlaßten, Kontakt zu Hammann aufzunehmen.

I.

Der kämpferische Bismarck hatte im Laufe einer Reise nach Dresden, Wien und München beträchtliche publizistische Aktivitäten entfaltet. Im Umkreis Caprivis bis hinauf zu Wilhelm II. wurde diese private Rundfahrt als bedrohliche »politische Demonstration« aufgefaßt.[4] Seit sich der Fürst im März 1891 bereit erklärt hatte, für die Nationalliberalen um ein Reichstagsmandat zu kandidieren und bei einer Nachwahl auch erfolgreich gewesen war, befürchtete man in Berlin die Rückkehr Bismarcks auf die politische Bühne. Zur Beunruhigung Caprivis trug Bismarcks unermüdliche Pressearbeit bei. Im Auswärtigen Amt war die Sammlung von Presseausschnitten, die mutmaßlich die Handschrift Bismarcks zeigten, auf 25 Folianten angewachsen. Sie bekundeten, daß der Fürst seine Drohung wahrgemacht hatte, er habe nach der Entlassung aus dem Amt des Reichskanzlers keineswegs das »Bedürfnis verloren [...], mit der öffentlichen Meinung in Fühlung zu bleiben und sie nach seiner Überzeugung zu beeinflussen«.[5]
Lange ignorierte der pressescheue Caprivi das publizistische Trommelfeuer, das Bismarck auslöste. Im Juni 1892 war das jedoch offenkundig nicht mehr möglich. Durch einen schweren diplomatischen Fehler brachte Caprivi die Zeitungswelt gegen sich auf. Er hatte den deutschen Botschafter in Wien angewiesen, Bismarck bei dessen Besuch die kalte Schulter zu zeigen. Dieser reagierte darauf mit einem Interview, das er der *Freien Presse* gewährte; darin sprach er von »Uriasbriefen« aus Berlin und attackierte erneut heftig die Politik Caprivis.[6] Der Medienwirbel zwang Caprivi, den Wortlaut seines Briefes an den deutschen Botschafter zu veröffentlichen. Bismarck war es ge-

lungen, die gesamte Reichsleitung einschließlich des Kaisers bloßzustellen und seine eigene Popularität weiter zu steigern.
Diese für Caprivi schmerzliche politische Erfahrung brachte seine Anschauung ins Wanken, er könne auf eine verdeckte Pressearbeit verzichten.[7] Die »Urias-Briefaffäre« eröffnete Otto Hammann die Möglichkeit, seine politisch nicht sehr bedeutende, ja langweilige Arbeit für die *Neuesten Mittheilungen* des preußischen Innenministeriums mit der reizvollen Aufgabe zu vertauschen, die Politik des neuen Reichskanzlers treffend in die Zeitungsspalten zu bringen. Der Ort dieser Tätigkeit war zunächst nicht das Auswärtige Amt, sondern ein Raum im rechten Flügel der Reichskanzlei. Dort wurde Hammann bereits von Major August Keim erwartet, der von Caprivi den Auftrag erhalten hatte, den Propagandafeldzug für die anstehende Heeresreform zu leiten und im immer wahrscheinlicher werdenden Wahlkampf nach einer Auflösung des Reichstags für die richtige »Aufklärung« zu sorgen. »Alles, was helfen konnte und wollte, wurde mobil gemacht«, berichtete Hammann über seine nun einsetzenden Bemühungen, gemeinsam mit Keim publizistisch in den Wahlkampf einzugreifen. Die Konservativen wurden mit Artikeln aus der Feder altgedienter Generäle angesprochen. Die Liberalen, die hauptsächlich aus Kostengründen gegen die Heeresreform waren, sollten mit Beiträgen bekannter Staatsrechtler und Nationalökonomen wie Rudolf von Gneist und Adolf Wagner gewonnen werden.[8] Zu den »besten Stücken«, die im Wahlkampf eingesetzt werden konnten, gehörten Hammanns Erinnerungen zufolge Ausschnitte aus französischen Blättern, die sich offen bei der Mehrheit des alten Reichstages für die Blockade der Heeresreform bedankt hatten. Französische Pressestimmen, die von deutschen Parlamentariern behaupteten, sie hätten sich »um Frankreich verdient« gemacht, waren in der Reichskanzlei willkommene Munition.[9]
August Keim hatte die Idee, zur Finanzierung von Propaganda-Broschüren und Zeitungsaufsätzen private Gelder heranzuziehen. Der »größere Betrag«, den »patriotisch gesinnte Männer« für Keim bei einem Bankhaus hinterlegten, dürfte wohl hauptsächlich aus den Kreisen der rheinisch-westfälischen Schwerindustrie gekommen sein.[10]
Diese private Geldquelle war für Keim in mehrfacher Hinsicht hilfreich: »Ich erhielt freie Hand in Presseangelegenheiten, zumal die Mittel für die jetzt einsetzende publizistische Propaganda nicht aus dem Staatssäckel flossen. Die Summe, die hierfür auch amtlich zur Verfü-

gung stand, mußte als geradezu lächerlich gering gelten, da der Welfenfonds inzwischen dem ehemaligen hannoverschen Königshause ausgeliefert worden war.«[11] Von besonderem Nutzen für die Ziele Caprivis war eine von Keim finanziell und organisatorisch unterstützte Großkundgebung für die Heeresreform in der Berliner Victoria-Brauerei. Das Protokoll der Veranstaltung erschien als Sonderdruck und wurde der *Norddeutschen Allgemeinen Zeitung* beigelegt.[12]
Die Wirkung der Kampagne Hammanns und Keims auf das Wahlergebnis war keineswegs »durchschlagend«, ein Ziel, das angesichts der Ausgangslage auch zu hoch gesteckt gewesen wäre. Immerhin verloren Freisinn und Zentrum zusammen 39 Mandate, Nationalliberale und Konservative gewannen 18 dazu. Die Heeresreform wurde vom neuen Reichstag aber nur verabschiedet, weil es Caprivi gelang, 16 von 19 polnischen Abgeordneten die Vorlage mit antirussischen Parolen schmackhaft zu machen.[13]
Für August Keim endete die Arbeit in der Reichskanzlei im Juli 1893 mit einer Auszeichnung und ehrenhafter Entlassung.[14] Für Otto Hammann wurde die Kampagne zur ersten, erfolgreich absolvierten Bewährungsprobe, der ein unerwartetes Angebot von Caprivi folgte. Er sei »höchlich überrascht« gewesen, erinnert sich Hammann, als ihm der Kanzler anbot, den Posten des Pressereferenten im Auswärtigen Amt zu übernehmen. Der eigentliche Dirigent der publizistischen Aktivitäten im Auswärtigen Amt war bei Hammanns Dienstantritt jedoch der Vortragende Rat Alfred von Kiderlen-Wächter.[15] Die Pressearbeit des Diplomaten beschränkte sich allerdings hauptsächlich auf den regelmäßigen persönlichen Kontakt mit den beiden politischen Korrespondenten Arthur von Huhn (*Kölnische Zeitung*) und August Stein (*Frankfurter Zeitung*).
Die »ausgesprochene Absicht« seiner Berufung sah Otto Hammann darin, die »Anomalie einer unsystematischen Zweiteilung des Preßdienstes« zwischen dem inzwischen 70jährigen Constantin Rößler, den Caprivi 1892 formal zum Pressemann im Auswärtigen Amt gemacht hatte, und Kiderlen-Wächter zu beseitigen. Die Rechte habe mitunter nicht gewußt, was die Linke tat, erzählt Hammann. Dieses Organisationschaos wollte er so schnell wie möglich beheben. Leicht fiel ihm das nicht, hatte er doch nach eigenem Eingeständnis in der Außenpolitik nur »geringes Wissen«. Störender als dieser Mangel erschienen ihm jedoch erhebliche Beharrungstendenzen im Auswärtigen Amt:

»Wie [...] das Heer nur von Fall zu Fall und der Zahl nach verstärkt wurde, so erging es auch dem Auswärtigen Amt. Die Zahl der Kräfte wurde allmählich und viel langsamer als beim Heere vermehrt, die Organisation blieb fast unverändert [...]. Die Hauptursache des Fortbestehens der alten Tradition lag darin, daß [...] der strengste Hüter der Geheimdiplomatie, der Wirkliche Geheime Legationsrat von Holstein, den Geschäften ihren Gang vorschrieb, und daß er, befangen in dem Gedankenkreise der alten Kabinettspolitik, den in den Völkern wirkenden Kräften, besonders den wirtschaftlichen und finanziellen, und ihrem Einfluß auf die auswärtige Politik nur geringe Beachtung schenkte.«[16]

Hammann vertrug sich anfänglich durchaus mit Bismarcks ehemaligem Protegé Friedrich von Holstein, einem der wichtigsten Diplomaten im Auswärtigen Amt; er machte bei ihm sogar »persönliches Wohlwollen« aus. Auf die Dauer mußte der fundamentale Unterschied in der Bewertung der öffentlichen Meinung jedoch beide entzweien. Im Frühjahr 1905 trat dieser Gegensatz, auf den noch einzugehen ist, auch tatsächlich offen auf.
Reichskanzler Caprivi tat sein Möglichstes, um die angestrebte Klarheit in der Organisation des Pressewesens zu verwirklichen. Am Weihnachts-Vorabend des Jahres 1893 veröffentlichte er einen Runderlaß an alle Ministerien, in dem er ankündigte, er wolle »stärkeren Zusammenhang und größere Ergiebigkeit in die Preßbenutzung« bringen.[17] Deshalb sollten nach seinen Vorstellungen »alle Mittheilungen politischen Charakters«, welche sich zur Verbreitung eigneten, über Hammann laufen. Außerdem bat Caprivi die Minister, Hammann alle Türen zu öffnen.
Die ersten Monate des neuen Pressereferenten im Auswärtigen Amt waren noch begleitet von der herben Kritik des *Kladderadatsch*, der beispielsweise im August 1894 empfahl, am Eingang des Pressebüros eine Inschrift anzubringen. Dort sollte zu lesen sein: »Hier wird auf Kosten des deutschen Reiches tagtäglich das dumme Federvieh belogen.« Das Satireblatt ließ in etlichen Karikaturen auch keinen Zweifel daran, auf welche journalistischen Erzeugnisse es anspielte. Aus der »offiziösen Preßkrippe« tranken nach Auffassung des *Kladderadatsch* hauptsächlich das *Berliner Fremdenblatt*, der *Berliner Börsen-Courier*, die *Posener Zeitung* und das *Berliner Tageblatt* die Tinte, die ihnen von der Regierung hineingeschüttet wurde.[18]

II.

Hammanns Arbeit wurde seit 1894 erschwert durch die andauernden Kompetenzstreitigkeiten zwischen dem Auswärtigen Amt und dem preußischen Innenministerium um die Oberleitung der Pressepolitik. Seit den sechziger Jahren des 19. Jahrhunderts hielten sich das Innen- und das Außenressort Preußens eigene Pressebüros. Die politisch bedeutendere Arbeit war in all den Jahren gerade auch unter Bismarck immer im Auswärtigen Amt geleistet worden. Demgegenüber verstand sich das Literarische Bureau im Innenministerium eher als Hersteller von Rundbriefen, die die kleinen Provinzblätter mit Personalia und neuen Verordnungen aus der Bürokratie versorgten. Erst als Ernst von Köller im Oktober 1894 von seinem Außenposten in Straßburg nach Berlin zurückkam und das Innenministerium übernahm, wurde aus dem Dualismus der Pressebüros zeitweilig eine harte Konkurrenz.

Köller war nicht damit zufrieden, daß in seinem Haus das Königliche Literarische Bureau hauptsächlich Zeitungsausschnitte anfertigte. Er wollte seinem Pressebüro eine zweite Abteilung zuordnen, die zur Centralstelle für die Sammlung und Veröffentlichung sämtlichen offiziösen Nachrichtenmaterials werden sollte. Aus den nur ein Schattendasein führenden *Neuesten Mittheilungen* des Literarischen Bureaus wollte Köller eine *Berliner Correspondenz* machen, die erkennbar offiziösen Charakter bekommen sollte. In einem »geheimen Votum« teilte Köller seinen Kabinettskollegen am 24. November 1894 mit, daß er mündliche Kontakte zu Journalisten grundsätzlich dem Direktor des Literarischen Buraus vorbehalten wolle. Alle Reichs- und preußischen Staatsbehörden sollten dazu verpflichtet werden, etwa bestehende eigene Kanäle zur Presse aufzugeben und sich des Pressebüros im Innenministerium zu bedienen. Lediglich für das Auswärtige Amt wollte Köller je nach Entscheidung des Reichskanzlers eine Sonderregelung akzeptieren.[19] Das Konzept Köllers hätte bedeutet, daß im Innenministerium der publizistische Kurs der Regierungen von Reich und preußischem Staat bestimmt worden wäre.

Zunächst sah es auch tatsächlich so aus, als könne Köller sich durchsetzen. Ende November 1894 begründete der Innenminister seinen Vorschlag im Staatsministerium. Nur wenn es ein einziges, exklusives amtliches Organ gebe, so Köller, könne die Verwirrung der Öffentlichkeit darüber beendet werden, welche Artikel offiziös seien und welche nicht. Reichskanzler Chlodwig Fürst zu Hohenlohe-Schillingsfürst (1894–1900) stimmte dem zu, weil er die »Einheitlichkeit der Verwaltung« schützen wollte; das sei aber nicht möglich, wenn »von allen Seiten« Pressemitteilungen veröffentlicht würden. Mit einem neu geordneten Literarischen Bureau konnte sich der Kanzler ein Ende der »Konfusion« vorstellen.[20]

Nach der formellen Zustimmung des Staatsministeriums und des Kanzlers formulierte der Innenminister eine umfassende »Dienstanweisung« für sein neu gestaltetes Literarisches Bureau. Darin war davon die Rede, daß die neue *Berliner Correspondenz* »amtliche und thatsächliche Nachrichten« verbreiten sollte. Doch schon die erste Nummer des Blattes vom 10. Dezember 1894 zeigte, daß anspruchsvollere Redaktionen die dort nachzulesenden Informationen kaum als sonderlich wertvoll erachten würden. Vorsichtshalber ließ Köller in die Einleitung zur ersten Nummer den Hinweis einrücken, daß der »Wunsch des Fortbezugs« der *Berliner Correspondenz* bei allen Redaktionen vorausgesetzt werde, welche die Startnummer zugesandt erhielten, es sei denn, die jeweilige Redaktion äußere sich anders.[21] Dieser Einleitung folgten Personalia und ein paar Statistiken über Hagelschäden, Lebensmittelpreise und verwahrloste Kinder. Der einzige politische Beitrag galt einer Beleidigungsklage des Reichskanzlers gegen Wilhelm Liebknecht, der im Reichstag bei der Ausbringung eines Hochs auf den Kaiser nicht aufgestanden war. Derartige Meldungen waren nicht geeignet, aus der *Berliner Correspondenz* das vielgelesene, offiziöse Blatt zu machen, das Köller sich vorgestellt hatte. Dies beweist auch eine penible Statistik aus dem Literarischen Bureau, die kurz nach der Entlassung Köllers im Dezember 1895 angefertigt wurde. In der Übersicht waren die Zeilenmengen nachzulesen, die die einzelnen Ministerien und Reichsbehörden zum ersten Jahrgang der *Berliner Correspondenz* beigesteuert hatten. Es zeigte sich, daß Reichskanzlei und Auswärtiges Amt so gut wie nicht vertreten waren. Die abgedruckten Zeilen waren fast ausschließlich aus dem preußischen Innen-, Landwirtschafts- und Kultusministerium gekommen.[22] Damit war offenkundig geworden, daß die eigentlich brisanten politischen Themen weiterhin im Büro von Otto Hammann publizistisch bearbeitet wurden. Der anderslautende Organisationsplan hatte daran wenig verändert.

Im April 1898 berichtete der Nachfolger Köllers im Amt des Innenministers, Eberhard von der Recke, dem Staatsministerium vom Scheitern des ursprünglich beabsichtigten Konzepts. Die *Berliner Correspondenz* habe keinen »weiterreichenden Einfluß in politischer Beziehung« ausgeübt und »bei ihrem an sich dürftigen und im Laufe der Zeit durch eine gewisse Theilnahmslosigkeit der einzelnen Ressorts noch dürftiger gewordenen Inhalt« auch gar nicht ausüben können.[23]

Auf die Klage von der Reckes reagierten mehrere Ressorts. Typisch für die Antworten ist die Stellungnahme des Reichsmarineamts, die dessen Leiter Alfred von Tirpitz verfaßt hatte. Der Admiral gab von der Recke scheinbar völlig recht und begrüßte es, wenn künftig nur noch eine Stelle für die politische Pressearbeit zuständig sei. Er nehme aber selbstverständlich an, so Tirpitz, daß in »maritimen Fragen« sein Amt weiterhin ohne das Literarische Bureau auskommen werde.[24] Damit wurde der Ressort-Egoismus offenkundig, der auch die anderen Kabinettskollegen prägte. Niemand wollte seine eigenen Pressebeziehungen zugunsten des Innenministers aufgeben.

Der preußische Finanzminister Johannes von Miquel faßte den unlösbaren Zielkonflikt, der nicht wenig zum Scheitern der *Berliner Correspondenz* beigetragen haben dürfte, mit den Worten zusammen, entweder dürfe ein solcher Rundbrief nicht viel Neues enthalten – dann sei er langweilig, oder er dürfe nur wenigen Redaktionen zugeschickt werden – dann sei er von begrenzter publizistischer Wirkung.[25] Miquel hielt mündliche Informationen an die Journalisten für den besseren Weg, um die Presseberichterstattung zu beeinflussen.

III.

Für Otto Hammann war mit dem Scheitern des Innenministeriums in der Kompetenzfrage die Stellung als eigentlich entscheidender Mann der deutschen Pressepolitik gesichert. Mit dem Jahr 1900 festigte sich diese Position endgültig, weil er mit Reichskanzler Bernhard von Bülow (1900–1909) bereits eng zusammengearbeitet hatte, als dieser noch Staatssekretär im Auswärtigen Amt gewesen war. Hammann blieb jedoch weiterhin vor allem auf seine eigene Durchsetzungsfähigkeit angewiesen. Einen großen Apparat bekam er nicht. In diesem

Punkt hatte es Admiral August von Heeringen wesentlich leichter, der seit Juni 1897 damit beschäftigt war, im Reichsmarineamt die Verbindungen zur Presse zu koordinieren. Offiziell nannte sich Heeringens Dienststelle Abteilung für Nachrichtenwesen und allgemeine Parlamentsangelegenheiten. Tirpitz hatte den eigentlichen Zweck dieser Einrichtung aber schon recht früh mit dem Begriff »Durchbringungsbureau« genauer beschrieben.[26] Es ging darum, das ehrgeizige und daher kostenträchtige Marineprogramm möglichst unverändert vom Reichstag beschließen zu lassen und die Zustimmung der Öffentlichkeit zu erhalten. Beide Ziele erreichte Tirpitz. Mittel dazu waren nahezu alle massenwirksamen Medien der Zeit. Kein anderes Ministerium zeigte sich so modern im Informationsmanagement wie das Reichsmarineamt.

Während sein Vorgänger Hohenlohe-Schillingsfürst der Presse viel weniger Aufmerksamkeit entgegengebracht hatte als das Reichsmarineamt, nutzte der publicity-bewußte Bülow zielstrebig alle Möglichkeiten, angemessen in den Zeitungen erwähnt zu werden. Die Geschichte kenne keinen Staatsmann, der sich »so andauernd und eindringlich mit der öffentlichen Meinung« beschäftigt habe, schreibt Hammann in seinen Erinnerungen pathetisch über Bülow. Schon morgens bei der Toilette habe Bülow begonnen, seinen Sekretären Hinweise für die Presse zu diktieren.

Was bei Holstein als »Mitteilsamkeit aus persönlichem Wohlwollen« erschien – so Hammann –, sei bei Bülow »Verständnis für Wirken, Bedürfnisse und Behandlung der Presse« gewesen.[27] Bülows ausgeprägter Hang zur Selbstdarstellung dürfte sein Interesse an einer aktiven Pressepolitik ebensosehr gefördert haben wie sein Wissen über die Dynamik der öffentlichen Meinung. Der Reichskanzler schätzte rückblickend Hammanns pressepolitische Aktivitäten nicht sehr hoch ein. Mit Journalisten sei Hammann bisweilen »geschmacklos und ungeschickt« umgegangen. Andererseits sei er ein guter Detektiv gewesen, der überall herumgeschnüffelt habe. Die »übrigens gewandte und jedenfalls eifrige Feder« habe Hammann für viele Herren geschwungen. Diesen Hinweis konnte sich Bülow nicht verkneifen, machte sein Pressereferent doch auch unter seinem Nachfolger weiter Karriere. Das ärgerte Bülow in späteren Zeiten offenbar so sehr, daß er den alten Spruch von Herbert von Bismarck wiederholte, wonach Hammann eine Ratte sei, die ein sinkendes Schiff immer rechtzeitig verlasse.[28]

Bülow erklärte, unter ihm habe Hammann nicht so viel politischen Einfluß gehabt wie später bei Bethmann Hollweg. Er habe ihm nur Direktiven gegeben, die für die Orientierung der Presse über die Außenpolitik wichtig gewesen seien. »Tieferen Einblick« in vertrauliche diplomatische Vorgänge habe Hammann niemals erhalten. Bülow ging so weit zu behaupten, sein langjähriger Pressereferent habe weder die nötige Kenntnis des Auslands gehabt noch den »unerläßlichen Takt« im diplomatischen Umgang. Insofern sei zu befürchten, daß Hammann für die »plumpe Politik« gegenüber Serbien im Sommer 1914 teilweise mitverantwortlich gewesen sei.[29] Bülow wies Hammann damit einen historischen Rang zu, der dem Pressereferenten auch unter Bethmann Hollweg keineswegs zukam.

Bülows skeptische Beurteilung Hammanns stammte aus einer Zeit, als die gemeinsame enge Zusammenarbeit längst beendet war. Bis 1909 finden sich dagegen zahlreiche Quellen, die auf ein ausgesprochenes Vertrauensverhältnis schließen lassen. Im Nachlaß Hammanns sind zahlreiche handgeschriebene Pressedirektiven Bülows zu finden.[30] In einer dieser Anweisungen behauptete der Kanzler, er persönlich sei journalistischen Angriffen gegenüber völlig indifferent. In der täglichen Praxis verhielt sich Bülow aber genau entgegengesetzt. Für seinen Hang zur Publicity sprechen etwa Notizen aus dem Sommer 1902, in denen er seinen Pressereferenten bat, einen atmosphärischen Bericht über den Urlaubsaufenthalt auf Norderney zu formulieren. Eine Anweisung, die Verleihung des »Obersten-à-la-suite«-Ranges bei den Königshusaren im Ausland als große Ehre zu verkaufen, ging in dieselbe Richtung. Bülow machte sich selbst bei politischen Alltäglichkeiten die Mühe, Hammanns Dienste in Anspruch zu nehmen. So hatte der Pressereferent in den Zeitungen zu begründen, warum der Kanzler eine Reichstagsdebatte vorzeitig verließ oder warum er sich zu einem mehrtägigen Landaufenthalt entschlossen hatte. Das führte zu der irrtümlichen Ansicht mancher Beobachter, Hammann sei in diesem Ministerium der eigentlich »Leitende«.[31]

Besonders emsig bei der Arbeit war Hammann vor Reichstags-Auftritten seines Chefs. Zunächst entwarf er die Reden Bülows in einem Rohkonzept. Ein eigener Referent für »Literatur und Kunst« hatte Hammanns Entwurf stilistisch zu überarbeiten. Anschließend ging das Manuskript an Bülow, der es mit politischen Beratern und seinem Unterstaatssekretär durchging. Den Text lernte der Kanzler meist auswendig. Vor einem kleinen Zuhörerkreis machte sich Bülow sogar bisweilen die Mühe, Gestik und »Spontanreaktionen« einzuüben. Mit einer »dicken Mappe« unter dem Arm ging der Kanzler dann in den Reichstag. Darin enthalten waren nicht nur das Redemanuskript, sondern auch mehrere Entwürfe von Hammann für Antworten auf mögliche Fragen aus dem Abgeordneten-Plenum. Auf diese Weise konnte Bülow auch bei überraschenden Attacken routiniert ans Rednerpult treten.[32]

Um die gestiegenen pressepolitischen Anforderungen überhaupt noch bewältigen zu können, genehmigte Bülow seinem Pressereferenten drei Planstellen zusätzlich. Wenn Otto Hammann morgens ins Büro kam, war die Sichtung und Bewertung der Tagespresse durch seine neuen Mitarbeiter schon abgeschlossen. Hammann konnte wohlinformiert beim Kanzler vorsprechen. Gegen elf Uhr vormittags begann in der »Weinabteilung« des Auswärtigen Amtes (wegen rot ausgelegter Korridore so genannt) im Büro des Pressereferenten der »Sturm der Chefredakteure«. Walter Zechlin, der spätere langjährige Pressechef der Reichsregierung der Weimarer Republik, konnte sich als junger Diplomat 1903 dieses Ritual einmal aus nächster Nähe ansehen. Außer dem Vertreter des Wolffschen Telegraphenbureaus nahmen nur drei Journalisten teil, erinnerte sich Zechlin. Zur täglichen Nachrichtenkonferenz bei Hammann erschienen in der Regel Arthur von Huhn und August Stein, die Vertreter der großen Blätter aus Köln und Frankfurt. Später kam Ernst Francke dazu, der Berliner Korrespondent der *Münchener Neuesten Nachrichten*.[33]

In einer Hinsicht hatte Hammann unter Bülow weniger Freiraum als zuvor. Am 16. Mai 1901 ließ der Kanzler einen Runderlaß herumgehen, mit dem er sich die Sichtung und Korrektur aller Artikel vorbehielt, die mit »erkennbar offiziösem Charakter« in der *Norddeutschen Allgemeinen Zeitung* erscheinen sollten.[34] Bülows Vorgänger hatten diese Arbeit Hammann allein überlassen. Mit dem Erlaß brachte sich der Kanzler zwangsläufig in dasselbe Dilemma, das schon Bismarck mit der *Post* hatte. Eine Zeitung, die häufig offiziöses Material enthielt, aber andererseits auch nicht lancierte Artikel abdruckte, konnte die Reichspolitik in schwierige Situationen bringen. Denn für das Ausland wie für inländische Beobachter war selten klar, welcher Quelle die jeweiligen Kommentare entsprangen. Genau dieses Problem brachte der Staatssekretär des Inneren, Arthur von Posadowsky-Wehner, im Oktober 1906 auch beim Kanzler zur Sprache. Die *Norddeutsche Allgemeine Zeitung*, so der Staatssekretär, habe längst die Bedeutung einer Meinungsäußerung des leitenden Staatsmanns erreicht. Deshalb sei es »unerwünscht und bedenklich«, wenn das Blatt gleichzeitig »stark zugespitzte Artikel« bringe, die nicht offiziell angeregt seien. In solchen Fällen seien die obersten Reichsbehörden gezwungen, in heiklen politischen Fragen Stellungnahmen abzugeben, nur um die Öffentlichkeit zu beruhigen und Irritationen durch das Blatt zu beenden. Posadowsky-Wehner sah zwei Alternativen, die den Mißstand beheben könnten: Entweder die Zeitung verzichte künftig auf selbst verfaßte Artikel, oder die offiziösen Beiträge würden als solche gekennzeichnet.[35]

Bülow reagierte auf das offenkundige Problem hilflos. Er wollte nicht dulden, daß die *Norddeutsche Allgemeine Zeitung* eine Haltung einnehme, welche die Politik der Regierung störe. Die Gefahr »einzelner Entgleisungen« bewertete Bülow jedoch gering, weil die Redaktion gehalten sei, »keinen ihr von zuständiger Stelle rechtzeitig zugesandten Wink außer Acht« lassen. Er fügte hinzu: »Grundsätzlich aber die Bewegungsfreiheit der NAZ weiter einzuengen, muß ich im Interesse der Regierung selbst Bedenken tragen. Ich kann nicht wünschen, daß jedes Wort in den Spalten des sogenannten Kanzlerblattes mir persönlich angehängt wird und ebenfalls muß die Öffentlichkeit sich daran gewöhnen, daß die NAZ auch rein redaktionelle Dinge enthält. Die offiziösen Mitteilungen sind im allgemeinen hinlänglich als solche gekennzeichnet.«[36]

Eben dies war aber nicht der Fall. Die Zeitung sorgte weiterhin für Irritationen. Wirtschaftlich stand die *Norddeutsche Allgemeine* übrigens auf schwachen Beinen, was zusätzliche Einflußmöglichkeiten für die Politik eröffnete. Mit Bettelbriefen an Bülow versuchte der Verlag, Druckaufträge zu erwerben. Der Kanzler hatte sich deshalb unter anderem auch mit dem Problem herumzuschlagen, daß die staatliche Lotterieverwaltung ihre Gewinntabellen und das Reichspatentamt seine Beilagen nicht mehr bei der *Norddeutschen Allgemeinen* drucken lassen wollten.[37] Beides drohte das Blatt in den Ruin zu treiben. Ökonomischer Erfolg blieb dem Verlag auch in den folgenden Jahren versagt.

Zu den wichtigsten pressepolitischen Kampagnen Bülows und Hammanns gehörten die deutsche Reaktion auf den Samoazwischenfall

(März 1899) und den Burenkrieg (1899/1901). Zur Amtszeit Bülows als Kanzler beanspruchte hauptsächlich die erste Marokkokrise (März 1905) die Aufmerksamkeit des Pressebüros. Ein Jahr vorher hatte die zwischen England und Frankreich geschlossene Entente Cordiale die außenpolitische Isolierung Deutschlands offenkundig gemacht. Bülow hatte damals an Hammann geschrieben: »Es wäre nicht schlecht, bei diesem Anlaß der deutschen öffentlichen Meinung und Presse ins Gewissen zu reden, daß auswärtige Fragen mit mehr Ruhe behandelt werden müssen, ohne fortgesetztes Belehren und Beschimpfen des Auslands, ohne kindische Sentimentalitäten, ohne Kannegießerei, auch ohne fortgesetztes Diskreditieren der eignen Regierung.«[38]
Im Frühjahr 1905 sollte diese eher bedächtige Linie nicht mehr gelten. So wollte es jedenfalls Holstein. Der Geheimrat verlangte, daß künftig in der *Norddeutschen Allgemeinen* mit einer »kriegerischen Sprache« gegen Frankreich agiert werde. Hintergrund dieser Forderung war die Zuspitzung im Marokkokonflikt, nachdem Wilhelm II. am 31. März 1905 Tanger besucht hatte. Dieser Landgang des deutschen Kaisers sollte die Souveränität des marokkanischen Sultans gegenüber Frankreich unterstreichen. Politisch war die Aktion aus deutscher Sicht freilich kein Erfolg. Otto Hammann widersetzte sich von Anfang an Holsteins Drängen, mit einer militanten Sprache Frankreich unter Druck zu setzen und im äußersten Fall den Streit um Marokko zum Anlaß für einen Krieg zu nehmen. »Ein plötzlicher Übergang zu papierenen Kriegsdrohungen«, so Hammann, müsse die öffentliche Meinung in Deutschland in »Unruhe, Streit und Verwirrung« versetzen.[39]
Bülow schloß sich nach längerem Zögern Hammanns Auffassung an und notierte »richtig« auf eine Vorlage des Pressereferenten, in der dieser festgestellt hatte, die deutsche Öffentlichkeit sei einem ernsthaften Konflikt mit Großbritannien und Frankreich abgeneigt. Holstein erboste diese Haltung der »Stetigkeit und Kaltblütigkeit« so sehr, daß er an Bülow schrieb, er werde künftig darauf verzichten, jemals wieder »Preßdirektiven« vorzuschlagen.[40] Der Geheimrat entrüstete sich außerdem über eine Verfügung Bülows, wonach von jedem im Auswärtigen Amt eingehenden Zifferntelegramm sofort eine entschlüsselte Kopie an Hammann zu gehen hatte.[41] Bülow sicherte Holstein zunächst zu, ihm das Pressebüro im Auswärtigen Amt zu unterstellen. Es blieb jedoch bei dieser Ankündigung, die wohl zu keinem Zeitpunkt ernstgemeint gewesen war. Holstein nahm im April 1906

seinen Hut. Er selbst sah sich als Opfer einer gemeinsamen Intrige von Hammann, August Stein und Arthur von Huhn.[42]
Reichskanzler Theobald von Bethmann Hollweg (1909–1917), der Bülow nach dessen Sturz abgelöst hatte, hielt auch in schwierigen Zeiten fest zu seinem Pressemann. Rückblickend schrieb der Kanzler einmal an Hammann, er sei »stets mehr als ein Beamter« gewesen, nämlich »Kampfgenosse, Freund oder Stimme des Volkes«.[43] Mit seinem publicitybewußten Vorgänger hatte Bethmann Hollweg wenig gemeinsam. »Sie wissen, ich liebe nichts for show«, soll er gegenüber Hammann geäußert haben, und genau das ließ Bülow selten aus. Zwar umschrieb Bethmann Hollweg die Charakterzüge des Pressechefs angeblich mit »bockig, eigensinnig, unbequem«, verzichten wollte er auf ihn aber nicht, auch wenn viele Diplomaten darauf drängten.[44]
Seit 1892 war die Pressearbeit der Reichsleitung organisatorisch unverändert geblieben, sieht man einmal von den zusätzlichen Stellen ab, die Bülow geschaffen hatte. Das »System Hammann« funktionierte mit Hilfe der wenigen Vertrauensjournalisten leidlich, aber keineswegs so, daß großangelegte Pressekampagnen mit Erfolg hätten durchgeführt werden können. Es fehlte an institutionalisierten Informationswegen, an Geld und Personal. Verglichen mit dem schlagkräftigen Apparat des Reichsmarineamtes oder den Presseabteilungen großer Verbände wie dem Bund der Landwirte und dem Centralverein Deutscher Industrieller war die Ausstattung der Pressestelle im Auswärtigen Amt denkbar bescheiden.[45] Zu dieser Einsicht kam wohl auch Bethmann Hollweg, als die Januarwahlen des Jahres 1912 für die Regierung als politisches Desaster endeten. Der pressescheue Kanzler sah sich durch dieses Ereignis zu einem erneuten Versuch veranlaßt, eine Art Reichspresseamt zu gründen.[46] Wie schon Köller 1894 klagte nun auch Bethmann Hollweg über Journalisten, die von Ministerium zu Ministerium liefen und um »Nachrichten antichambrierten«. Am Ende würden dann häufig Gegensätze zwischen den Ressorts konstruiert. Dem Kanzler schwebte in einem Runderlaß vom 19. Juli 1912 eine Organisation vor, die ihm persönlich unterstellt sein sollte. Das Personal sollte aus einem Direktor, einem Vortragenden Rat und einigen Hilfs- und Bürokräften bestehen.[47]
Der Plan scheiterte letztlich an denselben Hindernissen wie das Vorhaben Köllers. Die Reichsämter und preußischen Ministerien zeigten

sich wenig bereit, auf die eigenen Pressestellen zugunsten eines Zentralbüros zu verzichten. Typisch für diese Einstellung war etwa die Antwort des Reichsschatzamtes: Zu mannigfaltig sei dessen Tätigkeit, »als daß sie von einem Preßreferenten oder der Preßzentrale sachkundig übersehen werden« könne.[48] Zu mehr als einer »oberflächlichen Anschauung der Dinge« werde es bei beiden nicht reichen. Zum Egoismus der Bürokraten kam das Personalproblem. Nur ein höherer Beamter – ein Ministerialdirektor – würde ein solches Presseamt leiten können. Nach Auffassung des Chefs im Reichsamt des Innern, Clemens von Delbrück, sei aber kaum jemand aus diesen Kreisen bereit, die »glatte und gefährliche Bahn« zu betreten, die mit der Leitung einer Pressestelle verbunden sei.[49] Delbrück behielt recht. Weder sein eigener Ministerialdirektor Lewald noch Geheimrat von Falkenhausen aus dem preußischen Landwirtschaftsministerium zeigten sich begeistert. Beide mußten sich jedoch am Ende nicht wirklich entscheiden, weil Bethmann Hollweg seinen Plan von sich aus fallenließ. Man vermutet, der Kanzler habe keinen Konflikt mit dem in Presseangelegenheiten erfahrenen Reichsmarineamt und dem Reichstag riskieren wollen.[50]
Erst die Anforderungen des Ersten Weltkriegs führten zur organisatorischen Modernisierung der Pressestelle. Seit dem 1. Mai 1915 galt sie als eigene Abteilung IV im Auswärtigen Amt. Otto Hammann war dort nur noch bis Oktober 1916 der Chef. Zu diesem Zeitpunkt wurde er eilig gegen Major Deutelmoser ausgetauscht, einen Referenten aus dem Kriegspresseamt. Hammann, bereits 64jährig, wurde mit der Leitung der staatlichen Vermögensverwaltungs-Gesellschaft abgefunden; außerdem gründete er die Transocean GmbH als Überseeinformationsdienst. Bethmann Hollweg war für die Verabschiedung Hammanns vermutlich weniger verantwortlich als Staatssekretär von Jagow, mit dem der Pressechef insbesondere in den Kriegsjahren schwere Zerwürfnisse hatte. Der Kanzler bat sich eigens aus, Hammanns Dienste gemäß einer mündlichen Ansprache für »besondere Aufträge« in Anspruch zu nehmen.[51]
Eine Bilanz der knapp 25 Jahre, die Otto Hammann in der Presseabteilung des Auswärtigen Amts verbrachte, wird in der deutschen Pressepolitik kaum Fortschritte verzeichnen. Große organisatorische Entwürfe scheiterten. Otto Hammann war im Grunde immer nur, was heute »persönlicher Referent für Presseangelegenheiten« genannt würde. Wichtig war das Vertrauensverhältnis zum Kanzler, nicht das

Amt selbst. Vielleicht lag der größte Erfolg Hammanns in der erfolgreich bestandenen Auseinandersetzung mit Friedrich von Holstein, dem Drahtzieher der alten Kabinettspolitik, die auf das Zeitalter der Massenmedien noch keine Antwort hatte. Bülows Gespür für die Presse hatte Hammann in diesem Streit den entscheidenden Vorteil gegeben. Für die Anwendung der modernen Mittel von Massenkommunikation, welche etwa die Nachrichtenabteilung des Reichsmarineamtes anwandte, fehlte es im Auswärtigen Amt an Einsicht und einheitlichem Willen. Verglichen mit dem Entwicklungsstand der Pressepolitik anderer Nationen der Zeit befand sich der amtliche Umgang mit den Medien in Deutschland bis zum Jahre 1916 auf dem Scheideweg zwischen den antiquierten Methoden der Bestechung, wie sie noch in Rußland üblich waren, und dem modernen Informationsmanagement der Vereinigten Staaten von Amerika.

Gerd Krumeich

Kriegsfotografie zwischen Erleben und Propaganda

Verdun und die Somme in deutschen und französischen Fotografien des Ersten Weltkriegs

Der Weltkrieg von 1914 bis 1918 war nicht nur im Hinblick auf Waffentechnik und Menschenopfer ein qualitativ Neues gegenüber allen vorherigen Kriegen, er eröffnete auch eine vollständig neue Dimension von Kommunikation. Dies gilt einmal für die rein militärische Übermittlung von entscheidungsrelevanten Nachrichten per Telefon. Den Kommandierenden General fernab vom eigentlichen Kampfgeschehen in Reichweite eines Telefons hatte schon Schlieffen in einem Aufsatz von 1909 zur Führung der Massenheere im »Krieg der Gegenwart« prognostiziert, und so wurden die Kommandierenden im Kriege dann auch meistens dargestellt.[1] Aber nicht nur innermilitärisch wurde Kommunikation zentral wichtig: Die Millionenheere im lang andauernden Krieg verlangten (das hatte Schlieffen nicht vorhergesehen) nach einigermaßen kontinuierlicher Kommunikation mit der Heimat. Neben dem Urlaub wurde der briefliche Verkehr der Soldaten mit ihren Angehörigen zu einem logistischen Unterfangen, welches einen riesigen organisatorischen Aufwand verlangte – aus der Übermittlung der auf 28,7 Milliarden geschätzten Postsendungen aller Art entwickelten sich dann ja auch neue Zensurnotwendigkeiten.[2]

Innerhalb dieser Massenkommunikation zwischen Heer und Heimat spielten – in diesem Krieg zum ersten Mal – auch Fotografien eine sehr wichtige Rolle. Die fotografische Technik war inzwischen so weit fortgeschritten, daß kleine und handliche, nur noch 500 Gramm schwere Apparate von der Industrie angeboten wurden, welche diesen neuen Markt auch intensiv versorgte. Solche Erfindungen »für die Soldaten im Felde« häuften sich mit Dauer des Krieges. Die technisch-kommerzielle Einbeziehung des Soldaten in die fotografische Industrie ist in den letzten Jahren mehrfach untersucht worden.[3] Woran es allerdings noch ganz erheblich fehlt, sind Untersuchungen des »signifié« der von den Soldaten massenhaft »geschossenen« Bilder.[4] Und welches Verhältnis wiederum hatten diese privat »geknipsten« Bilder zu den Fotografien der professionellen Kriegs-Bildberichterstatter? Wurden die spontan entstandenen und »zur Erinnerung« gemachten Bilder kommerziell weiterverwandt? Wurden sie zu Propagandazwecken eingesetzt? Wie wurden diese Fotografien in der Heimat »gelesen«?

Wir wissen aus den bisherigen Untersuchungen von Soldatenbriefen, daß die Soldaten sich nahezu stereotyp weigerten (oder auch unfähig waren), das Erlebte brieflich zu fassen. Sie wichen in die formelhafte Beteuerung »mir geht es gut« aus oder schrieben gemeinhin das Wesentliche nicht, weil sie Angst um den Seelenfrieden ihrer Angehörigen hatten.[5] Aber wieso waren sie dann fähig, die oft ungeschminkten Bilder von zerstörten Gebäuden und Dörfern nach Hause zu schicken? Wie wurden diese Bilder daheim interpretiert? Sicherlich waren auf den spontan entstandenen Bildern genausowenig wie auf den »offiziellen«, in der Presse veröffentlichten Bildern Tote (der eigenen Nationalität) zu sehen. Wieweit wurde damals aber die stets gezeigte Zerstörung von Gebäuden und Maschinen als Signal für Tod, Verwundung und Leid aufgefaßt? Es ist leider wohl unwiederbringlich versäumt worden, für diese wichtigen Fragen rechtzeitig die Fragemethoden der »oral history« einzusetzen, spielten diese mentalitätshistorisch orientierten Fragen doch noch keine Rolle zu dem Zeitpunkt, als »die von 1914« noch lebten.[6] Wir sind beispielsweise heute noch zu leicht geneigt, die typischen Bilder des Ersten Weltkrieges, nämlich zerstörte Häuser und Ortschaften, mit einem oder mehreren (zumeist starr in die Kamera blikkenden) Soldaten davor als Hinweis auf Grausamkeit, Abstumpfung, Brutalisierung, Posieren des Jägers vor dem erlegten Wild zu interpretieren.[7] Oft zeigen aber bereits die Unterschriften der Bilder, daß etwas ganz anderes gemeint war, nämlich die Anklage des Gegners, dessen Zerstörungswerk man mittels der Fotografie dokumentieren wollte. Diese Funktion von Fotografien, wo sich bereits »Erlebnis« mit Propaganda mischte, ist beispielsweise im Falle der auch in Buchform massenhaft verbreiteten Somme-Fotografie ganz offensichtlich. Wieweit wurden aber diese soldatischen Fotos gezielt zur Propaganda benutzt? Wieweit wußte das Publikum, daß es sich bei den »heroischen« Bildern der vorgeblichen Kriegsaktualität um gestellte Aufnahmen oder Bilder aus der Vorkriegszeit handelte?[8] Die Kriegswochenschauen, so hat ein zeitgenössischer Beobachter geurteilt, »... waren langweilig und verdienten meistens ihre Bezeichnung gar nicht, weil sie zu oft nicht den Krieg widerspiegelten, sondern weil sie gestellte Bilder brachten. Im übrigen wußte das das Publikum ganz genau«.[9] Und eine weitere wichtige Forschungsfrage heißt: Wie verhielten sich Kriegsfotografie und Nachkriegs-Bildpropaganda zueinander?[10]

Im folgenden soll die deutsche Bildinformation über das Geschehen vor Verdun zwischen Februar und Juli 1916 und über die »Somme-Schlachten« vorgestellt und analysiert werden. Das geschieht unter der Leitfrage, was diese Fotografien über Kriegserlebnis und politische Propaganda aussagen. Eine Hypothese begründet den Vergleich: Vom deutschen Standpunkt aus, besonders aus der Sicht der Frontsoldaten, bestand der große Unterschied zwischen »Verdun« und der »Somme« darin, daß vor Verdun ganz zweifellos die Deutschen die »Angreifer« waren, gegen die sich die Franzosen erbittert stemmten. »Ils ne passeront pas«, die Deutschen werden nicht durchkommen, lautete die hier wirklich alle französischen Soldaten beseelende Losung. Und auf deutscher Seite standen dagegen nur Pflicht, Ausdauer, Zähigkeit, entschlossener Gehorsam und die Fügung in das Unvermeidliche, und dies bei annähernd gleich großen Verlusten: auf beiden Seiten fielen ungefähr 250000 Soldaten.[11] Für die deutschen Soldaten kam noch die relative Abgeschlossenheit von der Heimat hinzu. Durch das französische System, die erschöpften Einheiten wöchentlich durch frische abzulösen, kam es zu einem permanenten Kontakt zwischen Soldaten und Zivilbevölkerung. Das geschah mittels des ingeniösen Systems einer Lastwagen-Kolonne, die ständig zwischen dem Hinterland und der Front im 18-Sekunden-Takt zirkulierte (die berühmte »Noria«) (s. Abb. 2). Nahezu alle französischen Divisionen haben vor Verdun abwechselnd gedient. »Verdun« wurde auf diese Weise sofort nach Beginn des deutschen Angriffs zu einem französischen »Medienereignis«, am Mythos wurde mit verblüffender Schnelligkeit und Effizienz gewoben. Mehrfach besuchte Staatspräsident Poincaré die Stadt während der Kämpfe; sie wurde kollektiv von der Académie Française ausgezeichnet. Die Bildberichterstattung war dementsprechend massiv. Läßt man die einzelnen Hefte der wöchentlich erscheinenden und marktbeherrschenden illustrierten Zeitschrift *L'Illustration* Revue passieren, so erkennt man, wie von Anfang an der deutsche Angriff auf Verdun zu einem Stoß ins Herz Frankreichs und zu einem Ereignis stilisiert wurde, an dem jeder Franzose teilhaben konnte. Die Bildbe-

Abb. 2 Die Lastwagen der »Voie Sacrée«

richterstattung folgte dem öffentlichen Interesse genauso, wie sie dessen Richtung zu lenken versuchte. Schon in der ersten Woche des Angriffs wurde – was ungewöhnlich war – eine Reliefkarte mit allen Einzelheiten des Terrains vor dem Leser (und tatsächlichen Zuschauer) ausgebreitet (4. März 1916). Dazu kam als charakteristische Mischung aus Desinformation und Information ein großer Bildbericht über das Fort Liouville, das die Deutschen eineinhalb Jahre zuvor vergeblich berannt hatten; nur Wissende vermochten eine in dem Bericht enthaltene Andeutung zu entschlüsseln, daß die Deutschen Fort Douaumont am 24. Februar im Handstreich genommen und nun in der Hand hatten. »S'ensevelir sous les ruines du fort plutôt que de se rendre« lautete die Umschrift des Eingangstores von »Liouville«, die auf einem großen Foto gebracht wurde. In Wirklichkeit handelte es sich bei diesem Bild aber um eine Ansicht des Eingangs zu Fort Douaumont! Auf diese Weise vollzog sich eine ganz eigenartige propagandistische Metamorphose: Ohne daß dies als – tatsächlich absurde – Behauptung verbreitet worden wäre, erschien Douaumont quasi »bildlich« weiterhin im Besitz der Franzosen.

Das Titelbild der Ausgabe vom 11. März 1916 strahlt Beruhigung aus:

Abb. 3 Im Caures-Wald

Pétain, der neue Oberkommandierende des Verdun-Sektors, und Joffre, der französische Oberkommandierende, erscheinen gemeinsam in den Straßen von Verdun, entschlossen, »an die Arbeit« zu gehen.[12] Dasselbe Heft verbreitete nicht nur ein ganzseitiges Porträt Pétains, sondern auch viele Aufnahmen von der Versorgung der Verdun-Armee mit Munition und Geschützen. Last but not least fand sich im Mittelteil der Zeitung ein über 2-Folio-Seiten gehendes Gemälde der bereits erwähnten »Noria« von François Flameng – ein Bild, das dann immer wieder neu publiziert worden ist, auch in heutigen Verdun-Führern nicht fehlt und selbst ernsthafte französische Nationalgeschichte zu »illustrieren« fähig ist.[13] Neben stimmungsvollen Ansichten der Stadt Verdun, die hier ganz ersichtlich »Heimat« signalisieren sollten, standen Bilder von ganz ungewöhnlicher Drastik, die auch Niederlagen und Rückzüge nicht unbedingt beschönigten; beispielsweise am 11. März 1916 (S. 255): Ein Stück Unterholz ist zu sehen, in dem sich französischen Soldaten zu schaffen machen. Überall liegen Ausrüstungsgegenstände herum und am linken Bildrand ganz offensichtlich gefallene französische Soldaten. Die Bildunterschrift lautet lakonisch: »Dans le Bois des Caures, le 24 février« (s. Abb. 3). Das war, wie jeder in Frankreich damals wußte, der Tag und der Ort, wo Oberst Driant an der Spitze seines Regimentes in der ersten »Welle« des deutschen Angriffs auf Verdun gefallen war. Dasselbe Bild erschien im übrigen auch in der Nachkriegsausgabe der *Illustration*, wo in Form eines zweibändigen Bilderalbums die als bedeutsam empfundenen Hauptstücke der Kriegsillustration zusammengefaßt wurden. Hier trug das Bild die (im Original nicht vorhandene) Bildlegende: »Le matin, les défenseurs du bois jouissent d'une courte accalmie après les attaques de la nuit. Derrière eux, des cadavres témoignent des sacrifices que leur résistance leur a coûté.«[14] Hier wurde also der global auch für die französische bildliche Kriegsdarstellung geltende Verzicht auf die Abbildung eigener Gefallener aufgehoben.

Die Intensität der Verteidigung von Verdun kannte keine Grenzen. In diesem Sinne wurde auch die Darstellung schlimmster Verwüstungen perspektiviert: Das Titelbild der Ausgabe vom 18. März 1916 zeigte das bis auf die Grundmauern zerstörte Dorf Douaumont und den von Granaten zerwühlten Boden. Viermal an einem einzigen Tag wechselte das Dorf den Besitzer – so erklärt die Bildlegende –, mit dem Zusatz, daß im Hintergrund des Bildes das Vorfeld des Fort Douaumont zu sehen sei. Wenn man bedenkt, daß bislang in der Zeitschrift mit keinem Wort die Eroberung von Fort Douaumont durch die Deutschen am 24. Februar 1916 erwähnt worden war, drängt sich der Schluß auf, daß hier mittels Bild und der – etwas gewaltsam konstruierten – erklärenden Legende suggeriert werden sollte, das Fort sei noch in französischem Besitz. Bis zum Juli des Jahres 1916, als die Verdun-Kämpfe zwar weitergingen, das öffentliche Interesse sich aber in verstärktem Maße dem großen französisch-englischen Durchbruchsversuch an der Somme widmete, wurden die genannten Bildmotive der Verdun-Berichterstattung eigentlich nur noch wiederholt. Dabei lag sicherlich gerade in der Wiederholung ein für die »mémoire collective« bedeutsamer Effekt, was gleichzeitig selbstverständlich ein Propaganda-Phänomen ist. Immer wieder sah man Fotos von der Lastwagen-Kolonne der »Noria«, einzelne Generale und Kriegshelden, und stets auch die verwüstete Landschaft. Vor allem die vielen Bilder vom zerschossenen Wald waren inhaltlich austauschbar und die Bildunterschriften, etwa »Unterholz im Caillette-Wald«,

vollständig beliebig. Das konnte jeder topographische Punkt im Waldgelände vor Verdun sein, das Bild »paßte« auf jeden Fall.
Es gilt zu überlegen, ob nicht eben diese Stereotypie, die ja überhaupt in der Weltkriegsfotografie allgegenwärtig war, damals nicht – gegen allen heutigen Anschein – geeignet war, die Identifikation des Betrachters zu stärken. Die Darstellung des Immergleichen mit variierender Topik schaffte Konstanz und Bewegung zugleich, Vertrautheit und Identifizierbarkeit – und sie faßte ja tatsächlich auch einen wesentlichen Aspekt des »leeren Schlachtfeldes«, dessen Austauschbarkeit keineswegs zur Bedeutungslosigkeit führte.[15] Die Menge der Fotografien vermittelte – wohl noch gar nicht propagandistisch intendiert – eine qualitativ neue Botschaft. Wiederholung der Spannung baute diese positiv auf – solange sie erträglich blieb. Wichtig ist auch die Beachtung von Darstellungsfrequenzen: Wenn einer Reihe solch stereotyper Bilder plötzlich ein besonders grausiges folgte, würde der Eindruck um so stärker sein. Das veranschaulicht beispielsweise ein – später dann auch berühmt gewordenes und immer wieder neu abgedrucktes – Bild eines deutschen Schützengrabens nach einem französischen Sturmangriff. Das Gewirr von Leichen und Ausrüstung formte ein unbeschreibliches Chaos. Aber solche Bilder blieben vereinzelt, wurden auch nicht sonderlich zu antideutscher Propaganda ausgenutzt.
Überhaupt ist zu beobachten, daß sich die führende illustrierte Zeitschrift Frankreichs weitgehend der extremen Kriegspropaganda enthielt.[16] Die Bildinformation bot zwar stets Propaganda, allerdings auf eine verhältnismäßig diskrete und oft unvermutete Weise.[17] Dies sei an einem letzten Beispiel gezeigt. Am 6. Juni ergab sich die Besatzung des seit Tagen unter deutschem Beschuß stehenden und vollständig vom Hinterland abgeschnittenen Fort Vaux. Ganz im Unterschied zur Douaumont-Affäre im Februar wurde diese Tatsache nunmehr keineswegs verschwiegen, sondern in aller denkbaren Ausführlichkeit in Bild und Text dokumentiert. Ich glaube, für diese ganz ungewöhnliche Dokumentation einer gar nicht einmal unwesentlichen Niederlage der französischen Armee gibt es nur eine Erklärung: Das gemeinsame Verteidigungserlebnis über Monate hinweg und die inzwischen doch tiefsitzende Gewißheit, die Deutschen würden »nicht durchkommen«, ließen es zu, die Information über das wirkliche Kriegsgeschehen breiter zu streuen. Der propagandistische Effekt dieser Objektivität war zweifellos um so größer und reihte sich in das schon seit Kriegsbeginn in der alli-

ierten Propaganda obwaltende Motiv, man habe das Licht nicht zu scheuen in diesem »Krieg für das Recht«. Der punktuelle Verzicht auf propagandistische Abschirmung war natürlich immens geeignet, die Glaubwürdigkeit zu vergrößern und das bereits erreichte Wir-Gefühl der gemeinsamen Verteidigungsanstrengung erheblich zu verstärken.
»Verdun« – das zeigen die Fotografien genauso wie die literarischen Quellen – war das entscheidende Erlebnis der gemeinsamen Verteidigung Frankreichs durch alle Franzosen, und dies in einem Ausmaß, daß verschleiernde Propaganda hier nicht mehr den üblichen Platz hatte. Auffallend ist diese ebenso merkwürdige wie signifikante Struktur besonders, wenn man sie mit der unmittelbar anschließenden Bildberichterstattung über die Kämpfe an der Somme vergleicht. Die »Somme« war eine gemeinsame, aber überwiegend von Engländern getragene Angriffsoperation an einem bislang wenig umkämpften Frontabschnitt auf der Linie Arras–Péronne. Hier hatte der Hauptstoß einer im Jahre 1915 auf der Konferenz von Chantilly beschlossenen alliierten Offensive anzusetzen. Das Besondere der »Somme« war, daß hier nicht mehr nur ein Tag artilleristischer Vorbereitung vorgesehen war. Nahezu eine Woche lang belegten englische und französische Artillerie die deutschen Stellungen mit Geschossen aller Kaliber, eine auch im Verhältnis zu Verdun immens gesteigerte Feuerkraft. Es gelang indessen nicht, die deutschen Stellungen entscheidend zu zerstören; die Deutschen hatten sie seit dem Herbst 1914 teilweise als regelrechte unterirdische Festungswerke in aller Ruhe anlegen können. Die englische Angriffswelle vom 1. Juli 1916 verebbte deshalb in einem Blutbad sondergleichen. Die englischen Angriffsdivisionen verloren an diesem Tag mehr als 40 000 Mann.[18]
Zwar gehörte die Somme-Gegend zweifellos auch zum französischen Gebiet, doch waren die Alliierten in einer großangelegten Offensiv-Operation engagiert, wohingegen die Deutschen in ihren Schutzräumen, MG-Nestern usw. kauerten und so in reiner »Verteidigungs«-Position verharrten. Das hatte bemerkenswerterweise erhebliche Auswirkungen auf Form und Inhalt der textlichen und bildlichen Darstellung der Somme-Kampfhandlungen. Bis heute ist in der französischen Weltkriegsgeschichtsschreibung die »Somme« im Verhältnis zu »Verdun« eher ein Nebenkriegsschauplatz; es gibt auch keine irgendwie erhebliche kollektive französische Somme-Erinnerung. Im englischen Fall liegt dies anders. Die »Somme« ist noch heute im englischen Be-

reich sowohl Menetekel des Krieges als auch Anlaß stets erneuerter Helden-Erinnerung. Die französische Bildberichterstattung von der Somme-Schlacht freilich trägt deutliche Spuren davon, daß hier gleichsam in einer emotional nicht aufladbaren »falschen Frontstellung« gekämpft wurde. Ganz im Unterschied zu den Verdun-Bildern befinden wir uns hier in einer bemerkenswerten Stereotypie. Es waren ausschließlich die Deutschen, die Niederlagen erlitten oder zurückgeworfen wurden. Wie zur Beschwörung des Erfolges wurden immer wieder Bilder deutscher Gefangener gezeigt, teilweise mit der Unterschrift, es handele sich um sehr junge Mannschaften (mit der unterliegenden Aussage, Deutschland sei am Ende seiner »Manneskraft« angelangt). Dies war ein typisch propagandistisches Vorgehen, genauso wie die ironische Darstellung von festgenommenen – naturgemäß immer erschöpft und mutlos aussehenden – Gefangenen zum Beweis für die Schwäche des Gegners.[19] Auf den Somme-Bildern französischer Herkunft waren Gefallene stets deutsche Gefallene, und wenn der Abtransport von Verwundeten durch englische Ambulanzen gezeigt wurde, so mit der Erläuterung, es handele sich um deutsche Verwundete. Verwundete Engländer und Franzosen gab es in der Regel auf den Bildern nicht, dafür um so mehr tote Deutsche, einmal sogar abfällig als »épaves« bezeichnet. Die Deutschen hätten so viele Verluste erlitten, daß sie ihre Leichen nicht mehr bestatten könnten, sondern in regelrechten Krematorien verbrennen müßten.
Im Unterschied zu Verdun wurden die technischen Neuheiten des Krieges breit dargestellt: das Verladen riesiger Geschütze genauso wie die Herstellung eines Artillerie-Parks. Die Bildberichte von zerstörten Ortschaften waren eher summarisch, beispielsweise das auf zwei Seiten abgedruckte Bild des zerstörten Dompierre mit der bezeichnenderweise mühsam-erklärenden Bildlegende »Dompierre broyé par nos projectiles. L'ennemi y avait multiplié les réduits fortifiés et les abris de mitrailleuses. Sans la puissance destructive de notre artillerie il aurait fallu prendre le village maison par maison, au prix de pertes sanglantes«. Solch umständliche Erklärung war wie eine Antwort auf die zeitgenössische deutsche Bildfotografie zu verstehen, die immer wieder darauf insistierte, die Franzosen und die Engländer hätten selber ihr Land bis zur Unkenntlichkeit zerstört. All dies klingt heutigem Verständnis wie eine auf die Spitze getriebene Absurdität, zeigt aber doch deutlich die Mechanik von Propaganda in der damaligen Zeit. Die Zer-

störung ganzer Dörfer mußte nachdrücklicher gerechtfertigt werden, als uns das nach anderen und totaleren Kriegen gemeinhin überhaupt noch vorstellbar ist.[20]

Die deutsche Bildberichterstattung über Verdun und die Somme zeigt neben einigen Ähnlichkeiten frappierende Unterschiede zur französischen. In vieler Hinsicht war die Information und Propaganda genau gegenläufig: Vor Verdun waren die Deutschen die Angreifer, und ihre Bildwelt war geprägt von einer wenig imaginativen Stereotypie. Auch wurde das, was der Heimat berichtet werden sollte, dermaßen beschönigend verfaßt, daß sich bereits hier der dann später als so abgrundtief empfundene Graben zwischen dem entsetzlichen »Kriegserlebnis« der Soldaten und der eher »gemütlichen« Situation zu Hause auftat; er bot ja dann die Grundlage aller Verratstopoi der Nachkriegszeit. An der Somme dagegen waren die Deutschen eindeutig die »Verteidiger«; sie bildeten die »Wacht an der Somme«, wie es in zeitgenössischen Liedern hieß,[21] und ihre Bilderwelt war geprägt davon. Hier herrschte eine ähnlich »reiche« Bildberichterstattung vor wie im französischen Fall bei Verdun: hier zählte die Information über das Leben der Soldaten für die Heimat mehr als die – selbstverständlich auch anzutreffenden – Kriegsstereotypien.
Betrachten wir zunächst das Beispiel der Verdun-Bildberichterstattung. Die damals weitverbreitete illustrierte Wochenzeitschrift *Kriegsecho* berichtete mehr, als daß sie wirklich illustrierte. 10000 Gefangene wurden schon am 26. Februar 1916 gemeldet, und die Erstürmung des Forts Douaumont geriet zum »ungeheuren Erfolg mit unermeßlicher Tragweite«. Verdun werde zum »ungeheuren Feuerofen, in dem Frankreichs beste Kraft zur Asche brennt«, hieß es martialisch am 16. Juni. Ansonsten begnügte man sich mit den Bildern gefangener Franzosen und den üblichen Reliefkarten über den Schlachtenverlauf. Das einzige Foto des erstürmten Fort Vaux entstammte bezeichnenderweise der Bilddokumentation der französischen *Illustration* (s. Abb. 4)! Nur ein einziges Mal wurden Bilder »aus dem zerschossenen Verdun« gezeigt, und auch hier nach fremden Quellen: »Nach einer englischen Fotografie« (26. Juli 1916). Es fehlte in dieser Bildberichterstattung vollständig an Aufnahmen des zerstörten Terrains.
Die Durchsicht einer Reihe anderer illustrierter Zeitungen und Zeit-

Abb. 4 Die »tragischen Gräben« des Fort de Vaux

schriften der Weltkriegszeit zeigt, daß die obigen Beispiele durchaus repräsentativ sind. Weder die *Leipziger Illustrierte Zeitung* noch die *Berliner Illustrirte*, welche die beiden am weitesten verbreiteten deutschen illustrierten Zeitungen waren, noch die *Illustrierte Kriegschronik des ›Daheim‹* brachten eine irgendwie signifikantere Bebilderung. Die Illustration der *Leipziger* war vollständig stereotyp. Einmal zeigte sie ein erobertes französisches Geschütz, ein anderes Mal eine »eroberte französische Stellung«. Und besonders hervorgehoben: »Eingang in das Fort Douaumont, dessen Trümmer die gewaltige Wirkung der deutschen Artillerie zeigen.« Dies war bitter wenig, enthielt entschieden mehr Propaganda als Information und scheint doch das »Informationsbedürfnis« der Heimat befriedigt zu haben. Die *Berliner Illustrierte Zeitung* war ein wenig ausführlicher; sie brachte mehrfach Reliefkarten vom Verduner Kriegsschauplatz, sogar ein Foto der teilweise zerstörten Vorstadt Verduns mit Feuerwehr bei Löscharbeiten, auffälligerweise »nach einer französischen Zeitschrift«, genauso wie der übliche Blick auf das leere Schlachtfeld: »Blick auf das Tal von Vaux im schweren Feuer«, »Französischer Minenwerfer im Kampf«. Originell war angesichts der sonstigen Stereotypie, die wohl vor allem auf Mangel an Material beruhte, das Foto einer Anhäufung von Artilleriehülsen: »Der riesige Munitionsverbrauch«, oder die von den »Franzosen angelegten Stacheldrahtverhaue in einem Wald bei Verdun«. Dies waren nahezu die einzigen Aufnahmen über die mehr als ein halbes Jahr tobende Schlacht von Verdun. Angesichts dieses eher mageren Befundes verwundert es auch nicht, daß das *Berliner Tageblatt*, neben der *Vossischen Zeitung* die bekannteste Tageszeitung liberaler Prägung, überhaupt auf Bildberichterstattung vom Kriegsschauplatz Verdun verzichtete, wohingegen es die Ereignisse an der Somme regelmäßig »illustrierte«.

Selbständige Fotodokumentationen über die Schlacht von Verdun aus der Zeit des Weltkriegs selbst existieren – im Unterschied zu den Somme-Kämpfen ab Juli 1916 – praktisch nicht. Das ergibt die Durchsicht der einschlägigen Bibliographien.[22] Bislang konnte nur ein einziges publiziertes Bilderalbum ausfindig gemacht werden; es trägt den Titel: »Mit der Kronprinzen-Armee vor Verdun« und ist ein ebenso kurioses wie bezeichnendes Produkt eines schlichten »Kriegstourismus«, hier mit der Variante, daß in erhöhtem Maße Kirchen oder Heiligenverehrungsstätten in den Blick genommen wurden.[23] Der Krieg war zwar ebenfalls vorhanden, aber nur ganz nebenbei. Von den 96 Fotografien dieses Werkes zeigten nicht einmal 30 überhaupt ein Kriegsmotiv (etwa Lazarett, Stollen, Schützengraben). Und die kommentarlos »eingestreuten« wenigen Ansichten zerstörter Städte und Dörfer, etwa Etains, blieben isoliert, wurden auch in Bildlegenden nicht weiter erklärt. Die weitere Forschung wird zu klären haben, ob und wieweit es sich bei diesem Typ Bilderbuch um Verharmlosung des Schrecklichen handelte oder ob nicht vielmehr tatsächlich »touristische« Faszination den Schrecken überlagerte, zumindest solange die Fotografierenden der »Etappe« angehörten und von den Kämpfen nicht unmittelbar betroffen waren. Tatsächlich muß ja jede Untersuchung des »Kriegserlebnisses« im Ersten Weltkrieg beachten, daß die Beobachtungen der höheren Offiziere, der Stabsbürokratie und der Intellektuellen »vor Ort« (also Regiments-Pfarrer, Journalisten,

Kriegsmaler)[24] wenig mit dem Kriegserlebnis der Frontsoldaten zu tun hatten. Propaganda und naive Kriegsverherrlichung fielen dadurch um so leichter.

Die Bildberichterstattung über die Schlacht von Verdun insgesamt entfaltete äußerst wenig Aktivität. Dies gilt sowohl für die Sachinformation als auch für die Propaganda. Bei einem solchen Befund ist allerdings die gewichtige Tatsache zu bedenken, daß objektiv ja doch eine Unmenge von zeitgenössischen Fotografien existiert. Was die Soldaten selber »vor Ort« an Bildern aufnahmen, waren Fotos von teilweise überwältigender Grausamkeit. Davon zeugt etwa die Postkartensammlung der Bibliothek für Zeitgeschichte in Stuttgart. Es wird aber bereits offensichtlich, wenn man die überwiegend aus diesem Fundus zusammengestellten Kriegsbildbände der 1920er Jahre betrachtet.[25] Eine kursorische Durchsicht der wichtigsten Veröffentlichungen dieser Art aus den 1920er Jahren zeigt ebenfalls, wie sehr die Soldaten selbst doch Leid und Tod dokumentierten. *Kamerad im Westen* enthält bei insgesamt rund 200 Aufnahmen nahezu 80, die Leid und Tod, Zerstörung und Kampfgeschehen zeigen. *Der Weltkrieg in seiner rauhen Wirklichkeit*, dessen Programm die Verherrlichung der »harten Männlichkeit« des Krieges war, enthält bei rund 530 Aufnahmen etwa 100, die Leid und Tod illustrieren, und rund 160, die die Zerstörungsaktivitäten beider Seiten zeigen. In Schauweckers *So war der Krieg* – der wohl brutalsten Kriegsverherrlichung im Hinblick auf den erwünschten kommenden Krieg – zeigt nahezu die Hälfte der etwa 200 Aufnahmen Leid, Tod und Kampfgeschehen. Der *Weltkrieg im Bild*, dessen Bildmaterial der Major a. D. und Archivrat im Reichsarchiv Franz Soldan zusammengestellt hatte,[26] enthielt bei insgesamt rund 370 Aufnahmen nahezu 200 von Zerstörungen und Verwüstungen, Kampf, Leid und Tod. Das von Ernst Jünger 1930 herausgegebene *Antlitz des Weltkrieges* war bei nur rund 150 Bildern gänzlich auf den Anblick von Zerstörung und Tod ausgerichtet.[27] Es bleibt deshalb vorerst nur die Schlußfolgerung, daß sich während des Weltkrieges die Schlacht von Verdun nicht für die Kriegspropaganda eignete. Denn einerseits waren Zensoren und Journalisten darum besorgt, die »gute Stimmung« der Heimat zu erhalten, weshalb das Leiden der Soldaten nicht in seiner krassen Form gezeigt werden konnte. Andererseits war Verdun für die Deutschen – im Unterschied zu den Franzosen – kein Ort, an dem sich manifest das Schicksal der Nation entschied oder wo die Schicksalsgemeinschaft von Front und Heimat beschworen werden konnte. Verdun war – zunächst noch – für die Deutschen eine Schlacht unter anderen, und der monatelange verbissene Kampf erschien eher als eine unvorhergesehene Friktion. Verdun eignete sich nicht für Propaganda; deshalb blieb das Informationsinteresse schwach.

Ganz anders verhielt es sich unmittelbar darauf an der Somme. Es war offensichtlich das – wie auch immer objektiv absurde – Verteidigungserlebnis der deutschen Soldaten, das zu einer riesig anschwellenden Fotografier-Aktivität führte. Von offizieller Seite wurde diese dann zu Propagandazwecken benutzt und fortgeführt.

In gewisser Weise ähnelt die propagandistische Aufbereitung der deutschen Somme-Information derjenigen der Franzosen im Falle Verduns. Seit dem Beginn der Kämpfe am 1. Juli 1916 berichtete man in aller Ausführlichkeit mit viel Bildmaterial über die Zerstörungen. Noch während des Krieges erschienen darüber hinaus die teils in hohen Auflagen verbreiteten (und deshalb heute noch antiquarisch leicht erhältlichen) abgedruckten Foto-Alben und -Dokumentationen.[28] Die interessantesten Beispiele seien hier kurz vorgestellt.

Aus Städten und Schlössern Nordfrankreichs hieß ein mehrbändiges Bildwerk, das sich an die »Schar feldgrauer Bürger von Cambrai« richtete und in dessen »Geleitwort« das Motiv des Bilder-Sammelns folgendermaßen beschrieben wurde: »Stätten, die mit unserm eigenen Dasein jetzt verknüpft sind, sollen aus ihrem verschollenen Leben ein paar Gestalten und Ereignisse darbieten (...). Am liebsten stelle ich mir vor, daß es in nicht allzuferner Zeit ab und zu aus einem deutschen Bücherschrank hervorgeholt wird, wenn ein heimkehrender Sieger auch von friedlichen Eindrücken des großen Krieges erzählt.«[29] Deutlicher kann man wohl die »kriegstouristische« Dimension des damaligen Soldatenlebens kaum beschreiben! Auch die wichtigsten anderen Fotosammlungen jener Zeit, *Zwischen Arras und Péronne* sowie *An der Somme*, enthalten immer wieder rein informative Elemente wie Darstellungen von Stadtansichten, besonders bemerkenswerten Gebäuden, Kirchen zumal. Die Dokumentationen bekundeten ihren oft reiseprospektartigen Charakter zumeist auch durch strikte alphabetische Anordnung der Motive nach Städten. Aber bei diesem rein beschreibenden Kriegstourismus blieb es hier nicht: Nunmehr kamen auch apologetische und propagandistische Motive zur Geltung. Dies geschah vor allem dann, wenn ein Ort vor und nach der Zerstörung dargestellt wurde.

Das zeigt besonders eindringlich das Beispiel von Combles, das die Deutschen lange Zeit »friedlich bewohnt« hatten, bevor es dann in der Juli-Offensive der Engländer und Franzosen dem Erdboden gleichgemacht wurde. Die gedruckten Bilderalben deutscher Herkunft dokumentierten diese Zerstörung ausführlich. Dabei wählten sie häufig das für heutige Vorstellungen ungewöhnliche (und auch zu falschen Schlüssen führende) Verfahren, die Bilddokumente »ohne Worte« zu präsentieren, also auf jeglichen Kommentar zu verzichten. Für den zeitgenössischen Beobachter sprachen sie offensichtlich »für sich«.
Deutlich propagandistisch motiviert, wenngleich auch »Erinnerungs«-Momente bewahrend, waren die vielfältigen Fotos von »nützlichen« Aktivitäten der deutschen Soldaten. Soldaten halfen den Bauern bei der Heuernte, verteilten Kohlen an die frierende Bevölkerung, richteten Kinos und Büchereien ein, die auch den Einheimischen zur Verfügung standen – und all das wurde dann durch den Beschuß der Feinde ab Juli 1916 zunichte gemacht. Diese absurd-naive Mischung von Erlebtem und Propaganda unter dem Zeichen der »Verteidigungs«-Idee hatte offensichtlich um so mehr Erfolg, je mehr hier die Dissonanzen einer rein propagandistischen Darstellung vermieden wurden; deshalb wurde sie auch mehrfach nachgeahmt.
Massive Bildpropaganda, wie sie Ludendorff nach der Einrichtung der Dritten Obersten Heeresleitung im Herbst 1916 energisch gefordert hatte und mit der Errichtung des Bild- und Filmamtes (BUFA) auch schon bald realisiert wurde,[30] stieß offensichtlich noch auf Schwierigkeiten, akzeptiert zu werden. Das Bild- und Filmamt ließ nämlich nicht nur einen Film drehen mit dem Titel *Bei unseren Helden an der Somme*, der in Zeitungsanzeigen der Kriegszeit auch immer wieder angepriesen wurde: Es begleitete ihn überdies durch einen Bildkatalog, der in der Tat ein gröbliches Propaganda-Produkt war. Unter dem Titel *Bei unseren Helden an der Somme* unterlegte man nun die Bilder der zerstörten Städte mit Bildlegenden, etwa »Wie England Nordfrankreich befreit«, oder man zeigte, wie deutsche Soldaten vorgeblich oder tatsächlich französische Zivilisten »aus dem Feuerbereich der Engländer und Franzosen« evakuierten.[31] Im Unterschied zu den aus Soldatenhand stammenden Dokumentationen des »Somme-Erlebnisses« war diese auch voller Kampfszenen, die ganz offensichtlich nicht »vor Ort«, sondern in den Freigelände-Studios der UFA in Berlin gedreht wurden.[32] Die heutige Seltenheit dieser Dokumentation ist ein

Indiz dafür, wie unbeliebt ursprünglich solche reine Propaganda war. Sie entstand im Ersten Weltkrieg, verfestigte sich in der Zwischenkriegszeit über den Kult des sogenannten »Kriegserlebnisses« und setzte sich endgültig erst mit den Propagandakompanien der Wehrmacht im Zweiten Weltkrieg durch. Zur Beurteilung der Mentalitäten des Ersten Weltkriegs ist es indessen nützlich zu sehen, daß gezielte Propaganda damals noch ein neues und erst tastend erprobtes Verfahren war. Es bot dem Kriegserlebnis Anhalt, aber es war nicht mit ihm identisch.

Felix Moeller

Blitzkrieg und nationalsozialistische Filmpropaganda

Aus den Tagesaufzeichnungen von Joseph Goebbels 1939 bis 1941

»Wir sind nun wieder im Angriff. Man fühlt sich nur wohl im Kampf« – so kommentierte Joseph Goebbels, Hitlers Propagandaminister, in seinem Tagebuch den Beginn des Zweiten Weltkriegs. In den Monaten zuvor hatte er mit Hilfe einer massiven Rundfunk- und Pressekampagne gegen die »polnischen Greueltaten an der volksdeutschen Minderheit« versucht, die Bevölkerung psychologisch auf den Angriff vorzubereiten. Suggestiv gestaltete Wochenschauen, schon seit Herbst 1938 voller Bilder einer kampfstarken Wehrmacht, illustrierten nach dem 1. September den blitzartigen Vormarsch der deutschen Truppen. Das Kinoprogramm vom Herbst 1939 hingegen bestand überwiegend aus Komödien, Kriminalfilmen und Melodramen. Die Tatsache, daß man im Propagandakonzert der Massenmedien bei Kriegsausbruch den deutschen Spielfilm vergebens suchte, lenkt die Aufmerksamkeit auf die Frage nach den Steuerungsmöglichkeiten dieses Mediums und seiner Bedeutung für die nationalsozialistische Propaganda der ersten Kriegsjahre.

Die Tagesaufzeichnungen des Propagandaministers gelten als eine der bedeutendsten historischen Quellen der NS-Zeit, schrieb und diktierte er doch im »Dritten Reich« täglich bis zu 30 Seiten aus dem »Inneren der Macht«.[1] Goebbels blieb jedoch auch im Tagebuch Propagandist, denn er beabsichtigte, seine Notizen als Grundlage für eine spätere Veröffentlichung zu verwenden. Viele Aussagen zu wichtigen politischen Ereignissen sind wegen dieses Blicks auf die Nachwelt mit äußerster quellenkritischer Vorsicht aufzunehmen. Spektakuläre Fälle zwischen Desinformation und Enthüllung verdeutlichen die Problematik: Der Beginn der Judenvernichtung in den Gaskammern findet sich wenig verschlüsselt (»Es wird hier ein ziemlich barbarisches und nicht näher zu beschreibendes Verfahren angewendet, und von den Juden selbst bleibt nicht mehr viel übrig«, 27. 3. 1942); die schon bei

Kriegsausbruch allseits durchschaute Propagandalüge vom »polnische[n] Angriff auf den Sender Gleiwitz« (Eintrag vom 1.9.1939) wird indes ohne Umschweife übernommen. Die hier zugrundeliegenden zahlreichen Eintragungen zu allen Aspekten der täglichen Medienlenkung haben gleichwohl einen unbestreitbar hohen Informationswert und geben wichtige Einblicke in Strategie und Methoden nationalsozialistischer Propaganda.
Für den Zeitraum der »Blitzkriegsphase«, vom schnellen Feldzug gegen Polen 1939 über die Besetzung Frankreichs bis zum Scheitern des Angriffs auf Moskau im Winter 1941, liegen die Aufzeichnungen lükkenlos vor und ermöglichen so, Funktion, Verlauf und Lenkungsmechanismen der Spielfilmpropaganda – nicht zu verwechseln mit den nicht-fiktionalen Gattungen wie Wochenschau und Dokumentarfilm – im jeweiligen politisch-militärischen Kontext anschaulich nachzuzeichnen.

Den Film als »eines der modernsten und weitreichendsten Mittel zur Beeinflussung der Massen, die es überhaupt gibt«,[2] hatten die Nationalsozialisten nach der Machtergreifung 1933 wie selbstverständlich okkupiert, doch bereitete es Goebbels als dem für den gesamten Filmbereich zuständigen Minister noch bis zum Kriegsbeginn beträchtliche Schwierigkeiten, ein funktionierendes Lenkungs- und Kontrollsystem zu etablieren. Zunächst dienten Maßnahmen wie die Zwangsmitgliedschaft für alle Filmschaffenden in der Reichsfilmkammer, die Ausschaltung von »Nichtariern« und politischen Gegnern aus der Produktion, die Verstaatlichung der wichtigsten Filmfirmen (Ufa, Tobis, Bavaria) 1937 und eine strikte Vorzensur von Drehbüchern vor allem dazu, mißliebige Spielfilme zu verhindern. Denn weder Hitler noch Goebbels besaßen ein klares, innovatives Konzept für einen neuen »politisch-weltanschaulichen« NS-Film. Noch 1938 beklagten NS-Presseorgane, daß »das Kino im politisch gewordenen Deutschland eine unpolitische Oase« geblieben sei.[3]
Eine »Dramatisierung des Parteiprogramms« in Form von SA- und HJ-Filmen hatte Goebbels nach den mißlungenen Streifen *SA-Mann Brandt* und *Horst Westmar* 1934 beendet. Patriotische Weltkriegs- und »Wehrerziehungsfilme«, die von 1936 an verstärkt produziert wurden, nahmen durch filmische Überhöhung soldatischer Tugenden wie Tapferkeit, Disziplin, Opferwille und Pflichterfüllung Teile der

NS-Ideologie auf, entsprachen aber nicht Goebbels' Vorstellung vom thematischen »Aufraffen nationalsozialistischer Probleme«.[4] In den meisten – nach einer Aufforderung des Propagandaministeriums von den Filmfirmen prompt gelieferten – »antibolschewistischen Stoffen« vermißte Goebbels die radikale Abrechnung mit dem Kommunismus (»Zu bürgerlich. [...] Typisch für die Ufa«, 22.9.1937); auch Hitler kritisierte kurz nach Kriegsbeginn, man habe sich im Film »an den jüdischen Bolschewiken nicht herangetraut«.[5] Zwei der wichtigsten antisowjetischen Produktionen, *Weiße Sklaven* (1936) und *Starke Herzen* (1937), wurden mehrmals geändert bzw. ganz verboten.[6] Allein einige »Alltagsfilme« aus dem Presse- und Industriemilieu (*Die Stimme aus dem Äther*, *Am seidenen Faden*) fanden die Zustimmung Goebbels', allen voran der die »Volksgemeinschaft« propagierende Veit-Harlan-Film *Der Herrscher*: »Modern und nationalsozialistisch. So wie ich mir die Filme wünsche« (12.3.1937).

Spätestens seit der »Sudetenkrise«, die im September 1938 – sehr zu Hitlers Enttäuschung – zum Münchner Abkommen führte (»Wir haben keinen Absprung zum Krieg«, 29.9.1938), war sich Goebbels über den Kriegskurs seines »Führers« voll im klaren, ja unterstützte ihn – zumindest im Tagebuch – nachhaltig: »Nun heißt es rüsten, rüsten, rüsten.« (1.10.1938) Hitler beendete in einer Geheimrede vom 10.11.1938 alle »Friedenspropaganda«,[7] indem er forderte, die Bevölkerung nun auch psychologisch auf militärische Stärke und Kampf einzustellen; das blieb für die Filmplanung allerdings ohne Konsequenzen.[8] Ebensowenig änderten sich die Produktionsdispositionen von Ufa, Tobis, Bavaria oder die Programme der Lichtspieltheater in auffälliger Weise.[9] Vergleicht man die Jahre 1937 und 1938 sowie Januar bis September 1939, so zeigt sich, daß weder der zunächst beabsichtigte Kriegsbeginn im Jahre 1938 noch der tatsächliche Ausbruch im Jahre 1939 von einem »kriegsvorbereitenden« Filmprogramm in den Kinos unterstützt wurde, auch nicht von einem massiven Einsatz radikalpatriotischer, rassistischer und »soldatischer« Produktionen, gerichtet gegen Polen, Tschechen oder Franzosen.[10] Dazu war die Zahl der »Weltkriegsfilme« zu gering und ihr Einsatz zeitlich ungünstig plaziert, selbst wenn die Verbreitung offiziell stark gefördert wurde.[11] Damit ist zwar noch nichts über die »zeitgenössischen Wirkungsmechanismen« (F. P. Kahlenberg) des Spielfilmgesamtangebots 1938/39 ausgesagt. Schließlich enthielten nicht nur die ausgesprochenen Propagandafilme, sondern auch zahlreiche »Durchschnittsfilme« nationalsozialistische Wertvorstellungen, Stilisierungen und Stereotypen.[12] Doch solche filmischen Feinzeichnungen, die im übrigen vom dramaturgischen Geschick und der subtilen Indoktrinationskraft der Kriegszeit noch weit entfernt waren, können nicht als Beweis für die Existenz einer zeitlich und inhaltlich bewußt und exakt kalkulierten »kriegsvorbereitenden« Filmproduktion herhalten.[13] Wie wenig planvoll-vorausschauend oftmals produziert wurde, zeigt der leicht politisch akzentuierte Unterhaltungsfilm *Kitty und die Weltkonferenz* aus dem Diplomatenmilieu. Wenige Tage vor Kriegsbeginn mit großem Erfolg uraufgeführt, mußte er im Oktober auf Druck von Außenminister Ribbentrop wegen der angeblich zu sympathisch dargestellten englischen und französischen Politiker zurückgezogen werden.[14] Darüber hinaus dürfen, wenn wiederholt von der »systematischen Vorbereitung« der Filmproduktion auf den »Ernstfall« die Rede ist, die einige Monate vor Kriegsausbruch begonnenen technisch-organisatorischen Maßnahmen der Filmkonzerne, etwa des riesigen Ufa-Komplexes in Potsdam-Babelsberg, (Luftschutz, »Betriebssicherung« bei Einberufungen) nicht mit den filmthematisch-inhaltlichen Produktionsrichtlinien gleichgesetzt werden.[15]

Einzig den im August 1939 noch in Planung oder Herstellung befindlichen antikommunistischen Projekten (beispielsweise *Kadetten, Legion Condor*) könnte man den benötigten militaristischen und propagandistischen Charakter zubilligen. Wäre der Krieg also nur kurze Zeit später ausgebrochen und Moskau das Angriffsziel gewesen, hätte der Film womöglich durch Vorführung wirksamer Feindbilder seinen Beitrag zur Steigerung der geringen Kriegsbegeisterung leisten können. So aber wurden die Produktionsfirmen von der Kehrtwende in der Außenpolitik völlig überrascht: Nach dem deutsch-sowjetischen Nichtangriffspakt vom 23. August 1939 ließ Goebbels die Filme »gegen den Weltfeind« einstellen.[16]

Bei Kriegsausbruch war es für »geistige Mobilmachung« mit Hilfe propagandistischer Spielfilme zu spät: Die langen Planungs- und Drehzeiten von sechs bis achtzehn Monaten verhinderten ein ähnlich schnelles Umstellen auf die neue Situation, wie es bei Rundfunk und Presse der Fall war. Die im Laufe von Herbst und Winter 1939 erschienenen politischen »Tendenzfilme« blieben ohne aktuellen Bezug zur neuen poli-

tisch-militärischen Konstellation und wurden von Goebbels folglich nicht besonders hoch eingeschätzt.[17] Das »Versagen« der Filmproduktion wurde letztendlich auch dadurch eingestanden, daß man einige ältere kriegsverherrlichende Filme (etwa den U-Boot-Film *Morgenrot* von 1933) einsetzte. Noch anderthalb Jahre später rechtfertigte sich Goebbels öffentlich: »Nur dadurch, daß der Film der Zeit nicht gerecht wurde, empfand man ihn im September, Oktober und November des Jahres 1939 als anachronistisch.«[18]
In jenen Wochen und Monaten blieb für den Propagandaminister nicht mehr zu tun, als die vorhandene, ideologisch unbefriedigende Produktion hinsichtlich ihrer »psychologischen Eignung für den Krieg« schärfer zu überwachen:[19] »Abends Filmprüfung. Man muß jetzt immer sehr aufpassen, ob sich die Filme auch für die Kriegszeit eignen.« (20.9.1939)

Die Vorbereitung antisemitischer Filme begann dagegen sehr wahrscheinlich schon 1938.[20] Im Sommer des folgenden Jahres kursierten bei den Filmgesellschaften Ufa, Tobis und Terra mehrere einschlägige Drehbücher. Die antisemitische Tendenz der im Juli und Oktober 1939 uraufgeführten Spielfilme *Robert und Bertram* und *Leinen aus Irland* empfanden Hitler und Goebbels jedoch noch als unzureichend[21], so daß sich der Propagandaminister unmittelbar nach Kriegsbeginn intensiv mit der Planung der drei wohl bekanntesten antijüdischen Hetzfilme *Die Rothschilds*, *Der ewige Jude* und *Jud Süß* beschäftigte.[22] Im Oktober hatte Goebbels den Leiter der Filmabteilung des Propagandaministeriums, Fritz Hippler, mit der Beschaffung von Aufnahmen jüdischer Ghettobewohner in Warschau beauftragt. Dabei handelte es sich keineswegs um Material für »Archivzwecke«, wie Hippler später behauptete,[23] sondern von Anfang an um Bilder für einen »dokumentarischen« Propagandafilm:[24] »Mit Hippler einen Ghettofilm besprochen, den ich nun in Polen drehen lasse. Das muß die [...] antisemitische Propaganda werden, die man sich denken kann.« (5.10.1939)
Goebbels beabsichtigte, den »Ghettofilm« (er erhielt erst später den Titel *Der ewige Jude*) noch 1939 fertigzustellen und wohl auch herauszubringen[25] – womöglich sollte die antisemitische Filmpropaganda viel früher starten als bisher angenommen. Hitler verhinderte dies jedoch, indem er umfangreiche Änderungen an dem Projekt verlangte

und die Uraufführung bis zum 28. November verzögerte, so daß sie zeitlich eng mit der Premiere von *Jud Süß* und *Die Rothschilds* zusammenfiel.

Am 28. August 1939, drei Tage vor dem Einmarsch in Polen, ließ Goebbels dem Ufa-Vorstand seinen – noch vieldeutig formulierten – Wunsch übermitteln, »für den Ernstfall eine Abänderung der Filmprogramme« durch »Bevorzugung geeignet erscheinender und nicht übermäßig kostspieliger Stoffe« vorzunehmen.[26] Wenige Wochen später vermerkt das Protokoll: »Der Minister wünscht antienglische Stoffe und nach Möglichkeit einen friderizianischen Stoff.«[27] Die neue Phase der Filmpolitik spiegelt sich auch in den Tagesaufzeichnungen wider: Der Filmgesellschaft Tobis trug Goebbels das Thema »Bismarck zu Ausbruch des Krieges 1866« auf (»heute am aktuellsten«, 22. 9. 1939), am 1. Oktober ist von Anweisungen an die Produktionschefs für einen »neuen Kurs des deutschen Films« durch »mehr zeit- und volksnahe Stoffe« die Rede.

Noch bevor Goebbels die Propagandamaschine der Filmproduktion anlaufen lassen konnte, sah er sich am 11. Dezember wegen des noch vorherrschenden Mangels an politischen Filmen mit deutlichen Vorhaltungen Hitlers konfrontiert: »Der Führer übt sehr scharfe Kritik am Film, vor allem an der Wochenschau. Ich halte das für nicht ganz berechtigt. Er tut das vor all den Offizieren und Adjutanten. Aber er hat das Recht dazu, er ist ein Genie.«

Nicht nur die Rechtfertigung von Hitlers Kritik wider die eigene Überzeugung[28] ist bemerkenswert. Der Vorfall – von Goebbels' Gegnern in der NS-Führung aufmerksam registriert[29] – war zweifellos geeignet, die Stellung des Ministers im System der Kriegspropaganda gegenüber Rivalen wie dem Außenminister von Ribbentrop oder dem Chefideologen Rosenberg zu erschüttern,[30] hatte Hitler doch selbst die soldatischen »Wehrerziehungsfilme« der letzten Jahre als bestenfalls »allgemein-patriotisch« bezeichnet.[31] Um bedrohliche Kritik zu vermeiden, mußte Goebbels möglichst schnell die Fertigstellung neuer, politischer, in Themen und Darstellung aggressiverer Filme erreichen. Die Eintragungen der folgenden Wochen enthalten Hinweise, daß er Hitlers Botschaft verstanden hatte.[32]

Das Ziel der Neuausrichtung der gesamten Massenmedien nach Kriegsausbruch bestand darin, eine optimistische und siegesgewisse, gleichzeitig aber auch »harte und entschlossene« Stimmung in der Bevölkerung zu erzeugen und Haßgefühle gegen die Alliierten zu stimulieren: »[...] wir müssen unsere Propaganda mehr auf Kampf einstellen. Sonst nimmt das Volk den Krieg zu leicht« (21.12.1939). Schließlich rechnete Goebbels, von Hitler über die weitere Kriegsplanung offensichtlich nur unzureichend informiert, mit einem Angriff auf Frankreich noch im Winter 1939/40.[33]

Angesichts der beharrlichen Weigerung Englands, nach den deutschen Eroberungen nun auf Hitlers Angebot für einen Friedensschluß einzugehen, ordnete der Diktator nach längerer taktischer Zurückhaltung zum Jahreswechsel ein schärferes Vorgehen gegen die »englische Plutokratie« an – auch für die Filmpolitik ein weiteres Startsignal, bei der antibritischen Propaganda alle Hemmungen abzustreifen. Erste Erfolge in dem Bemühen, dem »chronischen Mangel an guten [Film]Stoffen« (5.1.1940) endlich abzuhelfen, blieben auch nicht aus: Anfang 1940 überschwemmten die dramaturgischen Abteilungen der Filmfirmen Goebbels' Ministerium förmlich mit politischen Filmvorlagen (»Die neuen Filmprogramme der Filmfirmen durchstudiert. Diesmal sind aber eine ganze Reihe bester nationalpolitischer Stoffe darunter« (19.1.1940); »[...] Filmentwürfe deutscher Dichter. Fast alle antienglisch«, 28.2.1940). Doch während der aus Wochenschauen kompilierte und deshalb rasch einsetzbare Dokumentarfilm *Feldzug in Polen* bereits im Januar 1940 dem Publikum vorgeführt werden konnte, hatten Großprojekte wie *Ohm Krüger*, ein Monumentalfilm über den »Freiheitskampf« der südafrikanischen Buren gegen die Londoner Kolonialpolitik, Herstellungszeiten von bis zu zwei Jahren.

So erschien es zunächst leichter, unerwünschte Themen und Inhalte zu eliminieren: »Ich stelle die reinen Problem- und vor allem Ehefilme ab. Mehr männliche und heroische Filme.«[34] Derartigen Bemühungen Goebbels', durch sogenannte Staatsauftragsfilme, die das Ministerium direkt bei den Filmfirmen bestellte, den Anteil propagandistischer Filme am gesamten Filmprogramm auf bis zu 50 Prozent zu steigern (Unterhaltungsfilme bestritten auch nach 1933 die große Mehrheit des Kinoangebots), war angesichts des Widerstandes der vordringlich am kommerziellen Ergebnis orientierten Filmkonzerne auch zu Kriegszeiten wenig Erfolg beschieden,[35] da politische Filme nur selten mit der Beliebtheit der Unterhaltungsfilme konkurrieren und hohe Zuschauerzahlen vorweisen konnten: Der sich im Tagebuch stets allmächtig prä-

sentierende Propagandaminister verlangte im Mai 1940 von der Ufa, sie solle zwei zusätzliche »Kriegsstoffe« in ihr laufendes Produktionsprogramm 1940/41 aufnehmen, und trug der Bavaria auf, »heitere Stoffe« überhaupt auszuschalten. Doch die Firmen sperrten sich gegen dieses Ansinnen mit Hinweis auf bereits verplante Atelierräume.[36]
Die im Frühsommer 1940 angesichts des schnellen Sieges über den »Erbfeind« Frankreich verbreitete euphorisch-nationalistische Hochstimmung in Deutschland ermutigte Goebbels, erstmals massiv in das Kinoprogramm einzugreifen: Wenn schon keine propagandistischen »Kriegsfilme« zur Verfügung standen – sie befanden sich bestenfalls gerade in Kopierwerken und Schneideräumen und fehlten demnach auch während des zweiten blitzartigen Feldzuges –, sollten zumindest »seichte« Unterhaltungsfilme ganz abgesetzt werden:[37] »Neuordnung der Filmproduktion besprochen. Wir werden eine Reihe alter und auch neuer Filme aus dem Umlauf herausnehmen. Sie passen so gar nicht in die Landschaft des Krieges hinein« (4.6.1940).
Auch nach der Niederlage Frankreichs und dem Waffenstillstand von Compiègne vom 22. Juni 1940 ließen die im Herbst 1939 begonnenen politischen und antibritischen Filme auf sich warten.[38] Erneut behelfsweise eingesetzte ältere Propagandafilme wurden zwar laut den Stimmungsberichten des Sicherheitsdienstes (SD) vom Publikum positiv aufgenommen,[39] doch dem Propagandaminister, der unter – freilich fragwürdiger – Einschätzung der Stimmungslage glaubte, das Volk wolle die Briten »endgültig niederschlagen«, ja »es dürstet direkt nach dem Krieg mit England« (5.7.1940), fehlten noch immer die diesem vermeintlichen Verlangen entsprechenden Spielfilme.
Dieser Mangel rückte vor allem durch die groß aufgemachten antisemitischen Filme vom Sommer und Herbst 1940 in den Hintergrund. Den Anfang machte der im Juli uraufgeführte Hetzstreifen *Die Rothschilds*, der das Bild englischer Kriegstreiber und jüdischer Spekulanten zeichnete,[40] allerdings bald wieder zurückgezogen wurde und nur in Berlin zu sehen war. Neben den *Rothschilds* lief – passend zu den nicht mehr zu übersehenden Judendeportationen in allen Teilen des Reiches – mit großer Galapremiere am 24. September auch Veit Harlans *Jud Süß* an. Dessen zahlenmäßig außergewöhnlicher Publikumserfolg[41] (»Ein ganz großer, genialer Wurf. Ein antisemitischer Film, wie wir ihn uns nur wünschen können.«, 18.8.1940) verleitete Goebbels zu der Annahme: »Dieser Film ist in der Tat ein neues Programm.

Beweis, daß auch Filme ganz nach unserer Anschauung wirken und zünden können« (8.3.1941).

Die Mißerfolge des Films *Die Rothschilds* und des »dokumentarischen« Kompilationsfilms *Der ewige Jude* – beide wurden von Publikum und Partei äußerst zwiespältig aufgenommen – werden dagegen im Tagebuch verschwiegen, ebenso fehlt eine Begründung, warum das antisemitische Spielfilmprogramm 1940 beendet wurde.[42]

Zwar hatte die Filmproduktion in der zweiten Jahreshälfte 1940 »ein paar vorzügliche Filme in der Mache« (20.8.1940), und Goebbels erkannte auch, warum jetzt »vor allem die nationalen Stoffe« so gut waren: »Daran haben unsere Filmleute jetzt Gefallen gefunden« (23.9.1940). Doch der positive Stand der aktuellen Produktion kann nicht darüber hinwegtäuschen, daß dem Propagandaminister, der sich zudem noch mit Personal- und Organisationsproblemen der Filmfirmen Ufa und Bavaria herumschlagen mußte,[43] einige für das Herbstprogramm eingeplante und als politisch angelegte Filme mißlangen, so etwa *Das Herz einer Königin* (»Sollte antienglisch und antikirchlich werden und ist beides pro geworden«, 21.8.1940).[44] Noch im Oktober berichtete der SD, das Publikum warte ungeduldig auf »Filme mit zeitnahem Inhalt«, äußere »immer wieder Wünsche nach einer Anpassung auch der Spielfilmprogramme an die gegenwärtigen Geschehnisse« und erwarte die in der Presse angekündigten großen Propagandaprojekte »schon jetzt mit größter Spannung«.[45]

Der November 1940 markierte im Erstaufführungsprogramm dann auch die eigentliche Wende. In rascher Folge erschienen nun die in Schnitt und Dialogtexten von Goebbels detailbesessener denn je korrigierten, lange vermißten Produktionen.[46] Somit wurde die Vorbereitung des Angriffs auf die Sowjetunion sowie die Besetzung Griechenlands und Jugoslawiens im Frühjahr 1941 im Gegensatz zu den Feldzügen in Polen und Frankreich von einem eindeutig belegbaren »kriegsvorbereitenden« Filmprogramm begleitet. Allerdings: Eine gewisse Skepsis des Propagandaministers, ob die während der Kriegseuphorie 1940 konzipierten aggressiv-militaristischen Produktionen wie *Kampfgeschwader Lützow, Stukas, U-Boote westwärts, Über alles in der Welt* oder *Spähtrupp Hallgarten* ihren propagandistischen Zweck erfüllten, ist unübersehbar. So war letzterer »ziemlich mißlungen« (8.3.1941), *Über alles in der Welt* gar »reichlich naiv und primitiv« (10.10.1940) und ein änderungsbedürftiges »patriotisches Ragout«

(3. 1. 1941). Nur bedingt positive Urteile fanden *Stukas* (»Ein bißchen zu laut und zu pompös, sonst aber recht gut«, 7. 1. 1941) und *U-Boote westwärts* (»In manchen Teilen gut geraten, aber ohne rechten Schwung und mit wenig Atmosphäre«, 11. 3. 1941). Gleiches galt für die Renaissance von Hitler-Jugend-Spielfilmen wie *Jungens* und *Kopf hoch, Johannes* (»ein Machwerk, das wir kaum aufführen können«, 29. 1. 1941) und für *Carl Peters*, einen Kolonialfilm unter der Regie von Herbert Selpin: »Zuviel Leitartikel und zuwenig Handlung. Die Tendenz ist zu dick aufgetragen, die Passagen gegen das damalige Regime zünden nicht. Ich bin sehr unbefriedigt davon« (15. 3. 1941).

Nachdem der Angriff auf die Sowjetunion mehrmals verschoben und schließlich am 22. Juni 1941 erfolgt war, rechneten Hitler und Goebbels mit einem raschen Sieg der deutschen Truppen (»Der Führer schätzt die Aktion auf etwa 4 Monate, ich schätze auf weniger«, 16. 6. 1941); sie sahen bis auf einen »großen Propagandafeldzug gegen den Bolschewismus« (6. 7. 1941)[47] keine Notwendigkeit, die Blitzkriegspropaganda wesentlich zu ändern. In der Filmpolitik sollten propagandistische Themen weiterhin den Vorrang haben: In den Notizen vom Juli und August ist von »neuen politischen Filmstoffen« (13. 7. 1941) und »großen nationalen Filmstoffen, die demnächst ins Atelier gehen sollen« (27. 7. 1941) die Rede, die im August 1939 unterbrochene Produktion und Vorführung »antibolschewistischer« Filme wurde wieder aufgenommen.[48]

Die militärischen Planungen für einen erneuten »Blitzkrieg« gegen die Sowjetunion erwiesen sich bald als unrealistisch:[49] »Man beginnt sich allmählich klarzumachen, daß der Ostfeldzug kein Spaziergang nach Moskau ist« (24. 7. 1941) lautete Goebbels' Erkenntnis Ende Juli, während der den deutschen Vormarsch unerwartet bremsenden Schlacht von Smolensk. Am 8. August vermerkte er, es gelte, sich auf einen »nicht nur materiell, sondern auch psychologisch kritischen Winter einzustellen. Wir werden eine ganze Reihe von Maßnahmen treffen müssen, um die Moral hochzuhalten.«

Im Gegensatz zu Hitler[50] war der Propagandaminister skeptisch, ob der Feldzug bis zum Winter (dem dritten seit Kriegsbeginn) siegreich enden werde; deshalb wollte er für den Fall einer längeren Kriegsdauer gerüstet sein, da die dadurch notwendigen tiefgreifenden Einschränkungen und Belastungen für die Bevölkerung unweigerlich zu einem

Stimmungseinbruch führen mußten. Zu sehr war die bisherige Propaganda auf künstlich erzeugte Siegeszuversicht und »ewig kämpfendes Vorwärtsstürmen« eingestellt gewesen. Erste Konsequenzen zeigten sich in der im August vorgenommenen »Auflockerung« der rasanten, aber zunehmend eintönigen Kriegswochenschauen (»jetzt wo der Krieg in Russland länger andauert, als wir das zuerst erwartet hatten«, 25. 8. 1941) und in vorsichtigen Versuchen, dem Rundfunk ein großangelegtes Unterhaltungsprogramm zu verordnen.[51]

Für die Filmpolitik konnte diese Tendenz nicht folgenlos bleiben. Der Blick richtete sich darum zunächst auf den Unterhaltungsfilm – Operetten, Revuen, Kriminalfilme, Melodramen. Dessen gesellschaftspolitische Notwendigkeit für die »Entspannung« der Bevölkerung hatte Goebbels nie angezweifelt.[52] Trotz aller Vorbehalte gegen »Kitsch und Kintopp« und »seichte Komödien« erläuterte er mit Blick auf kritische Parteikreise schon im Februar 1941 öffentlich die Funktion des Unterhaltungsfilms: »Auch Unterhaltung kann zuweilen die Aufgabe haben, ein Volk für seinen Lebenskampf auszustatten, um ihm in dem dramatischen Geschehen des Tages die nötige Erbauung, Unterhaltung und Entspannung zu geben.«[53]

Im Herbst 1941 war Goebbels jeder heitere Film hochwillkommen, der seine Bemühungen unterstützte, »pessimistische, graue oder verzweifelte Stimmung« zu verhindern und »das Volk bei guter Laune zu halten«: »Da sind Rundfunk und Film unsere besten Hilfsmittel« (6. 9. 1941). Aus ernsteren Produktionen ließ er gar Szenen herausschneiden, »die zu pessimistisch gedreht sind«: »Solche Filme können wir für den kommenden Winter nicht gebrauchen« (21. 7. 1941). Derartige Manipulationen reichten jedoch nicht aus, um den rapide gestiegenen Filmkonsum und das Zerstreuungsbedürfnis der Bevölkerung zu befriedigen. Je unsicherer die Lage an der Ostfront wurde, desto notwendiger erschien – gerade angesichts der langen Herstellungszeiten vom Exposé bis zum fertigen Film – ein vorausschauender Kurswechsel in der Filmpolitik: weg von den »nationalpolitischen« Kriegsfilmen hin zur »volksberuhigenden« Unterhaltung. »Die Produktionsfirmen beginnen mit der Produktion ihres Herbstprogrammes. Es soll eine ganze Reihe heiterer und unterhaltender Stoffe enthalten, da wir solche für den kommenden Winter außerordentlich nötig haben« (25. 9. 1941). Einige aufwendig geplante politische Filmvorhaben wurden nicht weitergeführt.

Erstmals kalkulierte Goebbels langfristiger: Er unterschied zwischen der noch opportunen Aufführung neu fertiggestellter Propagandafilme (etwa des brutalen antipolnischen Streifens *Heimkehr* am 10. Oktober 1941) und der Notwendigkeit einer Produktion »leichter« Filme für die nähere Zukunft. Zunächst wollte der Minister bei diesem Kurswechsel mit »größter Vorsicht und ausgesprochenem Taktgefühl« vorgehen: »Zuviel des Guten könnte hier Schaden stiften« (25.9.1941), sprich, eine kraß sichtbare Veränderung hätte wohl nicht nur das Publikum irritiert, sondern auch die für eine radikale Filmpropaganda eintretenden Kräfte innerhalb der NSDAP herausgefordert. Nach dem endgültigen Scheitern der Oktober-Offensive vor Moskau schien Goebbels dann nicht mehr zu befürchten, durch Proteste einzelner Gauleiter gegen den Unterhaltungskurs in Rundfunk und Film Schwierigkeiten zu bekommen: »Dadurch lasse ich mich nicht beirren. Entscheidend ist jetzt, was das Volk will. Gute Laune hilft auch mit, den Krieg zu gewinnen« (17.11.1941).

Das Scheitern der Offensive im Osten (die gleichzeitig das Ende des Blitzkrieges bedeutete) – und nicht etwa erst die Niederlage bei Stalingrad – läutete zugleich auch das Ende des kurz zuvor noch massiv geförderten Propaganda- und Kriegsfilms ein. Dies dokumentieren auch die Filmprogramme der folgenden Jahre: Der Anteil der Unterhaltungsfilme stieg 1942 auf über 75 Prozent, im Jahr darauf fanden gar nur noch fünf explizit politische Filme den Weg zum Publikum. Und: Alle wichtigen politischen Filme, die 1942 erschienen, wurden bereits vor dem Herbst 1941 geplant oder begonnen.[54]

So konnte der Reichspropagandaminister denn auch bereits im Februar 1942 bei einer abendlichen Kontrolle von Mustern der in Arbeit befindlichen Filme feststellen, die Produktion beginne, »die von mir aufgestellten Tendenzen zu verfolgen und Unterhaltungsfilme für die breiten Massen zu schaffen« (27.2.1942).

Nicht allein politische, sondern auch kommerzielle Überlegungen begünstigten die skizzierte Entwicklung. Wegen größtmöglicher Publikumswirksamkeit waren politische »Großfilme« aufwendig und teuer; sie ließen sich angesichts schwindender Ressourcen und des Rationalisierungszwangs zugunsten von Front und Rüstungsindustrie nicht mehr finanzieren und durchführen. Niemand sah diesen Zwang klarer als der ständig nach »Auskämm-Aktionen« rufende Propagandaminister.[55]

Darüber hinaus erhielt das Filmexportgeschäft eine wachsende Bedeutung. Mangels Konkurrenz winkten der deutschen Filmwirtschaft auf den Märkten der besetzten, aber auch der neutralen und verbündeten Staaten Europas riesige Gewinne. Goebbels stilisierte sich in den Aufzeichnungen so auch mehrmals zum Erbauer einer »Filmgroßmacht« Deutschland.[56] Politische Filme kamen beim französischen, italienischen, tschechischen oder schwedischen Publikum jedoch nicht an; favorisiert wurden vielmehr realitätsferne Kostüm- und Historienfilme, das Revue- und Varietémilieu oder das luxuriöse Nachtklub-Ambiente unpolitisch-zeitloser »Gesellschaftsfilme«.[57]
Durch den »Leistungssteigerungserlaß für die deutsche Filmwirtschaft«[58] wurde der im Herbst 1941 eingeschlagene Kurs zur offiziellen Produktionsrichtlinie erhoben, wenn Goebbels auch die wahren Gründe verschleierte. In seiner letzten großen Filmrede am 28. Februar 1942 sagte der Minister, er wolle zwar nicht »den Großfilm an sich beseitigen«, aber man könne nicht »eine Heldenschwarte nach der anderen« produzieren: »Die Großfilme nationalpolitischen Charakters, die produziert werden sollen, die werde ich schon selber anregen [...]. Es ist aber notwendig, neben diesen 20% Großfilmen 80% gute qualitätssichere Unterhaltungsfilme zu schaffen. Auch das ist nationalpolitisch wertvoll.«[59]
An die Stelle der aufwendigen, offen politischen Filme traten mal heiter-verlogene, mal melodramatische »Alltags- und Heimatfrontfilme«, die auf subtile Weise soziale Leitbilder und verschlüsselte politische Botschaften vermittelten. Ganz im Sinne der von Goebbels geforderten »indirekten Propaganda« und »Verfeinerung der filmischen Propagandamethoden« sollten etwa *Die große Liebe* oder *Zwei in einer großen Stadt* angesichts der vielen getrennten Kriegsehen die Moral der Frauen stärken und sie an ihre Pflichten erinnern.[60] Auch ohne eine radikal und vordergründig auftretende Propaganda blieb der deutsche Spielfilm »Erziehungsmittel«.

Die Goebbels-Tagesaufzeichnungen sowie ergänzende Quellen zeigen ganz eindeutig, daß zu Beginn der Blitzkriegsphase von einer »kriegsvorbereitenden« Filmproduktion nicht die Rede sein kann: Für die Monate vor dem Überfall auf Polen im September 1939 ist selbst die Intention dazu höchst zweifelhaft; für die Offensive im Westen Frühjahr 1940 war der Propagandakurs im Film zwar eingeschlagen, konnte sich aber noch nicht auswirken. Erst ab Herbst 1940 gelang es dem Propagandaminister durch verstärkte Aufführung neu produzierter, offen politischer Filme, darunter von ihm nicht gemochte, aber für notwendig erachtete »Kriegsfilme«, die Filmprogramme in die Gesamtpropaganda einzubeziehen; nach Aussage der Stimmungsberichte wurden sie auch von der Bevölkerung lange vermißt. Als sich ein knappes Jahr später die Hoffnungen auf einen erneuten Blitzkrieg gegen die Sowjetunion nicht erfüllten, nahm Goebbels jedoch bereits einen Kurswechsel zugunsten der Produktion von Unterhaltungsfilmen vor.

Die oftmals als »brillant« apostrophierte NS-Spielfilmpropaganda von 1939 bis 1941 erweist sich bei näherem Hinsehen als strategisch-konzeptionell weitaus weniger vorausschauend und planvoll. Auf die permanente Neuausrichtung von Außen-, Militär- und Propagandapolitik konnte der Spielfilm mit seiner technischen Schwerfälligkeit eben nicht annähernd so schnell reagieren wie Wochenschau und Dokumentarfilm. Goebbels erkannte diese Tatsache in voller Tragweite wohl erst, als im Herbst 1941 eine Wiederholung der Situation vom September 1939 und Frühjahr 1940 drohte: Filmprogramme, die nicht der »Stimmungspolitik« der Regierung entsprachen. Die wichtigste Zäsur der NS-Filmpolitik ist demnach im 1941/42 vorgenommenen Wechsel von plakativer Propaganda zu langfristig indoktrinierender, unterschwellig politisch und »volksberuhigend« wirkender Ablenkungsunterhaltung zu sehen. Doch nun war es die zunehmende Diskrepanz zwischen düsterer Kriegslage und abgehobenen, illusionären Kinoprogrammen, die Kritik hervorrief. Als im Januar und Februar 1943, nach dem tiefen psychologischen Schock über die Niederlage bei Stalingrad, statt zum neuen Propagandakurs passende »Durchhaltefilme« ausschließlich seichte Unterhaltungsfilme und Bauerndramen in die Lichtspielhäuser kamen, sah sich der Propagandaminister erneut mit Vorwürfen aus Parteikreisen wegen »einer Reihe von Unterhaltungsfilmen«, die »nicht mehr so richtig in die Landschaft passen wollen« (26. 2. 1943), konfrontiert. Das Grundproblem der NS-Filmpolitik blieb Goebbels also ungelöst erhalten: »Wie soll man sich bei Unterhaltungsfilmen, die vor einem Jahr gedreht worden sind, auf eine Zeit 12 Monate später einstellen?«

Sabine Rosemarie Arnold

Gegängelte Helden
Propaganda in der Sowjetunion nach dem Zweiten Weltkrieg

»Die Hauptsache aber ist natürlich Propaganda und Agitation unter allen Schichten des Volkes.«
Lenin

»Sie erinnern sich«, so hatte es in einem Brief Lenins an den Volkskommissar für das Bildungswesen, Lunatscharskij, im Jahre 1918 geheißen, »Campanella schrieb in seinem Sonnenstaat, daß auf die Mauern seiner phantastischen Stadt Fresken gemalt sind, die der Jugend als Anschauungsunterricht in Naturkunde und Geschichte dienen und in ihr den Staatsbürger wecken – kurz gesagt zur Bildung und Erziehung neuer Generationen beitragen. Es scheint mir überhaupt nicht naiv zu sein und auch für uns mit einigen Abwandlungen durchaus brauchbar. Ich möchte das, wovon ich spreche, als Monumentalpropaganda bezeichnen.«[1]
Monumentale und weniger monumentale Propaganda war dann tatsächlich in der Sowjetunion allgegenwärtig: Sie prägte Presse und Rundfunk, Filme und Literatur; es gab Flugblätter und Broschüren in Millionenauflagen; Fabriken und Organisationen besaßen ihre eigenen Propaganda-Periodika. Darüber hinaus wurde in Haus- und Betriebsversammlungen, Schulen und Universitäten mündlich agitiert, wurden Lehrpläne an den Anforderungen der Propaganda ausgerichtet. Auch auf Porzellanservice gemalt, wurden die Losungen in die Haushalte getragen.
An der Spitze des dahinterstehenden riesigen Propagandaapparates stand siebzig Jahre lang die Abteilung für Agitation und Propaganda im Zentralkommitee der KPdSU, die ihre Weisungen an alle Parteiorganisationen weitergab, wo sie von professionellen Schriftstellern, Journalisten und Künstlern zu Losungen für konkrete Anlässe verarbeitet wurden. So begleiteten Medieneinsätze die sogenannten Subbotniki

(= Samstagsarbeit), Ernteeinsätze und Aktivistenbewegungen ebenso wie Kampagnen gegen äußere und innere Feinde. Es gab keinen Lebensbereich, in dem nicht rote Fahnen wehten, wo nicht Lenin und bis 1956 auch Stalin aus einem Bilderrahmen oder von der Höhe eines Denkmalsockels auf die Beteiligten herabschauten. Bei allen öffentlichen Gelegenheiten traten Menschen auf, die von Heldentaten im Krieg und Planübererfüllung in den Betrieben erzählten und die Mission verbreiteten, daß ihnen die Helden der Sowjetunion ein Beispiel gewesen seien und die Partei ihnen Kraft und Gelegenheit für ihre Tat gegeben habe. Komsomolzen behaupteten, sie seien so beeindruckt von dem, was ihre Väter und Großväter vollbracht hätten, daß sie es ihnen unbedingt nachtun wollten.[2] Die »Helden der Arbeit« sprachen – die Brust voller Orden – vor Arbeitskollektiven, um von ihren Erfolgen zu erzählen, und die »Helden des Krieges« – ebenfalls die Brust voller Orden – in Schulen, um von ihren Kriegserlebnissen zu berichten. Sie wurden von Schulen, Museen oder Veteranenverbänden persönlich eingeladen, doch – was viele von ihnen nicht bemerkten – angeregt waren die Zusammenkünfte von Propagandisten und Agitatoren der Partei, die zur Erfüllung ihres Parteiauftrags Veteranen und Bestarbeiter als Medium benutzten. Lebensgeschichten wurden auf diese Weise enteignet, zu Handlungsanleitungen für Erwachsene und Kinder umgearbeitet und von den Medien verbreitet. Der Enteignete wurde mit Orden, Privilegien und Geschenken dazu motiviert, sich trotz Änderungen und Verfälschungen seiner Geschichte für die Partei einspannen zu lassen; die Propagandamaschine der Sowjetunion machte aus ihm ein Medium der Propaganda – eine lebendige Litfaßsäule, einen Marktschreier der Ideologie.

Diese »Heldenmacherei« sollte die Botschaft von der Größe und Stärke der Sowjetunion an die Mitglieder der Gesellschaft vermitteln, doch war dieses nur eine – die leuchtende – Seite eines Januskopfes. Die andere – schwarze – war das staatliche Unterdrückungssystem, dem Millionen von Menschen zum Opfer fielen: der Gulag.[3] Im sowjetischen Gesellschaftssystem war der Gulag das notwendige Gegenstück des Heldenkultes, denn es hatte sich mit der Absicht konstituiert, ganze Völker so zurechtzubiegen, daß sie dem kommunistischen Ideal entsprachen, und sich einen Erziehungsauftrag gegeben, den die erleuchtete Avantgarde gegenüber der unaufgeklärten Masse erfüllte. In einem solchen System brauchte man einerseits Vorbilder, die zu überdimensionalen Maßen überhöht wurden, um als Verhaltensmodelle zu dienen, und andererseits abschreckende Beispiele. Das Ergebnis war, daß Tausende von Einzelpersonen lautlos verschwanden und lärmende Großkampagnen gegen angebliche Feinde des Volkes veranstaltet wurden: gegen Kulaken, Kosmopoliten, Ärzte...

Die Wirklichkeit wurde zurechtgepreßt, -geknetet, -geschnitten und -geschlagen; das Selbstbild wie auch das kollektive Gedächtnis der Gesellschaft wurden deformiert. Es entstand eine pathologische Gesellschaft, deren Mitglieder daran litten, daß ihre private Erinnerung an die Vergangenheit und ihre Wahrnehmung der Gegenwart nicht mit der offiziellen Lesart übereinstimmte und öffentliche Artikulation von Verunsicherung und Mißtrauen sowie öffentliches Handeln durch existentielle Drohungen unterdrückt wurden. Die Langzeitfolgen waren und sind Schizophrenie und tiefe Verunsicherung.

In der Roten Armee wurde von Anfang an mit hohem Einsatz politische Propaganda betrieben. Der Sieg im Zweiten Weltkrieg und die angebliche Kriegstreiberei der kapitalistischen Staaten zählten zu den zwei wichtigsten Themen nach 1945. Im folgenden möchte ich anhand einer Zeitschrift der Sowjetarmee und einem Buch, das im Rahmen der staatlichen sowjetischen Friedensarbeit erschien, grundlegende Charakteristika der sowjetischen Propagandatätigkeit nach dem Zweiten Weltkrieg darstellen.[4]

I. Vom Führerkult zum Volkshelden

»Wir erziehen die Massen zu wenig an lebendigen und konkreten Beispielen und Vorbildern aus allen Lebensgebieten. Das ist die Hauptaufgabe der Presse beim Übergang vom Kapitalismus zum Kommunismus.«
Lenin

Sovetskij Vojn heißt auf deutsch »Sowjetischer Krieger« und ist der Titel eines Journals, das von der Politischen Hauptverwaltung der Sowjetischen Armee und der Kriegsflotte (heute im Verlag »Krasnaja Zvezda«) herausgegeben wird.[5] Seit 1919 bis zum Ende der vierziger

Jahre erschien es als einfache Zeitung, seitdem und bis heute ist es ein über dreißig Seiten starkes großformatiges Journal, das zweimal monatlich erscheint. In der Katalogeintragung der Leninbibliothek in Moskau liest man: »Sovetskij Vojn, gesellschaftspolitisches und literarisch-künstlerisches Journal«, das darüber hinaus – so steht es im Kopf des Journals – mit dem Orden »Roter Stern« ausgezeichnet wurde. Das war auch gleich die erste Propagandaleistung der Zeitschrift: Das System schuf sich ein Medium, mit dem es für sich selber warb, und versah es dann mit einem hohen Orden.[6]

Und auch dies war symptomatisch: Als der Kultusminister Schdanow ein paar Jahre nach dem Krieg die sowjetische Kultur gleichschaltete, als die »Antikosmopolitismuskampagne« lief und mit ihr die Verfolgung all derer intensiviert wurde, die irgendwie aus der Masse herausragten, und auch der 9. Mai als »Siegestag« abgeschafft wurde, weil ihn die Veteranen als »ihren« Tag gefeiert hatten[7] – da wurde der *Sovetskij Vojn* zu einem dicken Journal mit vielfarbigem Umschlag und Hochglanzdrucken aufpoliert.[8]

Nun einige Beispiele aus dem Inhalt: 1945 erschien auf dem Titelblatt der damals noch als *Krasnoarmeez* (*Rotarmist*) erscheinenden Zeitung ein Artikel, der für die Propaganda dieser Zeit typisch war. Unter der Überschrift »Stalinskaja Aviazija« (»Stalinsche Fliegertruppe«) schrieb der Marschall der Flieger G. A. Voroschejkin die Geschichte der sowjetischen Luftstreitkräfte während des Krieges. Der Artikel begann so: »Die Stalinsche Fliegertruppe, die von dem großen Feldherrn und Generalissimus der Sowjetunion, dem Genossen Stalin, aufgebaut wurde, leistete, auf seinen Befehl hin mit den besten Flugzeugen der Welt ausgerüstet, während des ganzen Krieges einen aktiven Beitrag in den Kämpfen und Schlachten gegen das faschistische Deutschland.« Er endete mit dem Satz: »Wir siegten, weil wir von einem Sieg zum anderen geführt wurden und geführt werden von dem größten Genie der Menschheit, von unserem großen und weisen Führer, dem Generalissimus der Sowjetunion, Genossen Stalin! Ruhm dem großen Stalin!« Dazwischen beschrieb Voroschejkin den Einsatz der Luftstreitkräfte gegen die Deutschen wie einen Kampf mit einem vielköpfigen Drachen, der für einen abgeschlagenen Kopf immer wieder an einer neuen Stelle einen anderen erhebt. Natürlich hieß es im Text, daß der Krieg nur gewonnen werden konnte, weil der große Führer »ganz persönlich« Verstärkung schickte und nach militärischen Fehlschlägen seine Flieger lehrte, »wie der Feind besser zu schlagen« sei. Einer Girlande glich die Einfassung des Artikels mit den Porträts hoher Offiziere und Helden der Sowjetunion, deren Namen aber im Text nicht erwähnt wurden. Die Offiziere der Roten Armee waren hier lediglich die Verzierung für Stalins Heldentaten.[9]

Vergleicht man diesen Artikel mit einem anderen, der zum selben Thema im Oktober 1956 erschien, so stößt man auf große Unterschiede. Schon das Titelblatt dieser Ausgabe zeigte einen recht zornig ausschauenden Lenin (ohne Stalin!). Unter der Überschrift »S Leninym v serdze« (»Mit Lenin im Herzen«) begann dieser Artikel damit, daß Lenin am 15. April 1918 ein Dekret zur Erweiterung der Fliegertruppen unterzeichnet habe. Der Artikel beschrieb die Taten einiger Fliegerhelden an verschiedenen Fronten des Zweiten Weltkriegs mit dem Kommentar, es sei nicht leicht gewesen, den Sieg zu erringen. »Die Geschwader konnten viele ihrer Helden am Ende des Krieges nicht mehr in ihren Reihen zählen.« Weiterhin wurde Wert darauf gelegt, zu vermitteln, die Gesellschaft habe ihrer Pflicht gegenüber diesen Helden Genüge getan. Als Beleg wurden alle Orden, die ihnen posthum verliehen wurden, im Artikel akribisch der Reihe nach aufgezählt.[10]

Dieses waren zwei Artikel von Hunderten, die bis zum Ende der 1950er Jahre erschienen; in ihnen läßt sich die Veränderung der Berichterstattung über den Krieg und seine Akteure zeigen. In der Zeit vom Kriegsende bis zu Stalins Tod erschien der Zweite Weltkrieg als die »Größte Tat des Größten Führers aller Zeiten«. Ohne ihn, so wurde immer wieder behauptet, hätte keine einzige Schlacht geführt, geschweige denn gewonnen werden können. Alle Soldaten wurden beschrieben, als seien sie unmündige Kinder, die sich ohne Anweisung nicht zu helfen gewußt hätten. Die Journalisten schrieben solche Märchen wohl in den wenigsten Fällen – natürlich gab es auch hier Ausnahmen – aus Überzeugung; sie lebten aber in einer Atmosphäre, in der alle unterdrückt und verfolgt wurden, die wußten, welche Fehler der Große Generalissimus während des Krieges gemacht hatte,[11] und waren nicht in der Lage, andere als solche Artikel über den Krieg zu verfassen.[12]

Zur Zeit des zweiten hier zitierten Artikels – im Oktober 1956 – war der Personenkult schon offiziell geächtet worden. Nun traten die Helden aus dem Volk auf die Bühne der propagandistischen Kriegsaufarbeitung und überbrachten die Botschaft, daß die sowjetischen Männer und Frauen ihr Leben nicht gescheut hätten, um das sozialistische Vaterland vom Faschismus zu befreien. Das Volk habe sich, so hieß es, aus eigener Überzeugung der Führung der Partei unterstellt, die nun wieder »die Partei Lenins« war, und habe gesiegt, weil es unter dieser Führung Helden hervorbringen konnte.

So war mit der Abschaffung des Personenkultes der Volksheld zum Hauptakteur der Propaganda geworden, der schon Anfang der 1930er Jahre geschaffen worden war,[13] aber immer hinter der Führerfigur zurückgestanden hatte. In der Zeitschrift *Sovetskij Vojn* spiegelt sich dieses Phänomen unter anderem in folgender Form wider: In der Zeit des Stalinkultes gab es eine Serie mit dem Namen »Geroi Velikoj Otetschestvennoj Vojny« (»Helden des Großen Vaterländischen Krieges«), in der unter einer Verzierung aus fünfzackigem Stern, Fahnen und Eichenlaub auf einer Zeitungsseite bis zu zehn Heldenporträts nebeneinander abgebildet wurden, die mit dem spärlichen Kommentar versehen waren: »Auf den Fotos sind die folgenden Helden der Sowjetunion abgebildet…«; es folgten die Namen. Vielleicht hat sich so mancher kleiner Junge die Porträts der martialisch ausschauenden Männer angesehen, doch die Namen las bestimmt niemand, und das, was sie getan hatten, blieb ganz im dunkeln.[14]

Ganz anders wurden die Helden in einer ähnlichen Serie 1978 anläßlich des 60jährigen Bestehens der Sowjetunion dargestellt. Unter dem Titel: »60 geroitscheskich let podvig« (»60 heldenhafte Jahre Heldentat«) wurden ausgezeichneten Helden der Sowjetunion zu ihrem Leben drei Fragen gestellt: »1. Wessen Leben war für Sie ein Beispiel? 2. Wann und wofür wurde Ihnen der Titel ›Held der Sowjetunion‹ verliehen? 3. Was braucht ein junger Krieger Ihrer Meinung nach, um für eine Heldentat vorbereitet zu sein?« Auf die erste Frage antworteten die Veteranen (wieder stellt sich die Frage, was sie selber sagten und was der Schreiber dieser Artikel daraus machte) stereotyp und der offiziellen Propaganda entsprechend, daß bereits ihre Väter und Großväter im Bürgerkrieg gekämpft und mit ihren Erzählungen die Herzen der Kinder für die gute Sache entflammt hätten, oder daß schon ihre Kindheit durch die Verehrung dieses oder jenes offiziellen Helden geprägt gewesen sei. Schon als Kinder träumten sie davon, sich für das Vaterland einsetzen zu dürfen, wozu sie dann im Zweiten Weltkrieg Gelegenheit fanden. Sehr interessant ist die Antwort auf die dritte Frage:

Alle Befragten antworteten wie aus einem Mund, daß ein Sieg nicht ohne »Massenheroismus« zu erringen und eine Heldentat nicht ohne Vorbereitung zu vollbringen sei. Man müsse sie nicht nur durch Mut, sondern auch durch Können erreichen. Und außerdem sei es wichtig, den Veteranen zuzuhören, um aus der Vergangenheit zu lernen. Einer dieser Artikel endet beispielsweise so: »Aber allein die Kraft des Geistes reicht, so scheint es mir, nicht aus. Man braucht auch die Stärke der Muskeln. Allseitige körperliche Ertüchtigung. Tiefgehendes Wissen im Beruf. Seinen Beruf so kennen, wie ihn unsere herausragenden Asse kannten: Tschkalov und Gromov, Marec'ev und Gagarin. Und um viel zu wissen, muß man viel arbeiten. Das ganze Leben lang. Begeistert und eifrig.«[15]

Selbstverständlich wurde die staatliche Botschaft auch bildlich umgesetzt. Auf der ersten Seite des Januarheftes 1949 etwa wurde ein Trojdze-Plakat benutzt,[16] um den Lesern die Neujahrsbotschaft zu illustrieren. Solche Bild- und Wortzitate kamen in der sowjetischen Propaganda häufig vor. So wurde zum Beispiel das berühmteste Plakat von Trojdze, »Rodina-mat' zovet« (»Die Heimat-Mutter ruft«), hunderte Male nachgedruckt und als Vorlage für andere Kunstwerke benutzt: Propaganda wurde selbst zum Inhalt von Propaganda. Das 1949 nachgedruckte Plakat zeigte Stalin in weißer Uniform mit dem Heldenorden auf der Brust an einem Rednerpult stehend (etwa zehn Jahre jünger, als er 1949 wirklich war), die Linke aufgestützt, mit der leicht ausgestreckten rechten Hand auf einen im Unsichtbaren vor ihm liegenden Punkt zeigend. Hinter ihm war Lenin in ganzer Größe abgebildet, der seine rechte Hand gerade – und kraftvoller als Stalin – ausgestreckt hielt und die Augen zusammenkniff, gerade so, als sehe er in der Richtung, in die seine Hand wies, schon die leuchtende Zukunft, die ihn blendete. Die obligatorische rote Fahne wehte vor ihnen, und hinter ihnen stand das Volk: Männer und Frauen, die alle den Blick auf den Punkt am Himmel erhoben hatten, auf den die beiden Führer wiesen, die Gesichter strahlend hell und die Haare vom Wind zurückgestrichen, als würden sie alle entweder schnell voranstürmen oder gegen den Wind (der Zeit) anrennen. Darüber hinaus streckten zwei kräftige Arme dem unsichtbaren, aber von allen erwarteten Ziel einen Blumenstrauß und ein Buch entgegen, auf dem die Namen: MARX, ENGELS, LENIN, STALIN aufgetragen waren. Unter dem Bild stand in großen Lettern: »Unter der Fahne Lenins, unter der Führung Stalins, vorwärts

zum Sieg des Kommunismus!« Dieses Motto gab der *Sovetskij Vojn* seinen Lesern für das Jahr 1949 mit auf den Weg.
Die Rückseite eines anderen Heftes desselben Jahres gab die Büste von Tschernjachovskij [17] in einer Zeichnung wieder, die den Titel »Im Museum der Sowjetischen Streitkräfte« trug. Der Bildhauer Vutschetitsch hatte diese Büste im selben Jahr geschaffen; [18] sie war vor roten Fahnen aufgebaut und wurde von einem jungen Soldaten oder Komsomolzen andächtig betrachtet. Das Bemerkenswerte an diesem Bild ist die doppelte Verzerrung der Realität: Vutschetitsch hatte aus dem hochdekorierten General des Zweiten Weltkriegs, der zu dieser Zeit über vierzig Jahre alt war, einen jungen Mann mit vollen Lippen und weichen Locken gemacht und ihn in eine ordengeschmückte Gardeuniform gesteckt, die von der Brust des zweifachen Helden gebläht wurde. Auf dem Umschlag des *Sovetskij Vojn* waren all diese Attribute noch mehr herausgestrichen: das Haar noch voller und weicher, die Lippen noch knabenhafter und von einem Lächeln umspielt, die Brust noch heldenhafter und die Falten des Mantels noch bauschiger. So wandelte sich in den Händen der Propagandisten der Offizier zu einem romantischen Helden.
Nach demselben Muster wie dieser Held des Krieges wurden auch Helden des Volkes geschaffen. Das Militärjournal nahm sich aller Themen an, die sich dazu eigneten, Menschen darzustellen, die angeblich durch ihren Glauben an die Ideologie zu großen Taten befähigt wurden: Wahl- und Erntekampagnen, Staatsfeiertage und Massenveranstaltungen: alles wurde mit werbenden Bildern begleitet. Immer schauten die Menschen auf diesen Bildern mit leicht erhobenem Blick in die Ferne, aus der ihnen ihre strahlende Zukunft so entgegenschien, daß ihre Gesichter in ihrem Widerschein erglänzten, und unaufhörlich wiederholten sich die Blumensträuße und vor allem die Menschenmengen, die dem Besten – dem Stachanovisten, dem Wahlkandidaten, dem schnellsten Läufer – die Hände schüttelten und ihm zulachten.

II. Plansoll: der friedliche Mensch

»Die literarische Tätigkeit muß zu einem Teil der allgemeinen proletarischen Sache, zu einem ›Rädchen und Schräubchen‹ des einen einheitlichen großen sozialdemokratischen Mechanismus werden.«
Lenin

»Vova Erschov beugt sich über die Schulbank. Er ist sieben Jahre alt. Sorgfältig malt er Buchstaben. Er wünscht sich sehr, ganz schnell schreiben zu lernen. Er ist das jüngste Kollektivmitglied des Kinderheimes ›Timirjasev‹, einem Kollektiv aus 175 jungen Bürgern, die mit ihren Interessen und Sehnsüchten im millionengroßen Kollektiv der Sowjetmenschen leben [...]. Zusammen mit dem ganzen Land verfolgen unsere Kinder das Wachsen der gewaltigen Stalinschen Baustellen. Aus Zeitungen und Journalen haben sie Fotografien von Schaufelradbaggern für ihr Album ›Die Technik der Baustellen des Kommunismus‹ ausgeschnitten. Die jungen Techniker arbeiten gut in den Werkstätten des Kinderheimes und in den Arbeitsgemeinschaften und träumen von noch grandioseren Baustellen, auf denen sie ganz bestimmt mitarbeiten werden, wenn sie groß sind [...]. Für mich, einen sowjetischen Pädagogen, der seit zwanzig Jahren Kinder erzieht, haben die Worte von Marx darüber, daß die Zukunft der Arbeiterklasse und damit der ganzen Menschheit von der Erziehung der heranwachsenden Generation abhängt, besondere Gültigkeit. Unser Land erzieht Anhänger und Verteidiger des Friedens – es will eine friedliche Zukunft.«[19]

Das schrieb der Direktor eines Kinderheimes 1952 in einem Sammelband, der fast 40 solcher kurzer Geschichten (der zitierte Text ist nur sehr unwesentlich gekürzt) umfaßte. Der Umschlag dieses prächtig aufgemachten Buches zeigt in warmen Gelb- und Orangetönen eine Baustelle mit Kränen, deren Masten zum Himmel hinaufreichen. Schlägt man das Buch auf, so fällt der Blick zuerst auf ein Hochglanzblatt mit dem Porträt Stalins, das fast eine Kopie des beschriebenen Plakats von Trojdze ist: Wieder steht Josef Visarjonovitsch in weißer Uniform mit dem Orden des Helden der Sowjetunion an der Brust an einem Rednerpult. Mit der linken Hand stützt er sich leicht ab, der Zeigefinger der leicht erhobenen Rechten ist ausgestreckt, als würde er eine Erklärung gestisch unterstreichen. Sein Gesichtsausdruck ist vollendete Güte. Hinter ihm weht, den ganzen Bildraum einnehmend, eine rote Fahne mit dem Porträt Lenins, das – weil Stalin aus halbschräger, untersichtiger Schmeichelperspektive abgebildet ist – wie der Schatten Stalins wirkt: ein Gott-Geist, der hinter seinem Messias im Winde flattert.

Auf der nächsten Seite folgt dann in großen Lettern auf rötlichem Grund der Name des Buches: IM NAMEN DES FRIEDENS, verziert mit Hammer und Sichel, Eichenlaub und roten Bändern – ein prächtiges Buch für prächtige Menschen!

Propagandistische Artikel und Bücher wie dieses wurden zu Tausenden, wahrscheinlich sogar in millionenfacher Ausführung verfaßt, Zeitungen nicht eingerechnet. Zusammen mit anderen Agitationsmedien wie Bildern und Plakaten, Statuen und Denkmalen, Losungsbanderolen und Leuchtschriften, Schulbüchern und Doktorarbeiten, Romanen und Kinofilmen waren sie Teil der staatlich organisierten »Massenbewegungen«, die in der Bevölkerung Identifikation mit dem und Einsatz für den Staat wecken sollten.

Eine besonders intensive Kampagne, die bis zum Beginn der Perestroika lief, war »Bor'ba za mir« (»Kampf für den Frieden«); sie wurde 1949 nach der Gründung der NATO gestartet, um den Weltfrieden gegen Militarismus, Imperialismus, Kolonialismus, Rüstungswettlauf und alle anderen Übel der kapitalistischen Welt zu verteidigen, die angeblich im neu gegründeten westlichen Verteidigungsbündnis ihren Ausdruck fanden. Unter der Bezeichnung »Kampf für den Frieden« agitierten mit Friedensmärschen, Kongressen, Festivals, Vorträgen, Liederabenden, literarisch-künstlerischen Zirkeln, Tanzveranstaltungen und Spendensammlungen (kurz: mit allem, was irgendwie Menschen anlocken konnte) ein Internationaler Friedensrat (Vsemirnyj Sovet Mira) sowie Frauen-, Kinder- und Künstlerorganisationen; sie hatten im Auftrag der Regierung die Friedensliebe und allgemeine Güte der Sowjetunion darzustellen und gleichzeitig die einigende und Identifikation schaffende Wirkung des Krieges auf der Ebene der Massenorganisationen in der Nachkriegszeit fortzusetzen.

In dem Sammelband *Im Namen des Friedens* gab es außer den Bilderbuch-Kindern und dem fabelhaften Kinderheimleiter Veteranen und

Schüler, Bauarbeiter und Ingenieure, die alle ihre Liebe und Einsatzfreude für die Sowjetunion erklärten. Ein solcher »Pfundskerl« war der Schachthauer Kantarija aus dem Schacht Nr. 2 »Berija«, der im Mai 1945 zusammen mit zwei anderen Soldaten die russische Flagge auf dem Berliner Reichstag gehißt und daraufhin den Ehrentitel »Held der Sowjetunion« erhalten hatte. Einmal daran gewöhnt, vollbrachte er dann auch nach dem Krieg weiterhin Heldentaten: Im Schacht arbeitete er mit einem Stachanovisten zusammen, der im Jahre 1952 bereits das Plansoll des Jahres 1967 erfüllte, und Kantarija selbst begann die Normen »systematisch« mit 300 Prozent überzuerfüllen. Für das Jahr 1952 hatte er sich sogar verpflichtet, die Normen »mit nicht weniger als 400 Prozent zu erfüllen«.[20]

In Texten dieser Art wurden selbst die Namen mit Sorgfalt ausgewählt: Das Kinderheim heißt nach einem bekannten sowjetischen Biologen, der Schacht war nach Berija benannt, der neben anderen Ministerposten hohe Ämter im Ministerium für Staatssicherheit bekleidete und für das stalinistische Terrorsystem verantwortlich war. Außerdem wäre es nicht erstaunlich, wenn der Schreiber den kleinen Erschov absichtlich »Vova« genannt hätte, da es sich dabei um eine Verkleinerungsform des Namen »Vladimir« (= Il'itsch Lenin) handelt.

Geschrieben wurden diese Bücher und Artikel wahrscheinlich von unbedeutenden Mitgliedern der staatlichen Schriftstellervereinigung (Sojuz Pisatelej), die die Geschichtchen entweder bei ihren »Erzählern« erfragt und hinterher in literarische Form gebracht oder sie kurzerhand selbst ausgedacht hatten. In jedem Fall hatte der Inhalt mit der Wirklichkeit wenig zu tun, denn niemand hätte es sich 1952 leisten können, irgend etwas Kritisches oder gar Negatives über die Sowjetunion zu sagen. Also hatten sich alle auf Schönfärberei verlegt und preßten die Wirklichkeit in die einer Fabel ähnliche sozialistisch-realistische Form.[21] Das entstandene Schriftgut galt als Medium der Massenerziehung und vermittelte unzählige Male die staatlich verordnete Botschaft: Jeder Mensch, egal wie klein, ob schon alphabetisiert oder nicht, sei in der Sowjetunion Mitglied einer Gruppe, die wiederum Teil eines Kollektives sei, das wieder Teil eines größeren Kollektives sei und so fort, bis er schließlich im Millionenvolk der Sowjetrussen aufgehe, in dem es keine Unstimmigkeiten gebe, weil der Weg, den alle gingen, schon deshalb richtig sei, weil ihn eben alle gingen. Und jeder Mensch war angeblich genauso wie alle seine Mitmenschen vollauf ein-

verstanden mit seinem (stalinschen) Staat. Bar jeglicher Individualität erlebe er Erfolge und Mißerfolge der anderen genauso unmittelbar wie die eigenen und widme sein ganzes Tun dem Staat. Wie ein Schwur klingen in diesem Zusammenhang die Worte des oben zitierten Bergarbeiters: »Wir Sowjetmenschen widmen all unsere Kraft und Fähigkeiten der friedfertigen, schöpferischen Arbeit«; und die Kinderchen im Heim lernten alle deswegen so fleißig, weil sie natürlich später auf den »grandiosen« Baustellen des Kommunismus (auch so ein Sprachabsurdum: als könne man ein Gesellschaftssystem aus Steinen und Zement aufbauen!) mitarbeiten wollten.
Die sowjetische Propaganda vermittelte das Bild einer harmonischen, konfliktfreien Gesellschaft. Diese bestand angeblich aus individualitätslosen Einzelwesen, die in vollständiger Übereinstimmung mit ihren Mitmenschen lebten. Oder anders ausgedrückt: In der sowjetischen Gesellschaft sollte sich der einzelne widerspruchslos in die Gruppe einfügen. Zweifel und kritisches Verhalten waren unzulässig, denn alles sollte ohnehin so sein, wie Lenin es bereits 1918 gesagt hatte. Bei Beachtung dieser Grundsätze war der einzelne ein guter Mensch, weil es im Kommunismus per se nur gute Menschen geben konnte, und wenn er dann darüber hinaus noch bereit war, sein Leben bei der Arbeit oder sogar im Krieg für die Gruppe (= Gesellschaft) einzusetzen, dann war er ein Held.

III. Siebzig heldenhafte Jahre

Siebzig Jahre lang änderte sich weder etwas an der Tatsache, daß die Sowjetunion für sich selbst bei ihrem eigenen Volk Reklame machte, noch an der Art, in der sie dies tat. Offensichtlich wurde es für nötig befunden, nacheinander mehrere Generationen propagandistisch zu bearbeiten, weil sich die Menschen nicht ausreichend in derjenigen Richtung veränderten, in die man sie lenken wollte.[22] Dabei bleibt die Frage offen, warum die sowjetische Propaganda lediglich nach der so ineffizienten Methode der beständigen Wiederholung verfuhr und sie nicht gemäß der psychologischen Erkenntnisse des 20. Jahrhunderts überarbeitet wurde. Es blieb dabei bis zum Zusammenbruch des sowjetischen Staats, der schließlich die propagandistische Gebetsmühle zum Verstummen brachte. Bis zum Schluß wiederholten sich die alten

Zeremonien und Formeln, bis sie vollkommen leer waren. Überall wurden die gleichen Schablonen angelegt, immer wieder wurde die Realität in die alten Formen gezwängt und gepreßt. Und anscheinend beschäftigte es die Propagandisten und Agitatoren zu sehr, ihre Pläne zu erfüllen, um wahrzunehmen, daß die Menschen in der Sowjetunion sich an die monotonen propagandistischen Sprüche wie an stetige Hintergrundgeräusche gewöhnt hatten und die Sichtagitation genauso ignorierten wie der Westmensch Werbeplakate.

So kann man also zusammenfassend feststellen, daß die sowjetische Propaganda ihre beabsichtigten Wirkungen nur zum Teil erzielte.[23] Insgesamt gab sie sich wohl zu monoton und in ihrer ganzen Plattheit zu stereotyp, um nicht von ihren Adressaten durchschaut zu werden – auch wenn diese vom Ausland abgeschnitten und deshalb nur eingeschränkt urteilsfähig waren. Der gesunde Menschenverstand und die eigenen Erfahrungen sprachen gegen viele der staatlichen Behauptungen, so daß Mißbehagen und natürliche Skepsis trotz allem wuchsen. Die Atmosphäre begünstigte Flüsterpropaganda und Gerüchte, auf die mehr Verlaß war als auf Zeitungen, Fernsehen und Radio. Wenn die Propaganda also überhaupt Wirkungen zeitigte, dann waren es unbeabsichtigte. Die Menschen lernten wegzuhören und wegzusehen, weil sich Aufmerksamkeit nicht lohnte: Erstens waren viele Nachrichten falsch, und zweitens war eine selbständige Reaktion auf sie oft von vornherein verboten. Immer nur nachzubeten und nicht aus eigenem Antrieb handeln zu dürfen ruft aber nicht Begeisterung, sondern Frustration und Überdruß hervor.

Statt sich also für das System zu begeistern, begannen die Menschen, sich mit ihm zu arrangieren: Manche zogen sich ganz ins Private zurück, andere nutzten die Parteistrukturen opportunistisch aus, um die eigene Karriere aufzubauen oder das Leben etwas komfortabler zu gestalten; der Eintritt in den Komsomol – die kommunistische Jugendorganisation – konnte zu einem Studienplatz verhelfen; nach dem Parteieintritt durfte ein bestimmter Arbeitsplatz besetzt werden. Andere ließen sich wegen ein paar Privilegien vom KGB anwerben. Viele Menschen »funktionierten« offiziell einfach aus Angst vor den Konsequenzen des Ungehorsams und zogen sich so weit wie möglich in die Familien oder in sich selbst zurück, wo sie nicht »Sowjetmensch« – kein gegängelter Held – zu sein brauchten.

Am Elektrizitätswerk, das auf der anderen Seite der Moskva gegenüber dem Kreml liegt, hing bis vor vier Jahren eine große, aus bunten Glühbirnen zusammengesetzte Banderole: »Kommunismus, das ist Sowjetmacht plus Elektrifizierung des ganzen Landes.« So sprach Lenin 1920. Seine Verheißung ist jedoch nicht erfüllt worden. Auch gut 70 Jahre später gibt es außerhalb der großen Städte noch nicht überall und ständig elektrischen Strom. Als ich eine ältere Bekannte neulich fragte, bis wann diese Leuchtschrift dort gehangen habe, wunderte sie sich, weil sie nicht bemerkt hatte, daß sie entfernt worden war. Sie achtete schon lange nicht mehr auf derlei Dinge im Straßenbild.

Günther Heydemann

Geschichtsbild und Geschichtspropaganda in der Ära Honecker

Die »Erbe-und-Tradition«-Konzeption der DDR

I.

Fast durchweg brauchen Diktaturen mehr Legitimation als Demokratien. Da sie einen freien Willensentscheid permanent versagen, suchen sie diese Entmündigung ihrer Bürger ebenso permanent durch Schein-Wahlen, Pseudo-Plebiszite und ideologische Indoktrination zu beheben und zu kaschieren. Solange die außenpolitische Großwetterlage ruhig bleibt, die wirtschaftliche Produktion und die Versorgung der Bevölkerung einigermaßen gewährleistet ist, werden die Machthaber das übliche Maß an Propaganda nicht erhöhen. In dem Moment aber, in dem Krisen in einem oder in mehreren dieser Bereiche auftreten, mithin die Gefahr eines eventuellen Machtverlusts der herrschenden Eliten oder die Destabilisierung des glorifizierten Machtapparats und des propagierten Gesellschaftssystems droht, wächst der Bedarf an zusätzlicher Legitimation sprunghaft. Das zeigt sich am Propagandaaufwand, der getrieben wird, bisweilen sogar an einer grundlegenden Veränderung bisheriger ideologischer Inhalte und Konzeptionen. Ziel bleibt indes immer, die gewünschte Identifikation der Bürger mit dem aufgezwungenen Herrschafts- und Gesellschaftssystem zu stärken.

Auch die zweite deutsche Diktatur in diesem Jahrhundert, die DDR, hat in dieser Hinsicht keine Ausnahme gemacht. Im Unterschied zu den übrigen sozialistischen Staaten des ehemaligen Ostblocks kam für die Machthaber der SED allerdings noch ein weiteres Problem hinzu: der vertrackte Zustand, daß der von ihnen geschaffene Staat gleichzeitig immer nur Teilstaat einer Nation blieb. Sie sahen sich gezwungen, mit dem anderen deutschen Teilstaat täglich auf allen Vergleichsebenen konkurrieren zu müssen.

Ende der 1960er, Anfang der 1970er Jahre geriet die DDR in eine tiefgreifende, zum Teil selbst verschuldete Krise, als sich die außenpoliti-

schen Rahmenbedingungen spürbar zu verändern begannen und sich die Wirtschaftsproduktion und die Versorgungslage gravierend verschlechtert hatten. Nur mit Mühe wurde die Führung der SED der Zusammenballung von Krisenmomenten Herr, wobei der Wechsel an der Spitze der Partei, der Übergang der Macht von Ulbricht auf Honecker im Juni 1971, ebenfalls eine Führungskrise offenbarte.
Auffällig ist nun, daß die Konsolidierung von Honeckers Machtposition sowie das erste Jahrzehnt seiner Herrschaft in engem Zusammenhang mit einer intensiven Diskussion über die Konzepte einer neuartigen Geschichtsperspektive und -propaganda standen. Diese Diskussion wurde unter der Fragestellung geführt, wie den Bürgern der DDR spezifisches historisches Bewußtsein vermittelt werden könnte, das sie zugleich befähigen wie stimulieren sollte, aktiv für den Staat der SED einzutreten. Tatsächlich ist das in den 1970er Jahren erarbeitete und dann propagierte Konzept »Erbe und Tradition«, das insbesondere die deutsche Geschichte in diesem Sinn interpretieren und entsprechend für die Praxis ausdeuten sollte, bis zum Zusammenbruch des SED-Regimes unverändert beibehalten worden. Neben seiner aktivierenden Aufgabe besaß es immer auch eine stabilisierende Funktion. Daß die einmal errungene Herrschaft der SED immer auf Zwang, nicht auf Konsens beruhte, darüber war man sich in der Honecker-Ära stets bewußt.

II.

Die Herausbildung der »Erbe-und-Tradition«-Konzeption der deutschen Geschichte in der DDR Honeckers hat eine Vorgeschichte.[1] Bereits auf ihrem VII. Parteitag im April 1967 forderte die SED, allen Wissenschaften erheblich mehr Bedeutung zu schenken, um die Wirtschaft leistungsfähiger zu machen und die Gesellschaft zu stabilisieren.[2] Im ökonomischen Bereich erwartete man einen erhöhten wissenschaftlichen Technologieschub, in den Gesellschaftswissenschaften intensivere ideologische Propagandaarbeit. Stärker als bisher sollte die Geschichtswissenschaft hier die Führung übernehmen. Ein fundiertes sozialistisches Geschichtsbewußtsein sollte die Basis für ein ebensolches Staatsbewußtsein bilden und so die Bürger der DDR zu Aufbau und Festigung des von der SED geschaffenen Staats- und Gesellschaftssystems motivieren. Sozialistischer Bewußtseinsbildung wurde oberste Priorität beigemessen – und dies bezeichnenderweise nach innen wie nach außen: einerseits als permanentes Stimulans der Bürger beim Aufbau des sozialistischen Gesellschaftssystems, andererseits durch seine Funktion politisch-ideologischer Abwehr und Immunisierung.

Hier wirkten innen- wie außenpolitische Rahmenbedingungen ein, die sich seit Mitte der 1960er Jahre gravierend verändert hatten: Noch vor dem VII. Parteitag war das Neue Ökonomische System der Planung und Leitung (NÖSPL) vom Juni 1963, das den Volkseigenen Betrieben größere Selbstverwaltungsmöglichkeiten eingeräumt hatte, wieder durch eine verstärkte zentralistische Steuerung revidiert worden.[3] Vor allem die in wissenschaftlich-technischer Hinsicht als innovativ eingeschätzten Industriebranchen Maschinenbau, Chemie sowie besonders Elektronik waren seitdem massiv mit Investitionen bedacht worden. Hinter dieser wirtschaftspolitischen Kurskorrektur stand das gerade vom damaligen Parteichef Walter Ulbricht immer wieder geforderte Ziel, die führenden Industriestaaten auf möglichst allen Gebieten der wissenschaftlich-technischen Entwicklung einzuholen, um sodann »das Weltniveau selbst zu bestimmen«. Überzeugt von der Überlegenheit zentralistischer Wirtschaftsplanung in sozialistischen Systemen, wollte die SED auf diese Weise den Lebensstandard der DDR-Bürger spürbar anheben. Die einseitige Schwerpunktverlagerung der Investitionstätigkeit sowie die stärkeren Eingriffe bis in den Wirtschaftsablauf und Produktionsprozeß einzelner Betriebe hinein hatten jedoch das genaue Gegenteil bewirkt und zu einer krisenhaften volkswirtschaftlichen Entwicklung geführt. Besonders im Energiebereich, in der Infrastruktur, im Wohnungsbau, vor allem aber in der Konsumgüterindustrie waren erhebliche Defizite aufgetreten, die den sozialen Frieden bedrohten. Erneut hatte sich die höchst mangelhafte Versorgung mit Konsumgütern aller Art als eine Folge schleppender Zulieferungen zwischen Klein- und Mittelbetrieben und der Endproduktion erwiesen.

Zunehmend gerieten die SED-Funktionäre vor Ort unter Druck. Die große Mehrheit der Bevölkerung ließ sich nicht zu höherer Produktionsleistung und Mehrarbeit motivieren, wenn nicht einmal die Versorgung mit Grundbedarfsmitteln und Konsumgütern gewährleistet war. Unüberhörbar verstärkte sich ihre Kritik an dem unter Ulbrichts Federführung eingeschlagenen Wirtschaftskurs.[4] Viele SED-Spitzenfunktionäre befürchteten, die DDR könne aufgrund eines fehlerhaften wirtschaftspolitischen Kurses instabil werden; hinzu gesellte sich eine wachsende Verunsicherung über den neuen deutschland- und ostpolitischen Kurs der Großen Koalition Kiesinger/Brandt seit Anfang 1967. Bis zu diesem Zeitpunkt hatte sich die DDR-Führung durch einen verbalen deutschlandpolitischen Aktionismus immer wieder – zumindest in propagandistischer Hinsicht – als die treibende Kraft bei der Überwindung der deutschen Teilung darzustellen versucht. Angesichts der als bedrohlich empfundenen, neuartigen Bonner Flexibilität in der Deutschlandfrage gab die SED jedoch ihr bisheriges deutschlandpolitisches Ziel auf, eine Konföderation zwischen beiden deutschen Staaten als Voraussetzung für eine Wiedervereinigung zu bilden, und grenzte sich nun zunehmend vom westdeutschen Konkurrenzstaat ab.[5] Die deutsche Teilung konnte jetzt nach Ansicht der SED nur überwunden werden, wenn die politischen, wirtschaftlichen und gesellschaftlichen Grundstrukturen in der Bundesrepublik nach dem Vorbild der DDR umgewandelt würden. Dieser deutschlandpolitische Kurswechsel fand symptomatisch Ausdruck in der Abschaffung der seit 1913 bestehenden, einheitlichen deutschen Staatsbürgerschaft[6] sowie in der Revision der aus dem Jahre 1949 stammenden Verfassung, die ausdrücklich noch mit gesamtdeutscher Ausrichtung formuliert worden war. Nunmehr rückte die Partei davon ab, wie bisher von einem einheitlichen deutschen Volk auszugehen.[7] Statt dessen proklamierte die Präambel der revidierten Verfassung die Existenz zweier deutscher Völker; es gebe fortan neben dem »Volk der Bundesrepublik Deutschland« ein »Volk der Deutschen Demokratischen Republik«, verfaßt in zwei deutschen Staatsangehörigkeiten mit unterschiedlichen Kulturen: einer »sozialistischen Kultur« und einer »imperialistischen Unkultur« (Art. 18).[8] Laut Verfassungstext bekannte sich die DDR nur noch insoweit zur Einheit der deutschen Nation, als die »Deutsche Demokratische Republik ... [als] sozialistischer Staat deutscher Nation« (Art. 1) definiert wurde. In einem scheinbar überwältigenden Votum sprachen sich die DDR-Bürger bei der für die Verfassungsrevision eigens inszenierten Volksabstimmung mit 94,49 Prozent für die neue Konstitution aus; trotzdem konnte auch die SED nicht gänzlich ignorieren, daß es unter der Bevölkerung beträchtliche Ressentiments gegenüber dieser Änderung gab.[9]

Aber auch in der östlichen Nachbarschaft der DDR wuchs ein Gefah-

renherd heran. Die SED-Führung beobachtete mit wachsender Sorge die Entwicklung des Prager Frühlings in der Tschechoslowakei und verfolgte mit Argwohn die Versuche führender Reformer um Alexander Dubček in der KPČ einen »Sozialismus mit menschlichem Antlitz« zu schaffen. Nicht zu Unrecht wurde befürchtet, daß »revisionistische Ideen und Kräfte« auch unter der DDR-Bevölkerung Anklang und Anhänger finden könnten. Dreißig Jahre nach dem nationalsozialistischen Einmarsch in die Tschechoslowakei besetzten Truppen des Warschauer Pakts – zu dem die NVA gehörte – erneut das Land. Der Reformkommunismus in der ČSSR fand damit sein Ende.[10]
Vor dem Hintergrund dieser außen- wie innen-, aber auch deutschland- und wirtschaftspolitischen Krisenerscheinungen, die seit Mitte der 1960er Jahre aufgetreten waren, sah die Partei in der Konzipierung eines fundierten sozialistischen Geschichtsbildes durchaus ein wirksames Propagandainstrument, um die eigenen Einwohner ideologisch zu aktivieren und gleichzeitig zu immunisieren.

III.

Die auf dem VII. Parteitag der SED 1967 verordnete Diskussion in der Geschichtswissenschaft gewann rasch eine gewisse Eigenständigkeit, zumal Geschichtslehrern und Historikern aus der täglichen Praxis bewußt war, daß das bisher an Schulen und Hochschulen propagierte Geschichtsbild in der DDR meist aus ideologischen Leerformeln und ausgewählten Themen bestand, mithin die Adressaten, Schüler und Studenten, kaum erreicht, ja eher abgestoßen hatte.[11] In der Tat – Geschichte mußte ausbeutbar und differenziert interpretiert werden können, um plastisch zu sein und in dem von der Partei gewünschten Sinne wirksam werden zu können. Nicht von ungefähr faßten die damals führenden Historiker der DDR, Horst Bartel und Walter Schmidt, dieses Problem ein Jahr nach Honeckers Machtergreifung im Jahre 1972 zusammen:

»Die Welt historisch erfassen – das ist keine leere Formel, keine abstrakte, des konkreten Lebens entleerte These; denn das wissenschaftliche Weltbild soll das Handeln der Menschen prägen. Das verlangt eine wirkliche Vorstellung vom Gang der Geschichte in ihren wesentlichen Zügen; dazu gehört, daß man die Geschichte selbst mit allen ihren Widersprüchen und Konflikten, mit ihrer Dramatik, mit den Kämpfen, Niederlagen und Siegen der fortschrittlichen Klassen sich angeeignet hat: Das Geschichtsbild besteht nicht aus einer Summe von abstrakten theoretischen Formeln: Zu einem Geschichtsbild gehört die Kenntnis des gesetzmäßigen Entwicklungsprozesses der Gesellschaft in ihrer Konkretheit.«[12]

Diese Aussage war sowohl als zukünftige Zielprojektion eines neuen Geschichtsbildes wie aber auch als bisherige Negativbilanz durchaus zutreffend; denn das bis dahin angebotene und propagierte Geschichtsbild in der DDR stellte gleichsam nur die Antithese dieses Wunschbilds dar. Es setzte sich aus ausgewählten Epochen, Entwicklungen und historischen Persönlichkeiten zusammen, die nach marxistisch-leninistischer Geschichtsauffassung als progressiv eingeschätzt wurden. Dieses selektive, man könnte aber durchaus auch sagen, skelettierte Geschichtsbild bestand, was die deutsche Geschichte betraf, vornehmlich aus Reformation und Bauernkrieg, Mainzer Konvent, napoleonischer Fremdherrschaft und Befreiungskriegen, der Revolution von 1848/49 und der Geschichte der Arbeiterbewegung, der Revolution von 1918/19, der Geschichte der KPD sowie schließlich der Entstehung und Entwicklung der DDR. Zugleich korrespondierte damit eine ebenso scharfe historische Wertung, die sich auf die Kriterien ›fortschrittlich‹ und ›reaktionär‹ beschränkte. Spielraum für eine differenzierte Bewertung der doch meist viel komplexeren historischen Zusammenhänge bestand kaum. Entsprechend blieb die Akzeptanz dieses Geschichtsbildes vergleichsweise gering. ›Gut‹ und ›Böse‹, ›Fortschritt‹ und ›Rückschritt‹ verkörperten seine Koordinaten, die Sieger dieser Geschichte standen von vornherein fest: Neben der KPdSU und der sowjetischen Führungsmacht waren es die SED und der von ihr geschaffene Staat. Daß der westdeutsche Konkurrenzstaat, die »BRD«, mit allen möglichen negativen Bewertungen versehen wurde, war angesichts der plakativen Eindimensionalität dieses Geschichtsbildes nur konsequent.

Seine Untauglichkeit im Sinne der von der SED gewünschten Aktivierung und zugleich Immunisierung der DDR-Bürger muß evident gewesen sein; sie hatte sich schon seit längerem bei der Umsetzung an Schulen und Hochschulen erwiesen. Der Bedarf an einem umfassenden und gleichzeitig differenzierten Geschichtsbild erhöhte sich indes, als mit der deutschlandpolitischen Formel der seit Oktober 1969 in Bonn regierenden sozialliberalen Koalition: »Zwei Staaten, eine Nation« die DDR weiter in die deutschlandpolitische Defensive und damit zu verstärkter Abgrenzung gezwungen wurde.[13] Der neuen Ost- und Deutschlandpolitik setzten das Ulbricht-Regime in seiner Endphase wie auch Honecker zu Beginn seiner Amtszeit die eigenständige Entwicklung einer sozialistischen Nation in der DDR entgegen.[14] Anders als bei der Verfassungsrevision von 1968 wurde jedoch bei der zweiten Revision im Jahre 1974 auf eine Volksabstimmung verzichtet; sie war nicht erwünscht, zumal man in der SED befürchtete, der neuerlich reduzierte Nationsbegriff könne unter der Bevölkerung zu Protesten führen. Im Gegensatz zu Artikel 1 der Verfassung von 1968, welche die DDR immerhin noch als »Sozialistischen Staat deutscher Nation« definierte, erklärte man die DDR jetzt zum »sozialistischen Staat der Arbeiter und Bauern«.[15] Der Bezug zur deutschen Nation blieb nur noch im Adjektiv »Deutsche Demokratische Republik« erhalten. Der Parteiführung war wohl bewußt, daß diese erneute verfassungsmäßige Einschränkung des Nationalbegriffes nicht gerade die Identifikation der DDR-Bürger mit dem SED-Staat verstärken würde. Die innen- und außenpolitischen Probleme[16], denen sich die SED-Spitze in der zweiten Hälfte der 1960er Jahre gegenübersah, schienen deshalb eine grundlegende Revision des bislang propagierten marxistisch-leninistischen Geschichtsbildes um so dringlicher zu machen.

IV.

Die auch nach dem VIII. Parteitag 1971 und damit nach dem Machtwechsel von Ulbricht auf Honecker andauernde Diskussion über ein neues Geschichtsbild hatte zu dem Ergebnis geführt, daß der Rückgriff auf die gesamte deutsche Geschichte – und nicht mehr nur auf ausgewählte Teile davon – als unerläßlich betrachtet wurde; ebenso mußte die allzu simple Wertung zwischen progressiv-positiven und reaktionär-negativen Elementen überwunden werden, aus denen das bislang propagierte Geschichtsbild bestanden hatte.

Als Erich Honecker am 13. Juni 1980 den Vorsitz des Martin-Luther-Komitees der DDR übernahm, sanktionierte dies den Rückgriff auf die gesamte deutsche Geschichte als Grundlage für ein differenzierteres DDR-spezifisches Geschichtsbild. Ein Jahr später lieferte der führende DDR-Historiker Walter Schmidt die theoretische Grundlage nach. Das hier konzipierte Geschichtsbild besaß bis zum Ende der DDR unverändert Gültigkeit. Es umfaßte vier Aspekte:

»eine chronologische, eine räumlich-territoriale, eine sozialstrukturelle und eine den Geschichtsprozeß in allen seinen Ebenen und Bereichen betreffende Komponente. Die Nationalgeschichte des sozialistischen deutschen Staates beginnt natürlich nicht erst mit der unmittelbaren Genesis der DDR, sondern umschließt zeitlich die deutsche Geschichte seit dem Formierungsprozeß des deutschen Volkes. Unser Bild von deutscher Geschichte läßt sich räumlich nicht [...] auf die deutschen Territorien verengen, die heute zum territorialen Bestand der DDR gehören. Sozialstrukturell gesehen ist sozialistischem Geschichtsverständnis jede Beschränkung auf das Wirken revolutionärer Kräfte fremd; es schließt alle Klassen und Schichten des deutschen Volkes ein. Sozialistisches Geschichtsdenken bezieht sich schließlich nicht nur auf politische, Sozial- und Wirtschaftsgeschichte, sondern sucht auch Alltag und Lebensweise, Kultur, geistiges Leben und Mentalität zu erschließen, will ein komplexes Geschichtsbild [...]. Sich der ganzen deutschen Geschichte stellen heißt endlich, das historische Erbe als Ganzes, mit seinen Guthaben wie Schulden annehmen, sich mit ihm kritisch auseinandersetzen und am Fortschrittskriterium messen.«[17]

Mit dieser Erklärung wurde in der Tat der Übergang von einem selektiven zu einem integralen Geschichtsbild vollzogen. Gleichzeitig ging damit ein wesentlich differenzierterer historischer Bewertungsmaßstab einher, der vor allem in den Begriffen *Erbe* und *Tradition* seine Bezugspunkte fand. So wurde unter *Erbe* »die Gesamtheit des in der Geschichte Existierenden, im Laufe der Geschichte Hervorgebrachten, verstanden«.[18] Im Unterschied zum »Erbe an sich« wurde hingegen *Tradition* als das »Erbe für uns« definiert, »d. h. das von uns angeeignete oder anzueignende, bewahrte oder zu pflegende Erbe, das eben in den Rang einer historischen Tradition erhoben wird«. Eigens hervorgehoben wurde, daß im Erbe der gesamten deutschen Geschichte »die Tradition des nunmehr fast 150jährigen Kampfes der revolutionären deutschen Arbeiterbewegung, die Geschichte der DDR eingeschlossen, das Kernstück unserer Tradition waren, sind und bleiben«. Auf diese Weise wurde die DDR »vor allem und im unmittelbarsten Sinn Ergebnis und Krönung des Kampfes der revolutionären deutschen Arbeiterbewegung«.[19] Mit der weiteren Unterscheidung zwischen »revolutionär-demokratischem Erbe«, wozu etwa der Bauernkrieg und Thomas Müntzer zählten, dem »humanistischen« und dem anderen »progressiven Erbe« sowie schließlich dem »positiven Erbe« sogenannter herrschender Ausbeuterklassen wurde deutlich, welche differenzierten historischen Bewertungskriterien das frühere grobschlächtige Geschichtsbild abgelöst hatten. Die »Erbe-und-Tradition«-Konzeption erlaubte jetzt, die gesamte deutsche Geschichte in ihrer Totalität und Widersprüchlichkeit zu erfassen und gleichzeitig einen besonderen Anspruch der DDR auf bestimmte, fortschrittliche »Erbteile« beizubehalten. Eine ab Mitte der 1970er Jahre erheblich ausgeweitete Zeitgeschichtsforschung, die sich insbesondere der SBZ und der Entwicklung der DDR widmete, flankierte dieses neue Geschichtskonzept. In die neuen Koordinaten »Erbe und Tradition« ließ sich die Geschichte der DDR als bisheriger Höhepunkt deutscher Historie nahtlos einpassen: Die DDR wurde sozusagen aus ihrer eigenen Vorgeschichte und Geschichte, das hieß: aus sich selbst heraus, legitimiert.

V.

Theoretisch betrachtet ließ sich das neue marxistisch-leninistische Geschichtsbild für propagandistische Zwecke zweifellos besser umsetzen als das alte. Es war wesentlich differenzierter und damit interpretationsfähiger geworden als das vorherige und bot zumindest inhaltlich eine größere Chance, von der Bevölkerung akzeptiert zu werden. Inwieweit es sich allerdings zur Mobilisierung der DDR-Gesellschaft für den von ihr geschaffenen Staat massenwirksam nutzen ließ und zugleich gegenüber allen »feindlichen« ideologischen Einflüssen von innen und außen immunisierte, hing von einer Reihe weiterer Faktoren ab – zunächst von dem Umstand, ob auch die Mehrheit der Bevölkerung bereit war, dieses Geschichtsbild tatsächlich anzunehmen. War diese Voraussetzung erfüllt, blieb immer noch zweifelhaft, ob die Geschichtspropaganda in gewünschter Weise aktivieren und ideologisch festigen konnte.

Allerdings sollte in diesem Zusammenhang nicht übersehen werden, daß der Übergang von einem selektiven zu einem integralen Geschichtsbild in der DDR auf der Grundlage der »Erbe-und-Tradition«-Konzeption für die SED auch neue Schwierigkeiten schuf. Dies ergab sich insbesondere aus dem doppelten Anspruch, in der DDR bilde sich einerseits der neue Typus einer deutschen Nation heraus, die in der ganzen deutschen Geschichte wurzele, ihre Identität liege andererseits jedoch ausschließlich im Sozialismus begründet. Denn mochte es auf Dauer auch wenig sinnvoll sein, sich nur mit ausgewählten Phasen der deutschen Geschichte auseinanderzusetzen, so blieb es vom Legitimationsbedürfnis der DDR aus gesehen doch durchaus zweckmäßig, »einen entlastenden Bogen«[20] um jene »reaktionären« Epochen, Klassenverhältnisse und Gestalten zu schlagen, die nach marxistisch-leninistischem Geschichtsverständnis eindeutig negativer Wertung unterlagen. Insofern war es folgerichtig, die DDR nicht mit diesem historischen Ballast zu befrachten. Der neue Zugriff auf die gesamte Geschichte gemäß der »Erbe-und-Tradition«-Konzeption warf jedoch erneut das politisch wie geschichtlich ungelöste Problem der Einheit Deutschlands auf; denn ob die SED-Führung es wollte oder nicht – in politischer wie historischer Hinsicht blieb der von ihr geschaffene Staat Teilstaat einer Nation. Die gewünschte Selbststilisierung der DDR zu einer eigenen, sozialistischen deutschen Nation wurde durch das neue Konzept insofern wieder in Frage gestellt. Denn für die Bürger der DDR schien es nicht unbedingt überzeugend, wenn sich ihr Staat in historischer Hinsicht auf die *gesamte* deutsche Geschichte berief und gleichzeitig von der Partei als eigenständige, nationale Größe propagiert wurde. Tatsächlich wurde die vormals eindeutige Zuordnung, die DDR als Ergebnis *aller* fortschrittlichen Prozesse in der Geschichte, die Bundesrepublik Deutschland hingegen als Resultat aller reaktionären Entwicklungen hinzustellen, durch dieses Konzept relativiert und damit in seiner beabsichtigten Propagandafunktion konterkariert.

Lag somit dem politisch-ideologischen Zugriff auf die gesamte deutsche Geschichte ein inhärenter Widerspruch zugrunde,[21] der die von der SED erwünschte, propagandistische Umsetzung mindern, ja gegebenenfalls völlig unwirksam machen konnte, so vermochte das modifizierte, ganzheitliche Geschichtsbild letztlich nur dann seine mobilisierende und immunisierende Funktion zu erfüllen, wenn eine weitere, vielleicht die wichtigste Bedingung erfüllt war: Dem normativen Anspruch der Partei auf höhere Legitimation des DDR-Staates und seiner Gesellschaft mußte eine ebensolche wirtschaftliche und soziale Effizienz entsprechen. Das »Erbe-und-Tradition«-Konzept setzte den erhofften Motivationsschub nur dann frei, wenn die beschworene politische Höherwertigkeit des SED-Staates den täglichen wirtschaftlichen und sozialen Erfahrungen seiner Bürger entsprach. Oder vulgär-marxistisch formuliert: Die sozio-ökonomische Basis durfte dem politisch-ideologischen Überbau nicht hinterherhinken.

Im Alltag von Leben und Arbeit der DDR-Bürger tat sich jedoch gerade hier für die weitaus größte Mehrheit ein klaffender Widerspruch auf. Der so dringend erwünschte Einsatz für Staat und Gesellschaft der DDR mußte seine beabsichtigte Wirkung dort verfehlen, wo das Recht auf Freizügigkeit buchstäblich an Mauer und Stacheldraht stieß und die Versorgung mit Verbrauchsgütern und Dienstleistungen nur unzureichend gewährleistet wurde. Nicht zuletzt daran ist der zweite deutsche Staat, die DDR Honeckers, schließlich gescheitert, wobei zweifellos weitere Faktoren hinzukamen. Ein so krasser Widerspruch ließ sich nicht mit einer noch so ausgeklügelten Geschichtspropaganda überbrücken oder gar kompensieren.

Diese Lehre aus der Geschichte der zweiten deutschen Diktatur besitzt auch für die Gegenwart der zweiten deutschen Demokratie mutatis mutandis Bedeutung. Noch immer wissen wir wenig darüber, unter welchen Voraussetzungen und Bedingungen sich ein Geschichtsbewußtsein sowohl individuell als auch massenpsychologisch herausbildet.[22] Manches spricht jedoch dafür, daß sich personale und kollektive Identitäten vor allem aufgrund vieler, alltäglicher Erfahrungen formieren und Geschichtsunterricht und Staatsbürgerkunde demgegenüber nur eine sekundäre Rolle spielen. Erweist sich die Demokratie des vereinten Deutschland als wahrhafte wie als wehrhafte Demokratie, wird sich die Identifikation ihrer Bürger mit ihr einstellen, auch wenn sie in den letzten vier Jahrzehnten unter zwei gegensätzlichen Staatsformen völlig unterschiedliche politische Erfahrungen gemacht haben.

Zygmunt Bauman

Unerwiderte Liebe

Die Macht, die Intellektuellen und die Macht der Intellektuellen [1]

»Doch die Spezies beklagt sich;
folglich ist sie vorhanden.«
Paul Valéry

Die Frage »Wer sind die Intellektuellen?« ist bekanntlich kaum zu beantworten, ohne Widerspruch hervorzurufen. Die Frage »Wer ist ein Intellektueller?« in einer verallgemeinerungsfähigen Weise zu beantworten ist jedoch geradezu unmöglich. Die erste Frage ist die nach einer Rolle, einer Funktion, einer systematischen Positionierung. Die zweite ist die nach den persönlichen Qualitäten, die es einem Menschen erlauben (oder ihn dazu berechtigen), eine derartige Rolle einzunehmen oder eine entsprechende Position zu besetzen. Die Verbindung zwischen beiden Fragen ist während des ganzen 20. Jahrhunderts ein Gegenstand intensiver wissenschaftstheoretischer Kontroversen gewesen und hat in der sozialwissenschaftlichen Praxis immer wieder die theoretischen Modellangebote gesprengt. Warum das so ist, läßt sich unschwer nachvollziehen, wenn man sich in Erinnerung ruft: Was auch immer die Intellektuellen sind – sie und sie allein waren es, die ihre jeweiligen Definitionen entwarfen und verwarfen. Jeder Versuch, Intellektuelle zu definieren, ist ein Versuch der Selbstdefinition; jeder Versuch, den Status eines Intellektuellen zu gewähren oder zu verweigern, ist ein Versuch der Selbstentwerfung. Definieren und über Definitionen zu streiten sind das Kernstück der Produktion und Reproduktion des intellektuellen Ich. In der Tat, es ist so, wie Valéry – Descartes paraphrasierend – feststellt: Sie beklagen sich; folglich sind sie vorhanden...

Andererseits bilden die Intellektuellen eine Art »sozialen Nebelflecks«: »Aber dies ist einer der weichen Nebelflecke, deren Umrisse sich immer mehr zersetzen, deren Form(en) zerrinnen oder unsichtbar werden, je mehr man sie betrachtet.«[2] Valéry läßt hier jedoch unerwähnt, daß auf diesen speziellen Nebel kein Blick aus der Distanz möglich ist: Alle Berichte kommen aus seinem Innern und können ihre Zielpunkte nur dort verorten. Der Nebel wird niemals anders als von nahem betrachtet; seine Konturen werden mehr erahnt als tatsächlich beobachtet, und festgelegt werden sie letztlich willkürlich. Manchmal fragt man sich, ob überhaupt irgendwelche Konturen da wären, wenn es nicht den unermüdlichen Drang gäbe, sie festzulegen und immer wieder neu festzulegen.

Wir erinnern uns, was Hegel sagte: Die Eule der Minerva beginnt ihren Flug in der Dämmerung. Intellektuelle begannen sich als Intellektuelle – als etwas, was nicht jeweils darin aufging, Journalist, Schriftsteller, Dichter, Künstler oder Universitätsprofessor zu sein – wahrzunehmen, als das 19. Jahrhundert auf sein Ende zuging, zu einem Zeitpunkt also, an dem ihre Funktionsgemeinschaft, ihre gemeinsame Rolle (falls es eine solche jemals gegeben hatte) nur noch Erinnerung – oder vielleicht schon Traum war. Sich selbst als Intellektuelle wahrzunehmen und über sich selbst als Intellektuelle zu sprechen bedeutete die Aufforderung, sich unter dem Banner einer neuen Uneinheitlichkeit zu vereinigen. Dies war eine Option auf die Zukunft, verkleidet als Forderung nach Wiederherstellung von Vergangenem, eine programmatische Forderung also im Gewand eines Zustandsberichts. Dahinter stand die erklärte Absicht, die Gruppe größer zu machen als die Summe ihrer Teile, indem man kollektiv eine Rolle einforderte und besetzte, die nicht auf die jeweils individuell besetzten, spezialisierten und professionalisierten Rollen reduziert werden konnte. Es ging also um den Versuch, auf der kollektiven Ebene die geistige Führungsposition der Nation zu erobern, die Funktion des Wächters und Zensors ihrer Werte – was weder Dichter noch Philosophen oder Schauspieler allein auf der Basis ihrer jeweiligen Einzelleistungen beanspruchen konnten. Eine solche Funktion hatte man einmal besessen, mittlerweile aber verloren. Sie wollte man wiedererobern – doch mußte man sie nun denselben Händen entwinden, die sie den Intellektuellen einst so willig offeriert hatten. Diese Hände waren damals ebenso wie jetzt die des Staates.

I. Der Geburtsort der Intellektuellen: der moderne Staat

Wie Robert Muchembled in überzeugender Weise demonstriert hat,[3] bestand der vielbeschworene Prozeß der Zivilisation, der seit der Pionierstudie von Norbert Elias als die bestimmende soziokulturelle Triebkraft der Modernisierung betrachtet wird, vor allem in der »kulturellen Desynchronisation« zwischen Eliten und Massen. Präziser formuliert, lautet die These, daß Westeuropa seit dem 16. Jahrhundert der Schauplatz einer kulturellen Selbstabgrenzung der Eliten war, die ganz bewußt den Rest der Gesellschaft zur »Masse« gerinnen ließen. Zu Definitionsmerkmalen dieser »Masse« wurden insbesondere ihre »Vulgarität«, ihre geringere Teilhabe am Humanen, ihre nicht gänzlich vollzogene Ablösung vom Animalischen und damit der ihr inhärente Bedarf nach Domestizierung oder Zähmung.

Obwohl seit Jahrhunderten die Binnenstrukturen europäischer Gesellschaften durch schroffe Geburts- und Einkommensunterschiede geprägt waren, bildete sich erst an der Schwelle zur Moderne eine kulturelle Entfremdung zwischen Herrschenden und Beherrschten heraus; dabei definierten die Herrschenden ihre eigene Lebensweise als »kultiviert« und damit als überlegen. Diese Festschreibung führte dazu, daß die Massen entweder als Zielobjekte eines langwierigen Kreuzzuges unter dem Banner der Zivilisierung oder aber als Objekt wahrgenommen wurden, das einer scharfen Überwachung, Kontrolle und – im Extremfall – Einschränkung seiner Bewegungsfreiheit bedurfte. Welche der beiden Strategien auch immer im Vordergrund stand, die Teilhabe der »Massen« an der Qualität des Mensch-Seins wurde als unvollständig aufgefaßt und die Massen selbst als unfähig, dieses Defizit aus sich selbst heraus zu überwinden. Daher spaltete die Selbstabgrenzung der Eliten die Gesellschaft in drei große soziale Gruppierungen – und nicht nur in zwei, wie Muchembled suggeriert: die Elite, also das selbsternannte Modell des »honnète homme«, des »homme civilisé«, oder des »homme de lumières«, die Massen – als Gegenfolie der Elite –, nämlich die Rohen, Unzivilisierten und Unaufgeklärten, und die »Trainer«, die Bildungs-Bürger als diejenigen, die die Massen zivilisieren, bilden und aufklären sollten. Diese dritte Kategorie trat mit einer gewissen Verspätung zu den Ordnungshütern hinzu, die mit der Entwaffnung und Neutralisierung der »ungebildeten« und daher unberechenbaren »gefährlichen Klassen« betraut waren.[4]

Die »Trainer« sollten bei der Verfestigung der neuen Ordnung die wichtigste Rolle spielen.[5] Diese Ordnung unterschied sich in zentraler Hinsicht von allen bisherigen. Sie war dadurch ausgezeichnet, daß sie sich ihrer selbst als menschliches Produkt bewußt war, das heißt als künstliche Gestalt, die aus dem widerspenstigen Rohmaterial der Gesellschaft gemeißelt worden war; es war eine selbstreflexive Ordnung, die die bedeutungslose Natur als ihren Gegenpol und sich als den einzigen – wenn auch gefährdeten – Schutz vor dem Chaos verstand. Eine solche Ordnung mußte ihrer ständigen Gefährdung immer eingedenk bleiben, denn jedes Nachlassen der Wachsamkeit konnte den Einbruch der naturwüchsigen Anarchie zur Folge haben. Vor allen Dingen durfte eine solche Ordnung nicht den natürlichen Fähigkeiten ihrer menschlichen Objekte vertrauen; denn diese waren von Natur aus nicht dazu geschaffen, in Frieden zusammenzuleben. Die Gesellschaft war ein Haus, in das sie mit Gewalt hineingejagt werden, oder eine Kunst, zu der sie erzogen und gedrillt werden mußten.

Dieses zweite Konzept von Gesellschaft erlaubte den Produzenten und Distributoren von Ideen eine funktionale soziale Selbstverortung. Sie ihrerseits setzten alles daran zu betonen, daß diesem Konzept die zentrale Rolle in den Prozessen zukam, in deren Verlauf Ordnung geschaffen und bestätigt werden sollte. Kultur als eine Theorie der sozialen Ordnung und als eine soziale Praxis war das Produkt dieser gegenseitigen Verstärkung. Die *Theorie* machte die Vorgabe, daß Männer und Frauen aus sich heraus nicht in der Lage seien, friedlich miteinander zu existieren, und nicht darauf vorbereitet, den quälenden Anforderungen des sozialen Lebens gerecht zu werden; daß sie dieses Handicap nur mit qualifizierter Hilfe überwinden könnten und daß sie deswegen der Unterstützung der »Wissenden« bedürften: Sie mußten erzogen werden, und zwar dazu, sich diejenigen Ideen und Fähigkeiten anzueignen, von denen die Menschen im Besitz des Wissens ihnen garantierten, daß sie richtig und ordnungsgemäß seien. Auf der anderen Seite führte die *Praxis* zur Herrschaft der »Männer der Ideen« und machte damit die Indoktrination zum entscheidenden Mechanismus der Herstellung und Verfestigung der sozialen Ordnung – kurzum, die Praxis verwandelte die soziale Herrschaft in kulturelle Hegemonie, die sie im Laufe dieses Wandlungsprozesses stabilisierte und absicherte. Ist die Theorie erst einmal akzeptiert und in die Praxis umgesetzt, dann kann mit Ernest Gellner gesagt werden:

»An der Basis der modernen sozialen Ordnung steht nicht der Henker, sondern der Professor. Nicht die Guillotine, sondern das (passend benannte) ›doctorat d'état‹ – oder das deutsche ›Staatsexamen‹ – bildet das wichtigste Werkzeug und Symbol moderner staatlicher Macht.

Das Erziehungsmonopol ist heute weitaus wichtiger und zentraler als das Monopol auf die legitime Gewalt.«[6]

An diesem Punkt der Entwicklung sieht es fast so aus, als sei der Vorhang offen für eine gegenseitig befriedigende Liebesaffäre zwischen den Professoren und ihrem Brotherrn, dem Staat. Sie brauchen sich gegenseitig; Macht ohne Wissen ist kopflos, Wissen ohne Macht ist zahnlos. Beide Seiten betrachten die Welt von dem gleichen Blickpunkt aus: nämlich als unbeackertes Territorium, das kultiviert und gestaltet werden muß. Auch sich selbst nehmen sie in ähnlicher Weise wahr: als Gestalter, Formgeber, Gesetzgeber, Gärtner. Beide sind ohne den anderen unvollständig; nur zusammen können sie sich als Protagonisten und Wächter der Gesellschaft als ganzer sehen, als diejenigen, die die höchsten Werte und das Schicksal der Gesellschaft verkörpern. Da bleibt wenig Reibungsfläche. Und wenn es keine Reibungsfläche gibt, ist für beide Seiten auch wenig Gelegenheit, beiseite zu treten und sich selbst als isolierte Einheit zu »objektivieren«. Die mit dem Bildungsauftrag Betrauten haben wenig Anlaß, sich von der Fabrikationsstätte der sozialen Ordnung zu distanzieren, indem sie sich ihr als eigene Gruppe, als Intellektuelle gegenüberstellen. Es gibt keinen Grund für sie, sich als Gruppe mit einer einzigartigen Mission und mit gruppenspezifischen Forderungen zu stilisieren. Ihrer Selbstwahrnehmung hätte eine Äußerung wenig entsprochen, wie sie Paul Valéry rund hundert Jahre später tat: »Der Stachel für jedes intellektuelle Leben ist die Überzeugung vom Scheitern, von der Fehlgeburt oder der Unzulänglichkeit der früheren intellektuellen Leben.«[7] Um dies sagen zu können, mußten sie erst kritisch gegenüber den Sachwaltern der sozialen Ordnung werden, von denen sie sich ansonsten nicht geistig ablösen konnten. Dazu mußten sie sich erst als einzige Verantwortliche für die Verbreitung von Werten aufzufassen beginnen, für die die Sachwalter der Gesellschaft sich nicht zuständig fühlen konnten – oder wollten. Als Intellektuelle – das heißt als eine Gruppe, die durch spezifische Eigenschaften, Verantwortlichkeiten und Aufgaben abgegrenzt ist –, können sie sich erst dann konstituieren, wenn ihr Handeln *Kritik* ist (genauer gesagt, indem ihr Handeln jetzt öffentlich als Kritik wahrgenommen wird, weil es gegen die offiziell sanktionierte Ordnung gerichtet ist und nicht mehr gegen die traditionelle Ordnung, die die offiziellen Agenturen der Gesellschaft unterminieren und verändern wollen).

Vielleicht liegt hier auch der Grund dafür, daß sich die Selbstwahrnehmung der Intellektuellen als einer in sich kohärenten, nach außen abgrenzbaren Gruppe erst in denjenigen Ländern herausbildete, wo Modernität nicht das ungeplante Produkt sozialen Wandels war, sondern das bewußt angestrebte Ziel – also in den Ländern, wo *Modernisierung* ein zu bewältigender und zu kontrollierender Prozeß war und wo die Schaffung der dazu erforderlichen Voraussetzungen als öffentliche Aufgabe begriffen wurde. Dies waren relativ »rückständige«, »unterentwickelte« Länder, deren Verfaßtheit – gestern noch als normal betrachtet oder bislang noch zu normal, um überhaupt bemerkt zu werden – plötzlich als rückständig oder verspätet, als »traditionsverhaftet« oder sonstwie minderwertig, entwürdigend und untragbar wahrgenommen wurde. Diese abrupte Umwertung geschah vor dem Hintergrund »moderner« Lebensformen, die anderswo entwickelt worden waren und rasch Durchsetzungskraft, Autorität und den Anspruch allgemeiner Gültigkeit erlangten. Die neu wahrgenommene Distanz löste einen Prozeß aus, den die Ethnologen als Diffusion von Stimuli bezeichnen: einen Prozeß, in dessen Verlauf die *Idee* einer »überlegenen« sozialen Organisation dort geschichtsmächtig wurde, wo die sozio-ökonomischen Vorbedingungen, aus denen heraus sie entstanden war, noch fehlten. Eine derart transplantierte Idee wird zur *Utopie* – zu einem Traum, der durch bewußte menschliche Gestaltung in Wirklichkeit zu verwandeln ist. Im Fall der »führenden« Länder, in denen der Stimulus entstand, konnte es der Aufmerksamkeit entgehen, daß das neue Muster Menschenwerk war, oder diese Tatsache konnte durch die rückwärtsgewandte Analyse mit dem Endprodukt eines mit Naturgewalt sich durchsetzenden Prozesses verwechselt werden. Im Fall der »geführten« Länder dagegen lagen derartige Mehrdeutigkeiten fern. Hier konnte der Prozeß nur in ausdrücklich kultureller Form wahrgenommen werden: als Produkt revolutionärer Gesetzgebung, als Folge von absichtsvollem und nachdrücklichem menschlichen Handeln, als bedingt durch die Zerstörung alter Formen und deren bewußte Umgestaltung. Voraussetzung all dieser Aktivitäten ebenso wie ihre Zielvorgabe war die Herausbildung des »Neuen Menschen«, der in der »Neuen Ordnung« leben konnte und ihr gewachsen war.

Diejenigen, die die fremde Ordnung adaptierten, vor deren Folie sie nun die eigene be- und verurteilten, wurden zu Kritikern der eigenen

Gesellschaft. Sie verorteten sich selbst gleichsam außerhalb der Realität, und diese mentale Distanzierung ließ sowohl die »Realität« als auch ihren eigenen intellektuellen Beobachterstatus zu »objektiven Gegebenheiten« gerinnen, die scharf voneinander unterschieden waren und sich feindlich gegenüberstanden: Sie konzipierten »Realität« von Anfang an als Gegenstand der Besorgnis und als Objekt für willkürliche Veränderung; ihren Status als Intellektuelle begriffen sie als denjenigen von Agenten des Zivilisationsprozesses, von Kulturbringern, von Normgebern. Realität war ergänzungsbedürftig, unvollständig, bar jeder Autorität; sie war Rohmaterial, das in zukünftigen Handlungen gestaltet werden mußte – unter keinen Umständen war sie selbst geschichtsmächtig.

Zuerst erreichte der Stimulus Osteuropa – dasjenige Territorium, das dem Geburtsort der Modernität am nächsten lag. Es war also nicht weiter erstaunlich, daß gerade hier das Konzept und die Praxis der Intelligentsia zuerst geprägt und erprobt wurden (das Wort selbst wurde in seiner russischen Form Teil des internationalen Vokabulars); hier wurde das Muster geschaffen, das sich später in zahllosen, mehr oder weniger weit entfernten Gegenden der Erdkugel wiederholte, die vom missionarischen Eifer der Zivilisation und vom Glauben an die eigene Universalität ergriffen wurden. Die eigentliche Bedeutung dieses Konzepts, die dann auch die auf ihm beruhende soziale Praxis bestimmte, läßt sich am besten aus dem Gegensatzpaar erschließen, das dem Konzept von Anfang an innewohnte, nämlich aus der Opposition von »Intelligentsia« und »Volk«. »Intelligentsia« war hier sozusagen der definierende Begriff; »das Volk« war »das Andere« im Verhältnis zur Intelligentsia, die träge Masse für ihre Bewegungsenergie, es war abergläubisch statt gebildet, unbedarft statt aufgeklärt, unwissend statt wissend; kurz, es war zurückgeblieben gegenüber den Progressiven.[8] Das Volk war das Ungeformte, das der Gestalt harrte, die ihm die wissende, fähige Intelligentsia verleihen würde; nie würde es diese Gestalt gewinnen können, wenn die Intelligentsia ihre Aufgabe verfehlte.

Die Intelligentsia ist, wie Arnold J. Toynbee formulierte, als eine »Klasse von Verbindungsoffizieren« und als »Verbindungsklasse« »geboren, um unglücklich zu sein«. Sie ist verdammt dazu, im eigenen Land als »Bastard« betrachtet zu werden, »von ihrem eigenen Volk gehaßt und verachtet«; und auch »in dem Land, dessen Sitten und Kunstgriffe sie so mühselig und ingeniös gemeistert hat, [zollt man ihr] keine Ehre«.[9] Dieses Schicksal ist unausweichlich, denn die Intelligentsia lebt im Niemandsland zwischen der eigenen Gesellschaft, von der sie sich bewußt entfremdet hat, und der »Mustergesellschaft«, die sie niemals als gleichwertigen Partner akzeptieren wird (man könnte sagen, daß der höchste Grad an Wertschätzung, den die exotische Intelligentsia durch die metropolitane Elite erfahren kann, diejenige ist, die dem cleveren Affen gilt, der sich kratzt wie ein menschliches Wesen...). So findet sich die Intelligentsia in einer ausweglosen Situation wieder: verhöhnt von »dem Volk«, das sie beglücken will, und bestenfalls gönnerhaft toleriert seitens der Elite, deren Autorität sie zu inthronisieren geholfen hat und selbst anerkennt. In dieser Situation neigt sie nicht selten dazu, beide Seiten gleich intensiv zum Teufel zu wünschen. Es ist die eigene kritische Grundeinstellung ebenso wie die überhöhte Selbstwahrnehmung als abgesonderte intellektuelle Elite, die gewissermaßen wie ein Bumerang nach dem weiten Bogen auf sie selbst zurückfällt.

II. Die Expropriateure werden expropriiert werden...

Diejenigen Funktionen, die im Nordwesten der europäischen Halbinsel – wo die Muster des modernen Lebens und der modernen Gesellschaft zuerst sichtbar wurden – später zum konstitutiven Attribut der Intellektuellen werden sollten, waren anfangs mit dem Einbruch der modernen Gewalten in jene Ecken und Winkel des sozialen Lebens eng verbunden, welche die alten Mächte noch dem Walten der traditionellen Bräuche und den lokalen Regelungsmechanismen überlassen hatten. Die Tätigkeit der Intellektuellen verschmolz mit den Eingriffen des entstehenden modernen Staates. Die Gesetzgebung entwickelte sich zum adäquaten Medium ihres Bildungsauftrags, während gleichzeitig der Staat im Namen des Endsiegs der Vernunft den Vertretern jedweder »pouvoir intermédiaire« den Krieg erklärte. Aus der Rückschau fügten sich damals alle intellektuell Tätigen – Wissenschaftler wie Erzieher, Politiker, Beamte oder Juristen – allem Anschein nach harmonisch zu einer noch ungeteilten Elite des entstehenden modernen Staates zusammen. Kontroversen, die diese Einheit mitunter erschütterten, betrafen die Elite als ganze und entwickelten sich kaum entlang funktioneller oder professioneller Differenzierungslinien. Es gab daher kaum Möglichkeiten, sich als *Intellektuelle* mit einem eigenen Status und einer eigenen Mission – unabhängig von den Funktionen und Pflichten der jeweiligen Berufe – zu erfahren. Doch dies dauerte nicht lange. Zwei parallele und nicht notwendigerweise miteinander verbundene Entwicklungen zerstörten diese Harmonie.

Die eine ersetzte nach und nach die ideologische Mobilisierung (die in der Phase der »einfachen Akkumulation von Legitimität« zentral war) durch das panoptische System von Regeln und Kontrollen – ein System, das in sehr viel geringerem Grad als bisher auf der Formulierung und Verbreitung »zentraler Werte« und hegemonialer Glaubenssysteme beruhte. Wie Max Weber feststellte, war das Legitimitätsprinzip, das der moderne Staat ins Feld führte, eines der Legitimation durch legale und rationale Verfahrensweisen – das heißt, es war *nichtideologisch* und *wertfrei*, es erklärte die persönlichen Überzeugungen der Menschen für irrelevant gegenüber der Pflicht zum Gehorsam. Auf der Basis einer solchen Herrschaftstechnik konnte politische Macht immer desinteressierter an den Vorteilen und Nachteilen von Ideen werden – und sie wurde es. Sie konnte großzügig auf ihr altes Recht auf Zensur verzichten. Sie konnte in jeder Hinsicht eine bislang unerhörte Gedankenfreiheit gewähren. Dieser Gnadenakt war jedoch alles andere als ein Beweis für den zunehmenden Einfluß oder die wachsende Anerkennung von Ideen und ihren Produzenten. Ganz im Gegenteil: Diese Freiheit wurde gewährt, weil Ideen für das, was die politische Macht verkörperte und für wichtig hielt, unwichtig geworden waren. Redefreiheit wurde möglich, weil Worte nicht zählten. Die Emanzipation der Kulturproduzenten sah verdächtig nach Enteignung aus...

Im Zuge der zweiten Entwicklung zerfiel die intellektuelle Tätigkeit in immer mehr und immer enger umrissene Spezialgebiete. Vorbei waren die Zeiten, als Dickens oder Ruskin John Stuart Mills »Prinzipien der politischen Ökonomie« rezensierten, als gebildete Zeitgenossen – von denen jeder das meiste Wissenswerte wußte und die über gemeinsame Kriterien darüber verfügten, was *wissenswert* war – ihre Lektüre und ihre Fragen, ihre Gedanken und ihre Debatten miteinander teilten. Zweifellos war diese Zerstückelung des Ganzen in Teile und Teile von Teilen diejenige Strategie der modernen Wissenschaft, Technologie und Verfahrenstechnik, der die spektakulärsten Errungenschaften der modernen Zivilisation zu verdanken sind, da sie den verfügbaren Bestand von Know-how und technischen Produkten vergrößerte. Doch

sie hatte ihren Preis: Sie entvölkerte die soziale und intellektuelle Beobachterstation, von der aus ein Überblick über soziale Zwecksetzungen und Bestimmungen möglich war. In der Ausdrucksweise der spezialisierten neuen Anwendungswissenschaftler hieß dies, das »Allgemeine« im »Besonderen« aufgehen zu lassen, das technisch Machbare auf Kosten des kulturell Relevanten aufzublähen. Das Ergebnis war, wie Georg Simmel scharfsinnig beobachtete, daß in jedem separaten Bereich von Fachwissen eine Vielzahl von Produkten erzeugt wird, »für die eigentlich kein Bedürfnis vorliegt; allein der Zwang, jene einmal geschaffenen Einrichtungen voll auszunutzen, drängt darauf... – und so entstehen Angebote von Waren, die erst ihrerseits künstliche und, von der Kultur der Subjekte her gesehen, sinnlose Bedürfnisse wachrufen.« Dem gleichen Gesetz gehorchend, wird auch in manchen wissenschaftlichen Disziplinen die Verfahrensweise »zu einer Mikrologie, einem Pedantismus und einer Bearbeitung des Unwesentlichen – gleichsam ein Leergang der Methode, ein Weitergehen der sachlichen Norm, deren selbständiger Weg nicht mehr mit dem der Kultur als einer Lebensvollendung zusammenfällt.«[10]
Simmel hätte hinzufügen können, daß der Trend zur Spezialisierung genau derjenigen Sprech- und Denkweise die Existenzberechtigung abspricht, für die die eben zitierten Sätze stehen. Formulierungen wie »Lebensvollendung« klingen hohl, wenn erst einmal Leben in eine endliche Menge handhabbarer Probleme zerlegt ist – und ein jedes sicher in den Händen der spezialisierten Experten verwahrt. Und wenn die Leistungsfähigkeit der Spezialisten zum einzigen Kriterium geworden ist, das es erlaubt, zwischen »Realistischem« und »purer Phantasie« zu unterscheiden – kann denn dann Nützlichkeit überhaupt noch außerhalb des Spezialistentums diskutiert werden, womöglich in so vagen, technisch nutzlosen Ausdrücken wie »subjektive Kultur«? Dieser Aspekt des Problems ist auch Valéry nicht entgangen: Die Gesellschaft, so sagt er, hat sich mehr und mehr in eine Maschine verwandelt und will und kann niemanden außer den Experten anerkennen: »Diejenigen, die man gar nicht durch einen anderen ersetzen kann – aus dem Grunde, daß es keinen *anderen* für sie gibt –, sind zugleich auch die, die keiner unbestreitbaren Notwendigkeit entsprechen. Man kann also auch unter dem Volk der Intellektuellen folgende beachtenswerten Kategorien unterscheiden: *Intellektuelle, die zu etwas dienen*, und *Intellektuelle, die zu nichts dienen.*«[11]

Die Logik der Spezialisierung verschlingt jede andere Logik; ist sie erst einmal die einzige anerkannte, reduziert sie die Adepten des »allgemeinen Denkens« zu Philosophielehrern, Literaturkritikern oder Journalisten – und überantwortet diejenigen, die sich nicht fügen wollen, dem allgemeinen Gelächter. Auf jeden Fall macht sie sie nutzlos, und zwar in jeder Bedeutung von »Nutzen«, die sie noch zuläßt.

Die Selbstvergewisserung (oder war es eher Selbsterschaffung?) der Intellektuellen war also ein Akt der Rebellion, eine Rebellion gegen mindestens zwei Feinde gleichzeitig, die zudem an mindestens drei Fronten gleichzeitig bekämpft werden mußten. Erstens mußte man sich gegen die politische Macht wenden, die sich hermetisch jeder Diskussion ethischer Prinzipien oder kultureller Werte verschloß und diejenigen als politisch irrelevant abwertete, die auf der gesellschaftlichen Bedeutung solcher Diskussionen bestanden. Zweitens mußte man sich gegen die Gleichgültigkeit, Ablehnung oder auch aktive Opposition der Mehrheit des Bildungsbürgertums abgrenzen, die sich in ihren jeweiligen Nischen der funktional zergliederten Gesellschaft gemütlich niedergelassen hatte und keine Neigung zeigte, die mit dem Expertenstatus verbundenen Privilegien aufs Spiel zu setzen; das heißt, man mußte die Berufung (etwas zu tun) gegen die institutionalisierten Rechte des Berufs (etwas zu sein) ins Feld führen. Drittens mußte man erneut die Führungsrolle gegenüber »dem Volk« herauskehren – gegenüber den Vielen, deren angeblicher Bedarf an Führung das Bedürfnis der Intellektuellen zum Führen legitimierte. Diese Führungsrolle war denjenigen, die ein Recht auf sie hatten, entzogen worden. Nun mußten die Expropriatoren expropriiert werden. Die Selbstbestätigung der Intellektuellen führt zwingend zu »einer Überzeugung, die der Sprecher zumindest mit demjenigen Teil der Gesellschaft gemeinsam hat, den er anspricht: zu der Überzeugung, daß der Sprecher Autorität von derselben Art hat, wie sie Lehrer über Schüler haben.«[12]

»Wir, die Intellektuellen«, kann man sinnvoll nur dann sagen, wenn »sie, das Volk«, unsere Führung brauchen und wir bereit sind, diese zu übernehmen, indem wir ihr Bedürfnis als unsere Verantwortlichkeit begreifen. Das »Wir« ist in diesem Fall eine Einladung an all diejenigen, die qualifiziert und bereit sind, ihr zu folgen; dieser Einladung zu folgen heißt die Grenzen zu überschreiten, die zwischen den einzelnen Berufen und ihren Funktionen gezogen worden sind. Dieser Ruf zu den

Waffen enthüllt erneut die ursprüngliche Einheit der Berufung, die durch die Fragmentierung in Berufsrollen inzwischen verlorengegangen war. Nachdem die Zeitschrift *L'Aurore Litéraire* am 13. Januar 1898 den offenen Brief Emile Zolas an Felix Faure, den Präsidenten der Republik, veröffentlicht hatte, in welchem Zola im Namen der übergeordneten Werte von Wahrheit und Gerechtigkeit gegen das Fehlurteil über Dreyfus protestiert hatte, veröffentlichte sie in zwei Dutzend der folgenden Ausgaben Protestresolutionen, die mit Hunderten prominenter und öffentlich bekannter Namen unterzeichnet waren. Dies waren, allen voran, die Namen renommierter Universitätsprofessoren, ein jeder gefolgt von der Aufzählung akademischer Würden und ehrender Auszeichnungen; doch zwischen den Akademikern fanden sich immer wieder Künstler, Architekten, Juristen, Chirurgen, Schriftsteller, Musiker. Schon in der Ausgabe vom 23. Januar konnte der Herausgeber, Georges Clemenceau, verkünden, daß eine neue und mächtige politische Macht das Licht der Welt erblickt habe und daß ihr Geburtsakt in der Vereinigung um eine politische Idee bestehe: »Ist das nicht ein Signal, all diese *Intellektuellen*, die, aus allen Himmelsrichtungen kommend, sich um eine Idee versammeln?«

Einmal in Gang gekommen, erwies sich die Lawine als unaufhaltsam. Ihre Geschwindigkeit und Ausdehnung zeigten, daß die kritische Masse über lange Zeit hinweg angesammelt worden war und nur noch auf den auslösenden Knall gewartet hatte – den die Dreyfus-Affäre dann lieferte. Der Zorn, der sich aufgestaut hatte, muß beträchtlich gewesen sein, denn schließlich kam die neue Armee – wie Ory und Sirinelli feststellen – komplett bewaffnet auf die Welt und stürzte sich kopfüber in den polemischen Kampf. Das polemische Engagement sollte das charakteristische Merkmal der Intellektuellen als einer sich selbst bewußten sozialen Gruppierung bleiben; man kann geradezu behaupten, daß diese Gruppierung genau dann und nur dann eine soziale Realität darstellt, wenn dieses Engagement aufrechterhalten bleibt – öffentliche Fragen aufgreifend, für öffentlich vernachlässigte Werte eintretend, die Wahrheit gegen den Irrtum und die Sache des öffentlichen Wohls gegen die Mächte der Finsternis verteidigend. Dieses Engagement war die einzige Kraft, die Gemeinsamkeit schaffen konnte: Ohne es wäre die Gruppe der Intellektuellen wieder auseinandergefallen, hätten ihre Mitglieder den Rückzug in die zahlreichen Unterstände der funktionell getrennten Berufe wieder angetreten.

Damit ist nicht gesagt, die Intellektuellen seien sich in politischer, ideologischer oder irgendeiner anderen Hinsicht einig gewesen – noch weniger, daß sie dies sein sollten – außer in ihrer kampfbereiten Grundeinstellung und in ihrer gemeinsam empfundenen Berufung: nämlich im Anspruch auf geistige Führerschaft über das Volk und in der Überzeugung, für die Weichenstellungen und das Schicksal der Gesellschaft als ganzer verantwortlich zu sein. Ganz im Gegenteil: Eine unbändige Rivalität durchzieht die Geschichte der Intellektuellen, die zu den bekannten Radikalisierungen der extremen politischen Positionen führte – und zwar in einem solchen Ausmaß, daß es zu ihrem charakteristischen, vielleicht sogar konstitutiven Merkmal geworden ist, einen Großteil ihrer Energie im gegenseitigen Vernichtungskrieg aufzubrauchen. Intellektuelle kamen schon in getrennten Divisionen auf die Welt, und der Krieg, in den sie sich freudig stürzten, hatte alle Merkmale eines Bruderkriegs. Die Initiative von Zola und Clemenceau und den Hunderten, die sich ihnen anschlossen, löste sofort eine Gegenreaktion Maurice Barrès' aus, eines der einflußreichsten Köpfe der Generation, der zwar nicht den Intellektuellen allgemein das Recht auf Stellungnahme in Fragen von großem öffentlichen Gewicht streitig machte, aber gerade dieser besonderen Gruppe von Denkern die Qualifikation absprach, Wahrheiten zu formulieren, die die Nation brauchte: Diejenigen, die in *L'Aurore* Position bezogen hatten, seien von der falschen Annahme ausgegangen, daß »die Gesellschaft auf Logik basiere«, und hätten dabei übersehen, daß sie vielmehr auf »übergeordneten Notwendigkeiten« beruhe, die der Vernunft widersprechen könnten. Barrès betonte, Gerechtigkeit könne als sinnvoller Begriff nur innerhalb ein und derselben Spezies verwendet werden, während Dreyfus Angehöriger einer anderen Spezies sei.[13] Auf die Gründung der »Ligue pour la Défense des Droits de l'Homme et du Citoyen« reagierte Barrès sofort mit der Gegengründung der »Ligue de la Patrie Française«, deren Tagesbefehl lautete, mit Zähnen und Klauen alle Durchbruchsversuche der Pro-Dreyfus-Liga zu verhindern – denn dann »würde niemand mehr glauben können«, alle Intellektuellen seien Parteigänger von Dreyfus. Um noch einmal Ory und Sirinelli zu zitieren: Die Intellektuellen hegten allem Anschein nach durchweg eine unübersehbare Abneigung gegen vermittelnde Positionen im Zentrum des Argumentationsspektrums und legten statt dessen eine deutliche Neigung an den Tag, sich um dessen jeweils extreme ideologische Pole zu scharen: Fast

immer gab es zwei Feldlager, und beide »vereinte dieselbe Ablehnung der etablierten Ordnung, für welche jedes Lager jeweils andere als Verantwortliche identifizierte. Die eine Gruppe machte die Fremden verantwortlich – Juden, Kosmopoliten, Internationalisten –, die andere dagegen Reaktionäre, Militaristen oder das Großkapital.«[14]
Der erste Posaunenstoß, mit dem zum Sammeln unter dem Banner einer besonderen Mission und einer spezifischen Verantwortung der Intellektuellen gerufen wurde, ertönte also um die Jahrhundertwende in Frankreich; die Reaktionen darauf variierten von Land zu Land und je nach Zeitpunkt. Es gab Zeiten und Orte, wo die intellektuelle Berufung sehr deutlich empfunden und in vehementen öffentlichen Aktionen unter intellektueller Wortführerschaft manifestiert wurde. Es gab andere Länder und Zeiten, wo man wenig oder gar nicht von »den Intellektuellen« hörte und wo die öffentlichen Debatten ohne Beschwörungen der spezifischen Identität und Aufgabe der Intellektuellen als einer gleichzeitig vereinten und doch separierten Klasse geführt wurden. Weder die Unübersehbarkeit noch die Unsichtbarkeit der öffentlichen Präsenz von Intellektuellen entsprachen dem quantitativen oder qualitativen Gewicht derjenigen Berufe, aus denen sich die Intellektuellen normalerweise rekrutierten. Ausschlaggebend für das eine wie für das andere war vielmehr, bis zu welchem Grad sich die Angehörigen der akademischen Berufe in der existierenden politisch-sozialen Ordnung aufgehoben fühlten; und dies wiederum hing vor allem von dem Grad des Vertrauens (oder Mißtrauens) in die Fähigkeit und Bereitschaft der Protagonisten dieser Ordnung ab, die für unerläßlich erachteten Voraussetzungen zur Ausübung dieser Berufe zu schaffen und abzusichern. So hat beispielsweise Nicole Racine-Furlaud herausgearbeitet, daß unmittelbar nach dem Ersten Weltkrieg die Diskussionen über Rolle und Pflichten der Intellektuellen verstummten; doch seit etwa 1925 kehrt der Ausdruck »Intellektueller« an prominenter Stelle in die Manifeste zurück »und verdrängt andere Begriffe wie ›Geist‹ oder ›Vernunft‹. Dieser lexikalische Wandel markiert offensichtlich das Ende der Hoffnungen, die die unmittelbare Nachkriegszeit bestimmten – Hoffnungen auf eine neue internationale Ordnung oder auf die Rückkehr zu den traditionellen christlichen Werten.«[15]
Der Nachkriegs-Waffenstillstand zwischen den Bildungsbürgern einerseits und den politischen Mächten und der dominanten Kultur andererseits dauerte so lange, wie diese Hoffnungen glaubwürdig

blieben. Sie waren gewissermaßen der Vorschußkredit für die erhoffte neue Ordnung. Als dieser Kredit verzehrt war, begann die Selbstmobilisierung der Intellektuellen erneut, und zwar mit verstärktem Nachdruck.

In der heutigen Zeit, wo sich Intellektuelle in der Verteidigung von Menschenrechten und Freiheit zusammenschließen, ist es ein naheliegender Fehlschluß anzunehmen, die Konflikte zwischen den politischen und den selbsternannten geistigen Führern seien immer schon Konflikte über Gedankenfreiheit gewesen und die Kulturproduzenten immer schon die öffentlichen Kassandras angesichts der ständigen Bedrohung von Freiheit durch die Bastionen der Macht. Tatsächlich jedoch variieren die Texte der ungeschriebenen Waffenstillstandsabkommen ebensostark wie die der gegen das Establishment gerichteten Manifeste. Das Auf und Ab von selbstauslöschender Affirmation und Selbstkonstitution im Protest scheint nicht um einen feststehenden Mittelpunkt zu oszillieren – es sei denn, man identifiziert als eigentliches (einziges?) Movens den sozialen und politischen Status der bildungsbürgerlichen Schichten als Hüter und Propagatoren der Werte. Es ging um die kulturelle Führerschaft; solange der Staat diese Führerschaft zu garantieren schien, gab es keinen Grund für Dissens. Die Forderung nach Freiheit wurde dann gegen das Establishment gerichtet, wenn der Staat sein Versprechen brach und das Territorium okkupierte, das die Bildungsbürger als ihren Erbhof betrachteten.

Um dies alles noch ein wenig komplizierter zu machen, muß man sich vergegenwärtigen, daß es eine grundlegende Affinität zwischen den politisch Herrschenden und den kulturell Führenden gibt, zwischen den Wächtern von Recht und Ordnung und den Wächtern des Wahren, Guten und Schönen: Beide sind Legislatoren, Gesetzgeber, beide sprechen Urteile über richtig und falsch, beide setzen Normen, denen sie obligatorische Geltung und Gehorsam verschaffen möchten. Weit davon entfernt, gleichsam natürliche Gegner der (dominierenden, angemaßten, intoleranten) Macht zu sein, brauchen die gebildeten Schichten diese Macht für die Erfüllung ihrer sozialen Funktion. Die Beziehung zwischen diesen Schichten und dem modernen Staat ist daher keineswegs durchgehend konfliktbeherrscht.

Die Art der Beziehung läßt sich vielmehr als Haßliebe umschreiben. Verdacht und Widerspruch wechseln ständig mit starker Anziehung, wenn nicht Faszination durch die staatliche Macht. Manchmal vollzieht sich dieser Wandel in einer geradezu atemberaubenden Geschwindigkeit. Meistens hausen Haß und Liebe jedoch mehr oder weniger gemütlich nebeneinander in derselben intellektuellen Gemeinschaft; oft tun sie dies sogar in ein und derselben »gespaltenen Persönlichkeit« ein und desselben Intellektuellen – auch wenn kaum einer daran erinnert werden mag. Wie Roland N. Stromberg betonte, »scheint die enthusiastische Begrüßung des Kriegs 1914 durch nahezu alle Intellektuellen aller Kategorien eines der bestgehüteten Geheimnisse der Geschichte zu sein«[16] – in den meisten intellektuellen »Ahnengalerien« hängt dafür die ruhmreiche Antikriegsveranstaltung von Zimmerwald 1917. Und erst kürzlich erinnerte Tony Judt an eine heute eigentlich kaum noch bestreitbare Tatsache:

»Es war die Intelligentsia, Männer wie Malraux oder der britische Rechtsanwalt D. N. Pritt, die die Vernichtung der Freiheit in der Sowjetunion und in den Ländern Osteuropas am wenigsten berührte. Dort machten die *Intellektuellen* die Revolution, und sie appellierten an Intellektuelle um die Anerkennung einer Legitimität, die durch Terror, durch Vernunft und durch die propagandistische Gewalt der Worte geschaffen wurde.

Auch die Opfer waren Intellektuelle, und einige von ihnen waren an der Hexenjagd nicht unbeteiligt (Slansky war ein notorischer Maulheld und Ideologe, und Bucharin, der ›Liebling der Revolution‹, titulierte wie andere auch Sinovev und Kamenev nach ihrer Verurteilung als ›Hunde, Verräter und Mörder‹).«[17]

Dies war nicht das erste und nicht das letzte Mal, daß Intellektuelle, von neuen Machthabern fasziniert, die ihre professionellen Ambitionen förderten, diese gegen die Unterminierer von Normen und Dogmen verteidigten. Intellektuelle sind die getreuesten Streiter für die Freiheit. Aber es ist immer die eigene Freiheit, die zur »Freiheit an sich« stilisiert wird – wenn es zum Schwur kommt, stellt sich schnell heraus, daß die Freiheit denen vorenthalten wird, die sich der intellektuellen Kulturdiktatur nicht bedingungslos ausliefern.

Die Intellektuellen predigen und verteidigen eine Freiheit, die vor allem in der Wahlfreiheit über Inhalte, Formen und Stile ihrer eigenen Wertschöpfung besteht, in ihrem Recht auf Mißbilligung und Mißachtung aller Interessen, die diese Wahlfreiheit beeinträchtigen und sie dadurch zwingen könnten, ihre Souveränitätsansprüche im Reich des

Wahren, Guten und Schönen zu relativieren. Dies versetzt die Intellektuellen in eine Position, die immer von zwei Seiten her bedroht ist und sie permanent in zwei Konflikte mit zwei verschiedenen Feinden in zwei verschiedenen Schlachtordnungen verwickelt: einerseits mit der bedrohlichen Staatsmacht und ihren Zwangsinstrumenten Zensur, ökonomische Erpressung und hinterlistig gewährten Vergünstigungen; andererseits mit »den Massen« oder »Konsumenten der Massenkultur«, die es sich nicht nehmen lassen, eigene Entscheidungen zu treffen und die der selbsternannten Hüter der Kultur zu mißachten – weswegen sie von diesen als philiströs, vulgär oder borniert beschimpft werden. Mit ihren eigenen Mitteln können die Intellektuellen nicht beide Feinde zur gleichen Zeit besiegen und unterwerfen. Sie müssen Kompromisse schließen, sich sogar in Abhängigkeiten begeben – nur um nach einer Weile festzustellen, daß der Schutz, den die freundliche Umarmung des vermeintlichen Alliierten gewährt, sich als kaum weniger drückend erweist als die Unterdrückung des aktuellen Feindes.

Die unvereinbaren Komponenten dieser intellektuellen Misere finden sich in der scharfsinnigen, wenn auch von Selbsttäuschung keineswegs freien Analyse des zwiespältigen Verhältnisses zwischen Kultur oder Kulturproduzenten und Staatsverwaltung, die Theodor W. Adorno 1960 veröffentlicht hat. Adorno will anerkannt wissen, »daß das spezifisch Kulturelle eben das der nackten Notdurft des Lebens Enthobene ist«. Für ihn ist Kultur »das über das System der Selbsterhaltung der Gattung Hinausweisende«.[18] Solche Festschreibungen zielen darauf ab, dem Vorwurf der Nutzlosigkeit, Unproduktivität und Realitätsferne zuvorzukommen, den die derzeitigen Machthaber als selbsternannte Hüter der Zweckrationalität den Kulturproduzenten besonders gern dann machen, wenn diese wieder einmal für die Unterstützung von etwas auf die Barrikaden gehen, für das die Staatsgewalt keine Verwendung hat. Adorno weiß natürlich, daß sein Argument bei denjenigen, an die es gerichtet ist, auf taube Ohren stößt. Doch er hat keine Alternative, denn ohne Förderung und Unterstützung durch den Staat ist die Kultur am Ende: Erst die Macht läßt ihr Urteil verbindlich werden:

»Diese Paradoxie wäre zu entfalten: daß sie (die Kultur) Schaden nehme, wenn sie geplant und verwaltet wird; daß aber, wenn sie sich selbst überlassen bleibt, alles Kulturelle nicht nur die Möglichkeit der Wirkung, sondern die Existenz zu verlieren droht.«[19]

Von wo aber geht die Bedrohung aus? Von den Konsumenten, die bezweifeln, daß Kultur »überhaupt der buchstäblichen Selbsterhaltung der Menschen dient«.[20] Also muß eine Verwaltung, die – wozu sie verpflichtet ist – Kulturpolitik betreibt, dies nach Adornos Meinung unabhängig vom Willen der Majorität tun.
Wie das ideale Tableau intellektueller Kulturproduzenten aussehen würde, können wir der einzigen Stelle entnehmen, an der Adorno seine allgemeinen Überlegungen in einen praktischen Vorschlag münden läßt:
»Verwaltung, die das Ihre tun will, muß sich ihrer selbst entäußern. Sie bedarf der geschmähten Figur des Experten. Keine Stadtverwaltung etwa kann entscheiden, von welchen Malern sie Bilder ankaufen soll, wenn sie nicht auf Menschen sich stützen kann, die ernsthaft, objektiv und fortgeschritten etwas von Malerei verstehen.«[21]
Die allgegenwärtigen Übergriffe der politischen Macht und die Kulturbanausen der Massenkulturgesellschaft: das sind Skylla und Charybdis der heutigen Kulturproduzenten. Unerleuchtet, wie sie sind, befürwortet weder die eine noch die andere Seite den intellektuellen Anspruch auf Hegemonie; statt dessen beuten beide genau das Territorium aus, auf dem diese Hegemonie zu errichten wäre. Der einzige Ausweg aus diesem Dilemma, den Adorno sich vorstellen kann, führt zum altbekannten und immer wieder enttäuschenden Traum vom »aufgeklärten Despoten« – der despotisch genug sein muß, um die vox populi mißachten zu können, aber aufgeklärt genug, um das Ausmaß der eigenen Ignoranz erkennen zu können, und der daher den Wissenden bescheiden das letzte Urteil einräumt. Und der vor allem, um dies noch hinzuzufügen, sich bereits hat überzeugen lassen, daß es überhaupt der Mühe wert ist, sich auf Kultur einzulassen.

III. Fragwürdige neue Selbstentwürfe

Die Zwiespältigkeit der Beziehung zwischen den Intellektuellen und den politischen Administratoren der etablierten Ordnung erklärt zwei eigentlich unvereinbare, heute gemeinsam auftretende Tendenzen. Einerseits erfahren weltweit diejenigen Berufe, aus denen sich im Laufe dieses Jahrhunderts die Intellektuellen rekrutiert haben, einen völlig neuen Status- und Einflußzuwachs. Andererseits scheint sich die

Neigung der Intellektuellen mehr oder weniger verflüchtigt zu haben, mit eigener Stimme und im eigenen Namen zu sprechen und ein kollektives Recht auf Urteilsfindung in Angelegenheiten des öffentlichen Interesses einzuklagen. Man hört sehr viel seltener als früher von intellektuellen Kampfschriften. Das Gefühl der intellektuellen Einheit über die Grenzen der Disziplinen und Professionen hinweg regt sich offensichtlich nur noch sporadisch, und zwar meistens dann, wenn berufliche Vorrechte bedroht sind: etwa wenn einem Kollegen eine Behandlung widerfährt, der man selbst nicht ausgesetzt sein möchte. Grundsätze, die heute noch ein größeres Spektrum der akademischen Berufe zu ihrer Verteidigung mobilisieren können, betreffen selten andere als spezifisch bildungsbürgerliche Bedürfnisse und Interessen. Gleichzeitig sind die Angehörigen der akademischen Berufe völlig davon beansprucht, ihre sorgfältig eingezäunten Vorgärten zu verteidigen. Die Ärzte und Chirurgen setzen sich für die Krankenhäuser ein, die Professoren für die Universitäten und die Lehrer für die Schulen, und die Künstler fordern mehr Geld für die Theater, Symphonieorchester oder die Filmindustrie.

In einem 1977 veröffentlichten Interview mit Alessandro Fontana und Pasquale Pasquino[22] formulierte Michel Foucault eine Art Nachruf auf den »universalen« Intellektuellen als Gegenteil des »spezifischen« Intellektuellen, der sich daran gewöhnt habe, nicht in der Kategorie des Universellen, des Exemplarischen, der »letztgültigen Wahrheiten« zu denken, sondern in den Kategorien des spezifischen Sektors, in dem er durch seine eigenen Lebens- und Arbeitszusammenhänge eingehegt ist. Der heute ausgestorbene »universale« Intellektuelle war, so Foucault, zuerst und vor allem Schriftsteller, unabhängig von seiner jeweiligen Berufszugehörigkeit; doch die Tätigkeit des Schreibens steht nicht mehr im Mittelpunkt der Dinge. Die »spezifischen« Intellektuellen haben das Kommando übernommen, und sie sind in erster Linie Träger von Berufsrollen – Richter oder Psychiater, Ärzte oder Sozialarbeiter, Labortechniker oder Soziologen, und zwar unabhängig davon, was sie schreiben und ob sie überhaupt schreiben. Der »spezifische« Intellektuelle ist ein Experte. Wenn er sich öffentlich äußert, tut er dies »im Namen einer ›lokalen‹ wissenschaftlichen Wahrheit«. Die universalen Intellektuellen sind ausgestorben, die spezifischen Intellektuellen beherrschen die Szene. Bedeutet dies aber, daß die spezifischen Intellektuellen ihre universalen Vorgänger *ersetzt* haben? Daß sie ihre

Funktionen übernommen und daher auch das Recht auf ihren Titel haben?

Foucault ist sich bewußt, daß die Behauptung, die spezifischen Intellektuellen spielten in der Öffentlichkeit überhaupt eine Rolle, auf Ungläubigkeit stoßen kann. Tatsächlich steht dem entgegen, daß die spezifischen Intellektuellen mit speziellen Gegenständen befaßt sind, die die Mehrheit kaum betreffen – und selbst wenn das der Fall wäre, würden sich die Auseinandersetzungen der Fachleute kaum dazu eignen, die übrige Bevölkerung zur aktiven Beteiligung zu animieren. Foucaults Behauptung könnte auch mit dem Argument widersprochen werden, daß diese Art von Intellektuellen im großen und ganzen den Interessen von Staat und Kapital dienen oder ausschließlich den enggumgrenzten, gewissermaßen provinziellen Interessen des eigenen Berufsstandes. Doch Foucault beharrt auf seiner Ansicht, »es sei ein gefährlicher Fehler«, den spezifischen Intellektuellen aus diesen oder anderen Gründen nicht in die Rechnung einzubeziehen. Auch wenn sie nur mit ihrer »lokalen« Wahrheit befaßt seien, müßten sich spezifische Intellektuelle notgedrungen mit der politischen Macht einlassen – die Reiche der Wahrheit und der Macht überlappen sich, so Foucault, aus dem einfachen Grund, daß »Wahrheit nicht außerhalb der Macht steht« und daher die Politik der Wahrheit nicht von der allgemeinen Politik getrennt werden kann.

Man kann sich eine »schwache« und eine »starke« Interpretation von Foucaults Apologie der Experten vorstellen, die nunmehr trotz des ihnen anhaftenden Makels des Spezialistentums zu intellektuellen Rittern geschlagen worden sind. Einer schwachen Auslegung entspräche die Aussage, daß in irgendeiner Hinsicht jedes Mitglied der gebildeten Schichten mit der Erforschung, Formulierung und Vermittlung von Teilwahrheiten befaßt und daher immer schon – ohne es zu wissen oder zu beabsichtigen – »politisch tätig« ist (etwa so wie Molières Monsieur Jourdain, der – ohne es zu wissen – sein ganzes Leben lang Prosa gesprochen hat). Dies mag richtig sein, doch berechtigt das noch nicht dazu, die »Psychiater und Laborassistenten« als heutige Nachfolger und funktionale Äquivalente der Intellektuellen zu deklarieren – jedenfalls nicht allein auf der Basis ihres »unbewußten« politischen Handelns.

Die »starke« Interpretation läuft auf die Behauptung hinaus, daß die Psychiater, Laborassistenten und anderen Experten, die in ihren Berufsrollen immer wieder in Gegensatz zu den Inhabern der politischen Macht und ihren Verwaltungsbeamten geraten, unweigerlich irgendwann entdecken werden, es existiere eine Verbindung zwischen ihren »lokalen« Wahrheiten und dem allgemeinen, immer schon politischen »Reich der Wahrheit«. Dann werden sie von »Intellektuellen an sich« zu »Intellektuellen für sich« werden und sich als solche politisch engagieren. Da diese letzte Interpretation eine empirisch überprüfbare Aussage über die soziale Wirklichkeit darstellt, kann man sie anhand des Verhaltens zeitgenössischer Experten testen.

Täte man dies, würde sich jedoch bald herausstellen, daß die Neigung der akademischen Experten, sich infolge eines politischen Bewußtwerdungsprozesses zu einer mehr oder weniger homogenen sozialen Bewegung zu formieren, ausgesprochen gering entwickelt ist. Sie scheinen sich vielmehr ziemlich genau in der Gegenrichtung des von Foucault festgestellten (erhofften?) Prozesses zu bewegen.

Vor dem Hintergrund ihrer Seinsweise liegt dieses Verhalten der »spezifischen Intellektuellen« durchaus nahe. Die Transformation der »universalen« in »spezifische Intellektuelle« hat Qualität und Funktionen der Intellektuellen in zwei entscheidenden Hinsichten verwandelt. Zum einen sind sie jetzt *Experten*, und das heißt selbst für diejenigen unter ihnen, die es überwiegend mit Menschen und nicht mit Gegenständen zu tun haben, daß sie mit den Laien (»dem Volk«) nicht mehr als Lehrer, Führer und Aufseher, sondern als Ingenieure in Beziehung treten: Sie nutzen ihr Wissen zur Steuerung menschlichen Verhaltens, doch bleibt dieses Wissen esoterisch – es ist nicht mehr der »aufklärerische« Inhalt, der den Menschen nahezubringen ist. Die Distanz zwischen den Aufklärern und den Aufzuklärenden ist (wenigstens der *Theorie* der Aufklärung zufolge) definiert als die Herausforderung, diese Kluft zu verringern und schließlich zu überbrücken, und Aufklärung ist nichts anderes als der Bau dieser Brücke. Der Abstand zwischen den Experten und ihrer Klientel ist demgegenüber sowohl in der Theorie wie in der Praxis unüberbrückbar und immer gleich tief; tatsächlich ist es geradezu konstitutiv für die Tätigkeit des Experten, daß er die grundlegende Differenz zwischen seinem Know-how und der Ignoranz derjenigen, die es einfordern, immer wieder unterstreicht. Zum anderen sind die Gebildeten jetzt *Spezialisten*, das heißt, die Ausübung ihres Berufes trennt sie voneinander, statt sie zu verbinden. Jedes Spezialwissen muß aber esoterisch, ja, geradezu ein Geheimwissen bleiben, mit dessen Hilfe die Uneingeweihten auf ihren Platz verwiesen und Außenseiter ferngehalten werden können; Spezialwissen errichtet die Barriere nicht nur gegenüber den »Nichtwissern«, sondern auch gegenüber den anderen, potentiell konkurrierenden »Spezialwissern« – als Barrikade im dauernden Krieg um die Zuteilung knapper Ressourcen. Soweit das Konzept »Intellektuelle« eine im großen und ganzen einheitliche Schicht mit einer gemeinsamen Mission und einer Neigung zu kollektivem Handeln enthält, ist der Ausdruck »spezifischer Intellektueller« ein Widerspruch in sich.

Die Grundeinstellung der Experten gegenüber ihren menschlichen »Objekten« ist, wie Harold Perkin in seiner Geschichte der Professionalisierung und des Expertentums herausgearbeitet hat,[23] die der Arroganz und Verachtung: Perkin spricht von der »kollektiven Herablassung der Experten gegenüber denjenigen, die sie als verständnislose, für ihre Botschaft unzugängliche Masse wahrnehmen«. Die Masse ist eine Ansammlung von zu bearbeitenden Objekten, kein Gesprächspartner – eine Wahrnehmung, in der stumme Objekte einer monologischen Praxis gegenüberstehen. Die Praxis der Experten vertieft diese Abhängigkeit, diese Verdinglichung ihrer Objekte; eine dialogische Beziehung zu ihnen herzustellen bedeutet die Entthronisierung des Experten. Das Berufsgeheimnis, abgesichert durch den expliziten beruflichen Habitus und die undurchdringliche Schallmauer einer esoterischen Sprache, ist die zentrale Bastion des professionellen Status, an der alle Attacken auflaufen. Gegenüber den Laien *handeln* die Experten; nur untereinander *sprechen* sie und erkennen dadurch andere Experten als gleichrangig an, als abgehoben vom verdinglichten Rest der Gesellschaft. Doch verhalten sich die Experten untereinander, wie Perkin feststellt, kaum offener und zugänglicher als gegenüber den Laien; er charakterisiert die grundlegende Rivalität der Experten untereinander mit einem Bonmot George Bernard Shaws: »Kein Experte kann den Mund aufmachen, ohne daß ihn ein anderer schmäht.« Jeder Inhaber von Spezialwissen bemüht sich nach Kräften, die Autorität aller anderen zu unterminieren, als ob die Diskreditierung der Konkurrenz der sicherste Weg zum eigenen Erfolg sei. Die kollegiale Kritik ist mit Neid und Mißgunst durchsetzt, zielt mehr auf Verletzen als auf Helfen ab, und die Meinungen der Experten aus anderen Disziplinen – vor allem wenn sie unmittelbar benachbarte Felder beackern – könnten kaum herabsetzender sein. Das liest sich, wie Perkin feststellt, dann so: »Physik ist die Grundlagenwissenschaft; Chemie ist angewandte Physik«; »Naturwissenschaft ist Wissenschaft; Sozialwissenschaft ist organisiertes Vorurteil«; »Wirtschaftswissenschaftler untersuchen Fakten; Politikwissenschaftler halten ›Fakten‹ für den Plural von Anekdoten«; »Sozialwissenschaft produziert überprüfbare Theorien; Geschichtswissenschaft ist Faktenhuberei«. Diese Liste könnte von allen Leserinnen und Lesern mühelos ad infinitum fortgesetzt werden. Je kürzer die Universitäten finanziell gehalten werden, um so teurer kann jeder Augenblick fachwissenschaftlicher Unaufmerksamkeit kommen – und um so weniger Zuneigung wird zwischen den akademischen Kollegen verschwendet.

IV. Schweigen im Walde

Nachdem Max Gallo, ein Sprecher des Elyséepalastes, 1983 über das »Schweigen der Intellektuellen« geklagt hat, ist das plötzlich verdächtige öffentliche Schweigen der Intellektuellen in einem westlichen Land nach dem anderen festgestellt und landauf, landab befremdet und besorgt diskutiert worden. Fast will es scheinen, als sei die öffentliche Verkündigung ihrer Abdankung die letzte öffentliche Proklamation der Intellektuellen im Stil der weltbewegenden ideologischen Debatten vergangener Tage gewesen. Wie einige scharfblickende Beobachter vermerkt haben, ist jedoch die Unsichtbarkeit und Unhörbarkeit der Intellektuellen wohl weniger auf ihr Schweigen zurückzuführen als darauf, daß niemand sich mehr dafür interessiert, was sie sagen oder tun; Intellektuelle reden nicht weniger, man hört ihnen nur seltener zu. Wenn man sich die Mühe machen wollte, könnte man sicherlich auch heute noch etliche Grabenkämpfer für das Absolute und nicht weniger Guerillakrieger für das Relative auftun – also Vertreter der beiden »allgemeinen Spezialismen«, in denen die Intellektuellen ehedem brillierten; doch weniger Menschen als je zuvor haben Verwendung für das Absolute oder fühlen sich bedroht vom Relativen.

Man kann sich darüber streiten, was hier Ursache und was Wirkung ist: Sind die Gebildeten, verführt durch die Anziehungskraft und materielle Ausstattung ihrer neuen, gemütlichen Büros, ihrer Mission abtrünnig geworden, und unterrichten sie das Publikum jetzt nur noch davon, daß es ihrerseits nichts Bemerkenswertes zu berichten gibt? Oder zogen sie sich eher widerwillig in ihre jeweiligen professionellen Unterstände zurück, vertrieben von der zunehmenden Gleichgültigkeit, dem Auseinanderlaufen ihres Publikums? Es waren wohl beide Entwicklungen gleichzeitig, die zur heutigen »Unsichtbarkeit der Intellektuellen« geführt haben. Und ich vermute, daß diese Entwicklungen ihrerseits die sozialpsychischen Folgen eines strukturellen Wandels sind, auf den man letztlich beide zurückführen kann: Gemeint ist der Strukturwandel der Mechanismen sozialer Kontrolle und Integration von der *panoptischen* zur *verführerischen* Technik.

Die »panoptische«, das heißt überwachende, disziplinierende, unterdrückende Machtausübung in der Art, wie Foucault sie beschrieben hat, ist in der zweiten Hälfte des 20. Jahrhunderts zunehmend in den Hintergrund getreten. Sie reduziert sich im großen und ganzen auf die Verteidigung der äußeren Grenzen der expandierenden Konsumgesellschaft und auf die Entsorgung des menschlichen Abfalls, den eine solche Gesellschaft notwendigerweise produziert.

Für die meisten Mitglieder der Konsumgesellschaft hat mittlerweile die Verführung als wichtigster Faktor des Verhaltens und der Lebensbewältigung den Zwang ersetzt. Der Massenkonsum birgt heute diejenige Quelle, aus der sich Selbstwerdung und Selbstbestätigung sowie soziale Anerkennung für private Entwürfe speisen. Die Marktszenerie unterscheidet sich von der panoptischen durch die Privatisierung sowohl der Anstrengungen wie ihrer Vereitelungen und der daraus resultierenden Proteste. Die Behauptung, daß der Markt weniger Unglück und Protest hervorruft als vormals die offene Unterdrückung einer normsetzenden, überwachenden und strafenden Macht, ist zumindest diskussionswürdig. Evident ist jedoch, daß die Frustrierung von Bedürfnissen, die sich an den Markt richten, nur noch zu diffusen Protestationen führt, die sich nicht mehr in sozialen Bewegungen bündeln lassen. Soweit sie überhaupt zur Formulierung kollektiver Forderungen führen, sind diese in der Regel partial und lokal und richten sich nicht gegen das Grundprinzip der marktvermittelten Privatisierung von Aufgaben und Verantwortlichkeiten und stellen die Werte, die der Konsumgütermarkt verkörpert und zu liefern behauptet, auch nicht in Frage. Anders als am Arbeitsplatz pflegen in Einkaufszentren »öffentliche Angelegenheiten« selten in den Blick zu geraten; die Diskussion um Werte verflüchtigt sich angesichts der Diskussion um Preise und andere »echte Probleme«, die die Geschäftswelt und ihre Kundschaft Tag für Tag beschäftigen.[24]

Aus diesen Gründen gibt es in der Öffentlichkeit nurmehr wenig, was die gebildete Elite aus ihren wohnlichen professionellen Rückzugsgebieten locken könnte. Ihre eigenen Sorgen bilden längst schon, wie alle anderen privatisierten, keine Basis für kollektives Handeln; und allgemeinere Belange, die von intellektuellen Führern dort zu formulieren wären, wo sich einmal der sogenannte öffentliche Bereich erstreckte, sind rar, wenn nicht ganz verschwunden.

Russell Jacoby hat in sehr überzeugender Weise die Rolle der Professionalisierung bei der Auflösung des intellektuellen Milieus in New York analysiert. Die früher ungebundenen öffentlichen »opinion leader« wurden auf Lehrstühle für Geschichte, Politologie oder Soziologie befördert. Jetzt sind sie ordentliche Professoren und sprechen in den Seminarräumen und Hörsälen (allerdings klingt ihre Stimme von dort nur noch gedämpft nach draußen und reicht fast nie über das Universitätsgelände hinaus). Alles in allem »haben Kollegen das allgemeine Publikum ersetzt und der wissenschaftliche Jargon die englische Sprache«. Nicht daß die alten Schlachtrösser das Schlachtfeld gänzlich geräumt hätten: Sie versammeln sich nach wie vor unter Bannern, und deren Liebstes ist ihnen das der akademischen Freiheit. Doch »für viele Professoren in vielen Universitäten hieß akademische Freiheit nichts anderes als die Freiheit, Akademiker zu sein«.[25] Soziales Engagement der Akademiker, soweit es überhaupt zu beobachten ist, hat alle Merkmale eines Aktes von Inzest. Ihre Schlachten, so heftig und grausam sie oft sein mögen, lassen die uneingeweihten »Außenseiter« mehr oder weniger kalt. Das Jerusalem ihrer Kreuzzüge, so intensiv es auch in den Köpfen der Kreuzfahrer leuchten mag, sieht bei Licht betrachtet doch eher nach dem gelobten Land aus, in dem Forschungsmittel, Arbeitsplätze und Anerkennung wie Milch und Honig fließen.

Für Frankreich konstatierte Régis Debray für die Zeit um 1930 das Ende des »Universitätszyklus« (also jenes Zeitraums, in dem intellektuelle Karrieren überwiegend in den Universitäten gemacht oder verhindert wurden); an diesen schloß sich seiner Betrachtungsweise nach ein »Herausgeberzyklus« an, der um 1968 durch den »Medienzyklus« ersetzt wurde. Der Werdegang New Yorker Intellektueller der letzten Generation erinnert sehr an diesen Reigen: Die Beschränkung auf die Universität wurde gleichbedeutend mit dem Exil in exotischen Gegenden, wo Kollegen das Publikum ersetzten. An die Rampe der Öffentlichkeit trat man dann in den großen Verlagshäusern, um daraufhin zu den Medien – vor allem zum Fernsehen – überzuwechseln. Jeder Wechsel brachte einschneidende Veränderungen der Spielregeln, der Karrieremuster, der öffentlichen Einflußnahme und der Kriterien für Erfolg mit sich. Vor allem wechselte mit jedem Schritt die Instanz, die den intellektuellen Einfluß vermittelte; etwa seit 1930 waren dies nicht mehr die Intellektuellen selbst, sondern diese Funktion wurde zunehmend unabhängiger vom intellektuellen Diskurs. Heute gelten auch hier die »Gesetze des Marktes«; die Universitäten haben ihr Monopol bei der Verleihung intellektuellen Renommees längst verloren, soweit dieses außerhalb der Fakultätsgebäude und der Jahresversammlungen esoterischer akademischer Vereinigungen gemessen wird. Der Intellektuelle, soweit er sich als ein solcher zu erkennen gibt, besteht gleichsam aus zwei Schichten: unten die Legitimität (le savoir), oben die Wirksamkeit (le faire-savoir). Wichtiger als das Zertifikat oder der akademische Titel ist die Möglichkeit, daraus öffentliches Kapital zu schlagen – und über diese Möglichkeit entscheiden keine akademischen Gremien. Die Kriterien für öffentliche Wirksamkeit haben sich radikal gewandelt: Sie werden nicht mehr aus dem Grad der Gelehrsamkeit und des wissenschaftlichen Tiefgangs gebildet; »der Wahrheitswert des Verkündeten verschwindet hinter dem Unterhaltungswert des Verkünders«.[26]

Debray hat dieses System »mediokratisch« genannt: Es sind die Medienmanager, die über die Ausgestaltung der »Intellektuellen« entscheiden, das heißt über das öffentlich sichtbare und möglicherweise einflußreiche Segment der gebildeten Schichten. Auch wenn sie die Inhalte der Botschaft nicht direkt unter Kontrolle haben, kontrollieren sie in jedem Fall die Schwerpunktsetzungen und sorgen dafür, daß nur solche Botschaften ins Rampenlicht geraten, die »Unterhaltungswert« haben könnten.

Es ist kaum zu bezweifeln, daß das, was heute als »Unterhaltungswert« einer möglicherweise öffentlichkeitswirksamen Debatte eine so zentrale Rolle spielt, immer schon eine der Zugangsvoraussetzungen intellektueller Botschaften zur öffentlichen Wirksamkeit war. Die mittlerweile erreichte exklusive Stellung der Massenmedien im Mittelpunkt öffentlicher Aufmerksamkeit – eigentlich bereits als definitiver Horizont öffentlicher Weltwahrnehmung überhaupt – hat nur die Prioritäten neu gesetzt. Doch hat diese neue Prioritätensetzung weitreichende Konsequenzen. Intellektuelle Kampfansagen, soweit sie überhaupt noch gemacht werden, sind nurmehr eine »Nachricht« unter anderen, und ihr Gewicht mißt sich ausschließlich nach der Einschaltquote. Das Kriterium für die Relevanz der Inhalte ist, wie bei anderen Medien-»Ereignissen« auch, ihr spektakulärer Gehalt.

Öffentliche Aufmerksamkeit ist heute die knappste aller Ressourcen. Das zentrale Problem einer Wirtschaftsform, die auf der Modellierung von Bedürfnissen und Wünschen beruht, ist es, immer wieder Aufnahmefähigkeit für neue Konsumgüter zu schaffen; dies ist auch die wichtigste Aufgabe, deren Lösung die Wirtschaft vom Staat erwartet (eines der schlagendsten Beispiele dafür war der Golfkrieg, der dem »kalten« Krieg auf dem Fuß folgte und dazu diente oder vielleicht auch nicht zuletzt dadurch motiviert war, die überfüllten Lager der Rüstungsindustrie zu leeren). Unter den Konsumgütern stellt Information wohl den häufigsten und am leichtesten multiplizierbaren Artikel dar – daher die zentrale Bedeutung der öffentlichen Aufmerksamkeit, die im Fall des Konsumguts Information über die Aufnahmefähigkeit des Marktes und die Intensität der Nachfrage entscheidet (etwa so wie das Ausmaß, in dem sexuelle Begierde geweckt und der Wunsch, geliebt zu werden, erregt werden kann, über die Nachfrage nach Kosmetika entscheidet). Was auch der Inhalt oder die wie auch immer gemessene »objektive« Bedeutung intellektueller Botschaften sein mag, sie müssen mit anderen Konkurrenten um ihren »Marktanteil« (also ihren Anteil an öffentlicher Aufmerksamkeit) kämpfen, und zwar nach den Regeln des Konkurrenzkampfs. Um in ihm zu bestehen, brauchen auch sie Experten (Spezialisten für Reklame und offensive Verkaufsstrategien). Wie andere Waren müssen auch sie am Markt getestet werden, müssen ihre Verkäuflichkeit demonstrieren und auch erreichen. Diesen Test zu bestehen, entscheidet vor allem anderen über das Schicksal intellektueller Auseinandersetzung mit der sozialen Realität.

Ob überhaupt irgendwelche Themen eine Chance haben, diesen Test zu bestehen, und wenn ja, welche, ist demzufolge die Kernfrage, auf die sich die Marktexperten konzentrieren. Ory und Sirinelli haben recht mit ihrer Feststellung, daß die Behauptung, es gebe keine »großen Themen« mehr, eine lahme Ausrede sei,[27] denn es waren in der Regel die Intellektuellen selbst, die ihre Themen groß machten, indem sie sie in Großbuchstaben auf ihre Banner geschrieben und das Publikum so lange beschwatzt und zusammengetrommelt haben, bis es ihnen die gewünschte Aufmerksamkeit gewährt hat. Doch was früher die Regel war, ist in einer Welt, die in auseinanderdriftende Spezialismen zerfällt, von denen jeder abweisende Traditionen stiftet, nicht mehr ohne weiteres gültig. Intellektuelle können, sollte sie der Wunsch dazu überkommen, immer noch Slogans auf ihre Banner schreiben, doch auf das Zusammenströmen ihrer Gefolgschaft haben sie keinen Einfluß mehr. Wenn ihre Themen »groß« werden, dann nicht wegen der Stärke der Argumente, sondern weil sie sich gut verkaufen – und auf diesen Aspekt ihres Schicksals haben die Intellektuellen selbst den geringsten Einfluß. Am ehesten können sie noch darauf rechnen (was einige von ihnen tatsächlich noch erfreuen kann), daß die Medienmanager sie mit der Einladung ehren, ein oder zwei Zeilen eines Scripts zu lesen, das nicht von ihnen verfaßt ist; für die Manager sind sie nützlich als Experten, die mit ihrer esoterischen Autorität den Unterhaltungswert der Vorstellung erhöhen. Jedes öffentliche Auftreten eines Intellektuellen verschärft die allgemeine Entintellektualisierung der Kategorie »Intellektuelle«; es verstärkt die bestehende professionelle Aufsplitterung und ist Teil der Zwangsjacke, in welche die Expertenrolle den Status und das öffentliche Image der gebildeten Schichten gesteckt hat.

Indem so die institutionalisierte Form ihrer Vergesellschaftung eher ein Handicap als einen Vorteil darstellt, haben die Intellektuellen der postmodernen Epoche relativ schlechte Karten im Spiel um die Wiedererlangung der kollektiven öffentlichen Funktion, die sie auf dem Höhepunkt der Moderne gehabt haben. Etwas kryptisch und nicht ohne Anflüge von Selbstüberschätzung machte vor einigen Jahren André Gorz dem daraus entstandenen Gefühl der Aussichtslosigkeit Luft, als er erklärte, daß »im Gegensatz zu ihren Vorläufern die gegenwärtige Krise die Ankündigung von nichts mehr ist«. Baudrillard formulierte es noch krasser: Es gibt kein »Soziales«, keine Gesellschaft, keine Geschichte mehr – und also, per Definition, keine Intellektuellen. Beide scheinen zu meinen, heute fehle den Intellektuellen im Gegensatz zu einer noch nicht allzu entfernten Vergangenheit der archimedische Punkt, von dem aus der Hebel der Geschichte angesetzt werden könnte; die Alternativen zu dem, »was ist«, sind eine nach der anderen diskreditiert worden und mußten fallengelassen werden.

Und, um die Sache noch deprimierender zu machen: Sie sind keineswegs sicher, in welcher Richtung sie den Hebel ansetzen würden, wenn er denn angesetzt werden könnte. Nachdem zu viele aufeinander folgende Traumwelten hauptsächlich wegen der schmerzhaften Wunden unvergessen bleiben, die sie geschlagen haben, ist das Träumen überhaupt in Verruf geraten. In unserer Welt sind nicht nur die Gewißheiten zu Grabe getragen worden, selbst der Nutzen von Gewißheiten ist fraglich geworden. Um es in den Worten François de Closets zu sagen: »In Paris ebenso wie in Moskau werden Antworten gesucht, ohne daß man in der Lage ist, die Fragen zu formulieren.«[28] Im Rückblick erweist sich der berühmte Mai 1968, gepriesen als der historische Zusammenschluß derjenigen, die denken, mit denjenigen, die leiden, eher als eine große Kostümprobe für die postmoderne »Rebellion ohne Ziel«. Würde Voltaire heute seinen »Candide« überarbeiten, wäre die Neufassung des Schlußsatzes[29] dann: »Aber man muß fernsehen«?

Anhang

Anmerkungen

Ute Daniel / Wolfram Siemann

Historische Dimensionen der Propaganda

1 Vgl. WOLFGANG SCHIEDER / CHRISTOF DIPPER, Artikel »Propaganda«, in: Geschichtliche Grundbegriffe. Historisches Lexikon zur politisch-sozialen Sprache in Deutschland, Bd. 5, Stuttgart 1984, S. 69–112, hier: 70 und passim.

2 Zitiert nach ebd., S. 87.

3 Vgl. als eine der neueren Veröffentlichungen z. B. JEREMY HAWTHORN (Hg.), Propaganda, Persuasion and Polemic, London u. a. 1987. Eine weitere Auswahl einschlägiger Titel findet sich im Beitrag von UTE DANIEL (S. 43), Anm. 2.

4 Vgl. etwa WOLFRAM SIEMANN, Grund- und menschenrechtliche Gehalte der Kommunikationsfreiheit in historischer Perspektive, in: JOHANNES SCHWARLÄNDER / EIBE RIEDEL (Hg.), Neue Medien und Meinungsfreiheit im nationalen und internationalen Kontext, Kehl u. a. 1990, S. 11–26; DERS., Ideenschmuggel. Probleme der Meinungskontrolle und das Los deutscher Zensoren im 19. Jahrhundert, in: Historische Zeitschrift 245, 1987, S. 71–106; DERS., Von der offenen zur mittelbaren Kontrolle. Der Wandel in der deutschen Preßgesetzgebung und Zensurpraxis des 19. Jahrhunderts, in: HERBERT G. GÖPFERT / ERDMANN WEYRAUCH (Hg.), »Unmoralisch an sich...« Zensur im 18. und 19. Jahrhundert, Wiesbaden 1988, S. 293–308.

5 CORDT SCHNIBBEN, Artikel »Die Reklame-Republik«, in: Der Spiegel 52/1992, S. 127.

6 Vgl. hierzu SCHIEDER / DIPPER, »Propaganda« (wie Anm. 1), S. 69–88.

7 JOACHIM FEST, Der zerstörte Traum. Vom Ende des utopischen Zeitalters, Berlin 1992.

8 FRANCIS FUKUYAMA, Das Ende der Geschichte: Wo stehen wir?, München 1992.

9 Vgl. hierzu u. a. REINHARD SIEDER, Was heißt Sozialgeschichte?, in: Österreichische Zeitschrift für Geschichtswissenschaften, Jg. 1, 1990, S. 25–48, und UTE DANIEL, »Kultur« und »Gesellschaft«. Überlegungen zum Gegenstandsbereich der Sozialgeschichte, in: Geschichte und Gesellschaft, Jg. 19, 1993, S. 69–99.

10 Von den rund dreißig angenommenen Einsendungen bejahen dreizehn die Frage mit gewissen Einschränkungen, zwanzig äußerten sich prinzipiell gegen

den Volksbetrug; die Akademie teilte den Preis salomonisch zwischen einem Befürworter und einem Gegner des Volksbetrugs. Vgl. WERNER SCHNEIDERS, Die wahre Aufklärung. Zum Selbstverständnis der deutschen Aufklärung, Freiburg i. Br.–München 1974, S. 28.

11 Die Begriffe »Vergesellschaftung« und »Wechselwirkung« im hier verwendeten Sinn sind der soziologischen Terminologie und Denkweise Georg Simmels entlehnt; vgl. GEORG SIMMEL, Soziologie. Untersuchungen über die Formen der Vergesellschaftung (Gesamtausgabe, Bd. 11), Frankfurt/M. 1992, v. a. »Das Problem der Soziologie«, S. 13–62.

12 Vgl. SIEMANN, Grund- und menschenrechtliche Gehalte (wie Anm. 4), S. 21 f.

13 GEORG SIMMEL, Philosophie des Geldes (Gesamtausgabe, Bd. 6), Frankfurt/M. 1989, S. 613.

14 SCHIEDER / DIPPER, Artikel »Propaganda« (wie Anm. 1), S. 111.

15 Vgl. hierzu auch den jüngst erschienenen Artikel von WOLF LEPENIES, Vorwärts mit der Aufklärung. Die Zukunft der Intellektuellen, in: Der Spiegel 9/1993, S. 128–145.

Wolfgang Piereth
Propaganda im 19. Jahrhundert

1 Hörmann an Montgelas aus Stuttgart, 21. 11. 1815, Bayerisches Hauptstaatsarchiv (= Bay. HStA) MA 7936/1. Bei allen Zitaten wird die zeitgenössische Orthographie beibehalten.

2 Vgl. OTTO GROTH, Die Zeitung. 4 Bde., Mannheim u. a. 1928–1930, Bd. 2, S. 3. MARIANNE LUNZER, Der Versuch einer Presselenkung in Österreich, Wien, 1954, S. 3. Nicht stichhaltig ist m. E. die Einschränkung des Begriffs »Pressepolitik« auf die Zeit seit 1848, wie sie vorgenommen wird bei KURT KOSZYK / KARL PRUYS (Hg.), Wörterbuch der Publizistik, München 1970, S. 283–285, und bei EBERHARD NAUJOKS, Pressepolitik und Geschichtswissenschaft, in: Geschichte in Wissenschaft und Unterricht, Bd. 22, 1971, S. 7–21, hier S. 7.

3 Einen glänzenden Überblick liefert KLAUS KANZOG, Artikel »Zensur, literarische«, in: Reallexikon der deutschen Literaturgeschichte, 2. Aufl., hg. von Werner Kohlschmidt und Wolfgang Mohr, Berlin–New York 1984, Sp. 998–1049.

4 Vgl. hierzu auch die Überlegungen von WOLFRAM SIEMANN, Ideenschmuggel. Probleme der Meinungskontrolle und das Los deutscher Zensoren im 19. Jahrhundert, in: Historische Zeitschrift Bd. 245, 1987, S. 71–106, hier S. 80–82.

5 KARL HEINZ SCHÄFER, Ernst Moritz Arndt als politischer Publizist. Studien zu Publizistik, Pressepolitik und kollektivem Bewußtsein im frühen 19. Jahrhundert, Bonn 1974, S. 59.

6 Vgl. EBERHARD NAUJOKS, Von der Reaktionszeit bis zum Reichspressegesetz

(1849–1874), in: HEINZ DIETRICH FISCHER (Hg.), Deutsche Kommunikationskontrolle des 15.–20. Jahrhunderts, München u. a. 1982, S. 114–130.

7 Zit. S. 21: FRANZ SCHNEIDER, Pressefreiheit und politische Öffentlichkeit. Studien zur politischen Geschichte Deutschlands bis 1848, Neuwied–Berlin 1966, S. 173. Zu Napoleons Pressepolitik: Ebd., S. 173–177, und JACQUES GODECHOT/CLAUDE BELLANGER u. a. (Hg.), Histoire générale de la Presse française, Bd. 1, Paris 1969, S. 549–567. Missionierung: WOLFGANG SCHIEDER/CHRISTOF DIPPER, Art. »Propaganda«, in: Geschichtliche Grundbegriffe. Historisches Lexikon zur politisch-sozialen Sprache in Deutschland, Bd. 5, Stuttgart 1984, S. 69–112, hier: S. 82. Großmacht: GROTH, Die Zeitung (wie Anm. 2), Bd. 2, S. 42. Arkanhaltung: vgl. SCHNEIDER, Pressefreiheit, S. 55–66.

8 Zit. nach GROTH, Die Zeitung (wie Anm. 2), Bd. 2, S. 41.

9 RUDOLF HOLZER, Zeitungswesen im Vormärz. Die politische Presse, in: JOHANN WILLIBALD NAGL/JAKOB ZEIDLER/EDUARD CASTLE (Hg.), Deutsch-österreichische Literaturgeschichte, Bd. 2 (1750–1848), Wien 1914, S. 852–893, hier S. 855.

10 WOLFRAM SIEMANN, Propaganda um Napoleon in Württemberg. Die Rheinbundära unter König Friedrich I. (1806–1813), in: Zeitschrift für württembergische Landesgeschichte 47, 1988, S. 359–380, hier S. 379.

11 Zu Begriff und Genese (Auswahl): JÜRGEN HABERMAS, Strukturwandel der Öffentlichkeit. Untersuchungen zu einer Kategorie der bürgerlichen Gesellschaft. Unveränd. Nachdr. der Ausgabe Neuwied 1962, ergänzt um ein Vorwort, Frankfurt/M. 1990, allerdings mit zwangsläufigen historisch-empirischen Defiziten. LUCIAN HÖLSCHER, Art. »Öffentlichkeit«, in: Geschichtliche Grundbegriffe. Historisches Lexikon zur politisch-sozialen Sprache in Deutschland, Bd. 4, Stuttgart 1978, S. 413–467. SCHNEIDER, Pressefreiheit (wie Anm. 7).

12 Beste Zusammenschau der Pressepolitik Metternichs bei: HOLZER: Zeitungswesen im Vormärz (wie Anm. 9) sowie: SILVESTER LECHNER, Gelehrte Kritik und Restauration. Metternichs Wissenschafts- und Pressepolitik und die Wiener »Jahrbücher der Literatur« (1818–1849), Tübingen 1977, S. 53–73. Daneben liegt eine Reihe ungedruckt gebliebener österreichischer Dissertationen vor, die allesamt nur eingeschränkt verwendbar sind; als Auswahl genannt seien: FRITHJOF KAMMERER, Die Pressepolitik Metternichs. Versuch einer Gesamtdarstellung, phil. Diss. (masch.), Wien 1958. ILSE WECKE, Österreichs Pressekampf gegen Napoleon (1796–1815), phil. Diss. (masch.), Wien 1950. Eine Synthese daraus sowie weitere Quellen- und Literaturhinweise liefert: KURT PAUPIÉ, Clemens Wenzel Nepomuk Lothar Metternich (1773–1859), in: HEINZ-DIETRICH FISCHER (Hg.), Deutsche Publizisten des 15.–20. Jahrhunderts, München–Berlin 1971, S. 150–159.

13 Vortrag vom 11. 11. 1809, zit. nach HELMUT HAMMER, Österreichs Propaganda zum Feldzug von 1809. Ein Beitrag zur Geschichte der politischen Propaganda, München 1935, S. 138. Die Arbeit hat eine massive nationalsozialistische Tendenz und ist daher fast nur als Quellensammlung verwendbar.

14 Gentz an Metternich, 14. 11. 1809, in: FRIEDRICH CARL WITTICHEN/ERNST

SALZER (Hg.), Briefe von und an Friedrich von Gentz, Bd. 3, 1. München–Berlin 1909–1913, S. 81. Zum Plan, die AZ zu gewinnen, ebd.

15 Metternich am 21.5.1812. Zit. nach: LUDWIG SALOMON, Geschichte des deutschen Zeitungswesens, Neudruck der Ausg. Oldenburg 1900, Aalen 1973, Bd. 2, S. 219f. Weitere signifikante Äußerungen Metternichs zu seiner Konzeption von Pressepolitik finden sich in: RICHARD VON METTERNICH-WINNEBURG (Hg.), Aus Metternichs nachgelassenen Papieren, 8 Bde., Wien 1880–1884, z. B. Bd. 1, S. 59f., Bd. 2, S. 83f., 192f.

16 Ablehnung gegenüber Hager vom 27.2.1812. Vgl. WECKE, Österreichs Pressekampf (wie Anm. 12), S. 88. Zur Propaganda während der Erhebung von 1809 ebd., S. 42–85, und mit der genannten Einschränkung: HAMMER, Propaganda (wie Anm. 13).

17 Bericht des preußischen Gesandten in Wien, Wilhelm von Humboldt, an Hardenberg vom 4.4.1813. WILHELM V. HUMBOLDT, Gesammelte Schriften, Bd. XVI: Politische Briefe Teil 1, Berlin 1935, S. 373.

18 KAMMERER, Pressepolitik Metternichs (wie Anm. 12), S. 164–169.

19 Zu Genese und Inhalt der Karlsbader Beschlüsse vgl. die vorzügliche Arbeit von EBERHARD BÜSSEM, Die Karlsbader Beschlüsse von 1819. Die endgültige Stabilisierung der restaurativen Politik im Deutschen Bund nach dem Wiener Kongreß von 1814/15, Hildesheim 1974.

20 Aus der umfangreichen Literatur zur preußischen Pressepolitik sind grundlegend: PAUL CZYGAN, Zur Geschichte der Tagesliteratur während der Freiheitskriege, 2 Bde., Leipzig 1909–1911; SCHNEIDER, Pressefreiheit (wie Anm. 7), v. a. S. 183–204. Keine neuen Erkenntnisse liefert die nur begrenzt geglückte Synthese von ULRIKE SCHÖMIG, Politik und Öffentlichkeit in Preußen. Entwicklung der Zensur und Pressepolitik zwischen 1740 und 1819, Würzburg 1988, v. a. S. 252–301.

21 CZYGAN, Freiheitskriege (wie Anm. 20), Bd. 1, S. 7.

22 Stein an Görzen, 8.6.1809, zit. nach: SCHNEIDER, Pressefreiheit (wie Anm. 7), S. 178. Zu Steins Vorstellungen von Pressefreiheit vgl. auch die Arbeit von RUTH FLAD, Studien zur politischen Begriffsbildung in Deutschland während der preußischen Reform. Der Begriff der öffentlichen Meinung bei Stein, Arndt und Humboldt, Berlin–Leipzig 1929.

23 PETER V. KIELMANNSEGG, Stein und die Zentralverwaltung 1813/14, Stuttgart 1964, S. 60.

24 WALTHER HUBATSCH (Hg.), Freiherr vom Stein. Briefe und amtliche Schriften, Bd. 2/2, Stuttgart 1960, S. 902–905.

25 SCHNEIDER, Pressefreiheit (wie Anm. 7), S. 188.

26 Zu Arndt vgl. die hervorragende Studie von SCHÄFER, Arndt (wie Anm. 5), hier v. a. S. 72, Anm. 218 und S. 157–163.

27 Görres betonte die ihm gewährte Freiheit mehrfach: Vgl. Rheinischer Merkur 50 (1.5.1814), 171 (31.12.1814), 192 (11.2.1815). Zu Görres (Auswahl): REINHARD HAGMANN, Joseph Görres und seine politische Publizistik zwischen 1810 und 1822 im zeitgenössischen Urteil, phil. Diss. (masch.), Mainz 1954. HERIBERT RAAB, Joseph Görres. Ein Leben für Freiheit und

Recht, Paderborn 1978. Die uferlose Literatur ist zusammengestellt bei: JOSEPH GÖRRES, Gesammelte Schriften. Erg.bd. 2: Verzeichnis der Schriften von und über Johann Joseph Görres, bearb. v. ALBERT PORTMANN-TINGUELY, Paderborn 1992.

28 Vgl. die Übersicht bei SCHÄFER, Arndt (wie Anm. 5), S. 256f., sowie entsprechende Vergleichsdaten ebd., S. 258–263.

29 Instruktion des Außenministers von der Goltz vom 21.6.1813, zit. nach: CZYGAN, Freiheitskriege (wie Anm. 20), 2, 1, S. 120.

30 X. Y. Z. [d. i. Ernst Moritz Arndt], Beherzigungen vor dem Wiener Kongreß, o. O. 1814, S. 119 und 142.

31 Der komplette Titel lautet: *Allemannia. Für Recht und Wahrheit.* Das Blatt existierte bis Februar 1817, nach einem Kommissionärswechsel im September 1816 erschien es unter Beibehaltung des Untertitels als *Neue Allemannia.* Ich beschränke mich im folgenden auf den Kurztitel. Zitat »Schriftenkrieg«: Abschlußgutachten Hörmanns über die *Allemannia* vom Februar 1817; Bay. HStA MA 9169.

32 Hinweise – allerdings knapp und oft fehlerhaft bzw. tendenziös – finden sich in nahezu allen mit der Zeit befaßten pressegeschichtlichen Arbeiten. Genannt seien hier nur: GROTH, Die Zeitung (wie Anm. 2), Bd. 2, S. 131f., sowie KURT KOSZYK, Deutsche Presse im 19. Jahrhundert, Berlin ^{2}1986, S. 35. Die rheinpfälzische Facette der bayerischen Pressearbeit behandelt hervorragend, wenn auch knapp: KARL-GEORG FABER, Die Rheinlande zwischen Restauration und Revolution. Probleme der rheinischen Geschichte von 1814 bis 1848 im Spiegel der zeitgenössischen Publizistik, Wiesbaden 1966, bes. S. 34–54. Generell geeignet ist auch der kurze Überblick bei MANFRED TREML, Bayerns Pressepolitik zwischen Verfassungstreue und Bundespflicht 1815–1837. Ein Beitrag zum Souveränitätsverständnis und Konstitutionalismus im Vormärz, Berlin 1977, S. 32–37.

33 Das Material findet Eingang in meine z. Zt. entstehende Dissertation: Bayerns Pressepolitik 1813–1817. Die Pressekampagne der Regierung Montgelas zur Neuordnung Deutschlands.

34 Verordnung vom 24.6.1814; Bay. HStA MA 9533. Vgl. auch CZYGAN, Freiheitskriege (wie Anm. 20), Bd. 1, S. 338.

35 Greifbar u. a. im bereits zitierten Abschlußgutachten zur *Allemannia* (wie Anm. 31). Vgl. auch FABER, Rheinlande (wie Anm. 32), S. 39f.

36 CZYGAN, Freiheitskriege (wie Anm. 20), Bd. 1, S. 350.

37 Zirkular mit der Aufforderung zur Mitarbeit, Januar 1815, Verfasser war Joseph Hörmann, Bay. HStA MA 99826.

38 Zit. nach THEODOR BITTERAUF, Die Zensur der politischen Zeitungen in Bayern 1799–1825, in: KARL ALEXANDER V. MÜLLER (Hg.), Riezler-Festschrift. Beiträge zur bayerischen Geschichte, Gotha 1913, S. 305–351, hier S. 325f.

39 Vgl. Hörmanns Brief an Montgelas vom 3.7.1815, in: Bay. HStA MA 9204. Manuskripte, bei denen Montgelas intervenierte, finden sich u. a. in Bay. HStA MA 70308.

40 KARL D'ESTER, Der Rheinische Merkur von Joseph Görres im Kampf der Mei-

nungen seiner Zeit (nach handschriftlichen Quellen), in: Görres-Beiträge, Festausgabe zur Jubiläumstagung der Görres-Gesellschaft, Koblenz 1926, S. 63–87, hier S. 70. D'Ester verwendete einen kleinen Teil des im Hauptstaatsarchiv lagernden Materials, wertete dieses aber kleindeutsch-tendenzös und völlig unzulänglich aus.

41 Manuskripte ihrer Beiträge finden sich u. a. in Bay. HStA MA 99824, 99826 und 99827.

42 Denkschrift Hörmanns für Montgelas vom 1. 10. 1815, Bay. HStA MA 9204.

43 Vgl. Klebes Aufstellungen in Bay. HStA MA 9169. Zu korrigieren ist die von ELEONORE ERXLEBEN in der Forschung etablierte Meinung, der Antrag Klebes sei erfolglos gewesen: Münchner Zeitungsverleger von der Aufklärung bis zum Revolutionsjahr 1848 nach archivalischen und sonstigen Quellen zusammengestellt, Würzburg 1942, S. 39.

44 Vgl. das entsprechende Material in Bay. HStA MA 9169, MA 9204.

45 Schriftwechsel und Denkschriften in Bay. HStA MA 9169.

46 Material und Briefwechsel in Bay. HStA MA 9169.

47 Vergleichbar präzise Angaben über die Regierungspublizistik dieser Zeit liegen allerdings nicht vor; am ehesten geeignet sind die Daten bei LECHNER, Gelehrte Kritik (wie Anm. 12), der den Staatszuschuß bei den 1818 gegründeten Wiener Jahrbüchern der Literatur auf 86 % schätzt (S. 255).

48 WOLFRAM SIEMANN, Die deutsche Revolution von 1848/49, Frankfurt/M. 1985, S. 116f., Zit. S. 116.

49 Promemoria mit Rückblick auf 1848 vom 24.4.1849; abgedruckt bei MANFRED OVERESCH, Presse zwischen Lenkung und Freiheit. Preußen und seine offiziöse Zeitung von der Revolution bis zur Reichsgründung (1848 bis 1871/72), Pullach 1974, S. 190.

50 Zit. nach LUNZER, Presselenkung (wie Anm. 2), S. 5.

51 Thon v. Dittmer an Maximilian II., 22.4.1848; Bay. HStA MInn 45203 und MInn 45177, zit. auch bei HEINZ RAU, Die Münchner Regierungspresse in der Zeit von 1848–1868, Würzburg 1938, S. 8.

52 *Zu Österreich:* BARBARA KREBS, Die westeuropäische Pressepolitik der Ära Beust (1865–1871), Göppingen 1970. LUNZER, Presselenkung (wie Anm. 2). KURT PAUPIÉ, Handbuch der österreichischen Pressegeschichte. Bd. 2: Die zentralen pressepolitischen Einrichtungen des Staates, Wien–Stuttgart 1966. *Zu Preußen:* IRMGARD LOEBER, Bismarcks Pressepolitik in den Jahren des Verfassungskonfliktes (1862–1866), München 1935. EBERHARD NAUJOKS, Bismarck und die Organisation der Regierungspresse, in: Historische Zeitschrift Bd. 205, 1967, S. 46–80. DERS., Bismarcks auswärtige Pressepolitik und die Reichsgründung (1865–1871), Wiesbaden 1968. OVERESCH, Lenkung und Freiheit (wie Anm. 49). KURT WAPPLER, Regierung und Presse in Preußen. Geschichte der amtlichen preußischen Pressestellen 1848–1862, Leipzig 1935. Die *bayerische* Pressepolitik der Zeit ist vergleichsweise schlecht bearbeitet. Immer noch wichtig daher: RAU, Münchner Regierungspresse (wie Anm. 51). Knapp und v. a. an Rau orientiert der Überblick bei MANFRED HANISCH, Für Fürst und Vaterland. Legitimitätsstiftung in Bayern zwischen Revolution 1848

und deutscher Einheit, München 1991, S. 304–320. Weitergehende Aufschlüsse sind zu erwarten von der wohl in Kürze erscheinenden Arbeit von STEFAN SPIEGEL über »Preßpolizei und Pressepolitik in Bayern nach 1848.«

53 Vgl. MAX WEBER, Wirtschaft und Gesellschaft. Grundriß der verstehenden Soziologie, 5. rev. Aufl., mit textkrit. Erläuterungen hg. v. Johannes Winckelmann, Tübingen 1976, v. a. S. 124–130 und S. 551–579.

54 Protokoll der Ministerratssitzung vom 28. 6. 1848; zit. nach PAUPIÉ, Pressegeschichte (wie Anm. 52), Bd. 2, S. 8; zum Centralbureau ebd., S. 6–11.

55 Ebd., S. 1.

56 WAPPLER, Pressestellen (wie Anm. 52), S. 1–12.

57 Anordnung vom 26. 6. 1848, in: Bay. HStA MInn 45177. Von der Beschränkung auf das Außenministerium erfuhr der König erst am 24. 3. 1849 durch Außenminister Bray-Steinburg, ebd.

58 Vgl. die Überlegungen bei WOLFRAM SIEMANN, Von der offenen zur mittelbaren Kontrolle. Der Wandel in der deutschen Preßgesetzgebung und Zensurpraxis des 19. Jahrhunderts, in: ERDMANN WEYRAUCH / HERBERT GÖPFERT (Hg.), »Unmoralisch an sich…« Zensur im 18. und 19. Jahrhundert. Wiesbaden 1988, S. 293–308. DERS., Gesellschaft im Aufbruch. Deutschland 1849–1871. Frankfurt / M. 1990, S. 65–77.

59 THOMAS NIPPERDEY, Deutsche Geschichte 1800–1866. Bürgerwelt und starker Staat. München 1983, S. 674.

60 WAPPLER, Pressestellen (wie Anm. 52), S. 18–41. PAUPIÉ, Pressegeschichte (wie Anm. 52), Bd. 2, S. 12–16, und Quellenanhang S. 16–53.

61 PAUPIÉ, Pressegeschichte (wie Anm. 52), Bd. 2, S. 15. KOSZYK, Deutsche Presse (wie Anm. 32), S. 229 f.

62 Vgl. das entsprechende Material in Bay. HStA MInn 45177 und 45207. Das Engagement des Königs wird faßbar u. a. in Schreiben an Außenminister Bray-Steinburg vom 22. 6. 1848 und 27. 11. 1848 (MInn 45177); die Zurückhaltung der Ministerialbürokratie zeigt sich u. a. in einem Gutachten des Innenministeriums vom 20. 11. 1860 (MInn 45207). Vgl. auch eine entsprechende Stellungnahme des Außenministers von der Pfordten vom 14. 3. 1855: »Als Hindernis (zu aktiverer Pressearbeit] steht die entschiedene Abneigung aller Referenten oder, um es milder auszudrücken, der gänzliche Mangel an Gewöhnung an Arbeiten dieser Art entgegen.« (MInn 45177). Ein vierter Anlauf zur Etablierung eines Pressebüros wurde 1868 unternommen und scheiterte ein knappes Jahr später; RAU, Münchner Regierungspresse (wie Anm. 51), S. 137.

63 WAPPLER, Pressestellen (wie Anm. 52), S. 137.

64 Vgl. z. B. LOEBER, Bismarcks Pressepolitik (wie Anm. 52), S. 10 f. PAUPIÉ, Pressegeschichte (wie Anm. 52), Bd. 2, S. 84.

65 Der Betrag wurde nach 1865 wieder reduziert. PAUPIÉ, Pressegeschichte (wie Anm. 52), Bd. 2, S. 14, S. 62 und S. 68. LUNZER, Presselenkung (wie Anm. 2), S. 159 f.

66 WAPPLER, Pressestellen (wie Anm. 52), S. 36 f. Vgl. zum Welfenfonds und seiner nie ganz geklärten Nutzung für die Pressepolitik NAUJOKS, Organisation (wie Anm. 52), S. 69 f., und KOSZYK, Deutsche Presse (wie Anm. 32), S. 238 f.

Die Opposition verwendete den bis heute gängigen, spöttischen Begriff »Reptilienfonds«, da Bismarck in einer Reichstagsrede behauptet hatte, das Geld gegen die Agenten, die »bösartigen Reptilien«, aus Hannover und Hessen zu verwenden.

67 Vgl. z. B. gemeinsames Schreiben von Innen- und Außenministerium an Maximilian II. vom 5. 4. 1855, in: Bay. HStA MA 74048.

68 Deutsche Zeitung Nr. 71 vom 24. 3. 1861; WAPPLER, Pressestellen (wie Anm. 52), S. 90.

69 Geheime Denkschrift über die Organisation der Presse in und für Bayern (1852). Verfasser war vermutlich Franz Dingelstedt, Hoftheaterintendant und ehemaliges Mitglied des ›Jungen Deutschland‹; Bay. HStA MInn 45177; Hervorhebung im Original.

70 Küttge an Innenministerium, 8. 5. 1862; zit. nach NAUJOKS, Organisation (wie Anm. 52), S. 60.

71 Zitate aus einem Schreiben Neumayrs an Maximilian II., 31. 5. 1859; Bay. HStA MInn 45207. Neumayrs Ablehnung des Preßbüroprojekts, das er zunächst noch unterstützt hatte, durch Schreiben an Maximilian II. vom 30. 9. 1859, ebd.

72 Zitat vom September 1859, zit. nach LOEBER, Bismarcks Pressepolitik (wie Anm. 52), S. 10.

73 Wappler, Pressestellen, S. 80 und S. 83 (hier die Zitate aus einer Verordnung vom 8. 2. 1860).

74 LOEBER, Bismarcks Pressepolitik (wie Anm. 52), S. 11 f. NAUJOKS, Auswärtige Pressepolitik (wie Anm. 52), S. 11.

75 PAUPIÉ, Pressegeschichte (wie Anm. 52), Bd. 2, S. 58–72, v. a. S. 60. Zur erneuten Umstrukturierung nach dem Ausgleich mit Ungarn 1867 ebd., S. 73–104.

76 Zit. nach OVERESCH, Lenkung und Freiheit (wie Anm. 49), S. 119. Eine 1862 ins Auge gefaßte Politisierung des preußischen Staatsanzeigers wurde daher auch kurze Zeit später wieder abgebrochen; vgl. NAUJOKS, Organisation (wie Anm. 52), S. 52 f.

77 Thon von Dittmer an Maximilian II., 22. 4. 1848; Bay. HStA MInn 45203; auch bei RAU, Münchner Regierungspresse (wie Anm. 52), S. 8.

78 Konzept einer Denkschrift vom 24. 4. 1861; abgedruckt bei OVERESCH, Lenkung und Freiheit (wie Anm. 49), S. 192.

79 Bismarck vor dem preußischen Landtag, 22. 1. 1864, in: OTTO VON BISMARCK, Gesammelte Werke. 15 Bde., Berlin, ^{2}1923–1932. Bd. X, S. 216. OVERESCH, Lenkung und Freiheit (wie Anm. 49), S. 12. Generelle Überlegungen bei EBERHARD NAUJOKS, Die offiziöse Presse und die Gesellschaft (1848/1900), in: ELGER BLÜHM (Hg.), Presse und Geschichte. Beiträge zur historischen Kommunikationsforschung, München 1977, S. 157–170.

80 Daten bei GROTH, Die Zeitung (wie Anm. 2), Bd. 2, S. 157, sowie bei LUNZER, Presselenkung (wie Anm. 2), S. 7; Übersicht bei KURT PAUPIÉ, Handbuch der österreichischen Pressegeschichte 1848–1859. Bd. 1, Wien. Stuttgart 1960, S. 117–131.

81 RAU, Münchner Regierungspresse (wie Anm. 52), S. 8–78.
82 OVERESCH, Lenkung und Freiheit (wie Anm. 49), thematisiert alle Blätter.
83 Zit. bei NAUJOKS, Offiziöse Presse (wie Anm. 79), S. 158; vgl. ebd., S. 160, zum partiellen Erfolg des Blattes, das 1871 zwischen 10000 und 11000 Abonnenten hatte.
84 Zit. bei: PAUPIÉ, Pressegeschichte (wie Anm. 52), Bd. 1, S. 121.
85 Gutachten vom September 1859; zit. nach OVERESCH, Lenkung und Freiheit (wie Anm. 49), S. 45.
86 KOSZYK, Deutsche Presse (wie Anm. 32), S. 235; LOEBER, Bismarcks Pressepolitik (wie Anm. 52), S. 23–39.
87 Vgl. SIEMANN, Gesellschaft im Aufbruch (wie Anm. 58), v. a. S. 184–187 und S. 190–200.
88 Zu Beusts Pressepolitik generell die Arbeit von KREBS, Westeuropäische Pressepolitik (wie Anm. 52); zur Subvention von 1866 ebd., S. 81.
89 Aufgedeckt erst von OVERESCH, Lenkung und Freiheit (wie Anm. 49), S. 120–150.
90 Vgl. das Zirkular vom 9. 2. 1863, abgedruckt bei LOEBER, Bismarcks Pressepolitik (wie Anm. 52), S. 81–83.
91 NAUJOKS, Organisation (wie Anm. 52), v. a. S. 77 f.
92 OVERESCH, Lenkung und Freiheit (wie Anm. 49), S. 54 und passim.
93 Vgl. die breit angelegte Arbeit von NAUJOKS, Auswärtige Pressepolitik (wie Anm. 52), der Bismarck (S. 16) demgemäß auch als »Pressepolitiker wider Willen« bezeichnet.
94 Ebd., zu Froebels *Süddeutscher Presse*: ebd., S. 180–192 und S. 284–295; zu Bambergs Wirken: ebd., S. 56–78 und passim.

Ute Daniel
Die Politik der Propaganda

1 K. ROSCHER, Unsere Zeitungen. Ein politischer Versuch, Zittau–Löbau 1873, S. 95, zit. nach OTTO GROTH, Die Zeitung. Ein System der Zeitungskunde, 4 Bde., Mannheim u. a. 1928–1930, Bd. 2, S. 287.
2 S. hierzu u. a. GERHARD SCHULTZE-PFAELZER, Propaganda, Agitation, Reklame. Eine Theorie des gesamten Werbewesens, Berlin 1923; TALCOTT PARSONS, Propaganda and Social Control, in: DERS., Essays in Sociological Theory, New York und London, revid. Aufl. 1954, S. 142–176; LINDLEY FRASER, Propaganda, London u. a. 1962; JACQUES ELLUL, Propaganda. The Formation of Men's Attitudes, New York 1973 (Erstausg. Paris 1962 u. d. T. »Propagandes«); MICHAEL CHOUKAS, Propaganda Comes of Age, Washington 1965; WILFRIED KUCKARTZ/THEA SPREY, Propaganda und Erziehung, Essen 1969; CARL HUNDHAUSEN, Propaganda. Grundlagen, Prinzipien, Materialien, Quellen, Essen 1975; OLIVER THOMSON, Mass Persuasion in History. An Historical Analysis of the Development of Propaganda Techniques, Edinburgh 1977; HAROLD D. LASSWELL u. a. (Hg.), Propaganda and Communication in World History,

3 Bde., Honolulu 1979/80; GARTH S. JOWETT/VICTORIA O'DONNELL, Propaganda and Persuasion, London u. a. 1986; JEREMY HAWTHORN (Hg.), Propaganda, Persuasion and Polemic, London u. a. 1987.

3 Zu nennen wäre v. a. die staatliche Selbstdarstellung durch Personen und Handlungen politischer Amtsträger, durch symbolische Repräsentation wie Staatsarchitektur, Flaggen, Wappen u. ä., durch Veranstaltung von Staats- und Verfassungsfesten, Truppenparaden etc. sowie die staatsbürgerliche Erziehung in Schule und Erwachsenenbildung; HELMUT QUARITSCH, Probleme der Selbstdarstellung des Staates (Recht und Staat in Geschichte und Gegenwart, 478/479), Fs. für Hans Peter Ipsen, Tübingen 1977, S. 13 f. und passim.

4 Die in diese These eingehenden Grundannahmen über das Verhältnis des Staates zur Gesellschaft beruhen auf den Analysen Max Webers zur Struktur des modernen Staates, in denen die zentrale Rolle staatlicher Legitimierung für die fortdauernde Existenz des Staates betont wird; s. hierzu MAX WEBER, Soziologie der Herrschaft, in: DERS., Wirtschaft und Gesellschaft. Grundriß der verstehenden Soziologie, Tübingen 5. rev. Aufl. 1972, S. 541–868.
Des weiteren beruht diese These auf Grundannahmen über die Widersprüchlichkeit des Verhältnisses von Staat und Gesellschaft einerseits und Individuum bzw. Bevölkerung andererseits, die auf die gesellschaftsanalytischen Schriften Sigmund Freuds zurückgehen; s. hierzu SIGMUND FREUD, Das Unbehagen in der Kultur, in: DERS., Fragen der Gesellschaft – Ursprünge der Religion (Studienausgabe, Bd. IX), Frankfurt/M. 1974, S. 191–270.

5 Vgl. hierzu auch FRANK BÖCKELMANN/GÜNTER NAHR, Staatliche Öffentlichkeitsarbeit im Wandel der politischen Kommunikation, Berlin 1979, S. 115–118 und passim.

6 Die Erkenntnis, daß bei der Inlandspropaganda Staat, Regierung und Regierungsparteien fast zusammenfallen (das läßt im Rahmen dieser Darstellung die Begriffe »staatlich«, »regierungsamtlich« und »gouvernemental« als Synonyme zusammenfallen), formulieren auch Praktiker der bundesrepublikanischen Staatspropaganda; s. CONRAD AHLERS, Bemerkungen zur Öffentlichkeitsarbeit der Regierung, in: HELMUT QUARITSCH (Hg.), Die Selbstdarstellung des Staates. Vorträge und Diskussionsbeiträge der 44. staatswissenschaftlichen Fortbildungstagung 1976 der Hochschule für Verwaltungswissenschaft Speyer, Berlin 1977, S. 145–157, hier: 154.

7 THEODOR GEIGER, Kritik der Reklame (Ms. der Übersetzung der dänischen Ausgabe von 1943), Siegen 1986, S. 58 f.

8 Das Folgende nach MARTIN LÖFFLER, Presserecht. Bd. 1: Allgemeine Grundlagen. Verfassungs- und Bundesrecht, München, 2. überarb. Aufl., 1969, S. 47; HANS-WOLFGANG WETZEL, Presseinnenpolitik im Bismarckreich (1874–1890). Das Problem der Repression oppositioneller Zeitungen, Frankfurt/M.–Bern 1975, S. 295 f. und passim; GROTH, Zeitung (wie Anm. 2), Bd. 2, S. 199; HEINZ-DIETRICH FISCHER, Handbuch der politischen Presse in Deutschland 1480–1980, Düsseldorf 1981, S. 67–84; KURT KOSZYK, Deutsche Presse im 19. Jahrhundert, Berlin ^{2}1986, S. 179, 200.

9 GERHARD HENSE, Kommunikationsobservanz in Wilhelminischer Zeit

(1890–1914), in: HEINZ-DIETRICH FISCHER (Hg.), Deutsche Kommunikationskontrolle des 15.–20. Jahrhunderts, München u.a. 1982, S. 153–184, hier: 153.

10 Das Folgende nach KURT KOSZYK, Deutsche Pressepolitik im Ersten Weltkrieg. Düsseldorf 1968; DERS., Entwicklung der Kommunikationskontrolle zwischen 1914 und 1918, in: HEINZ-DIETRICH FISCHER (Hg.), Pressekonzentration und Zensurpraxis im Ersten Weltkrieg, Berlin 1973, S. 152–193; KLAUS WERNER SCHMIDT, Überwachungs-Reglementierungen im Ersten Weltkrieg, in: FISCHER (Hg.), Deutsche Kommunikationskontrolle (wie Anm. 9), S. 185–205.

11 Zitiert nach KOSZYK, Pressepolitik im Ersten Weltkrieg (wie Anm. 10), S. 21.

12 S. hierzu und zum Folgenden UTE DANIEL, Arbeiterfrauen in der Kriegsgesellschaft 1914–1918: Beruf, Familie und Politik im Ersten Weltkrieg, Göttingen 1989, Kapitel 4.

13 S. zum Folgenden IRENE FISCHER-FRAUENDIENST, Bismarcks Pressepolitik (Studien zur Publizistik, Bremer Reihe. Deutsche Presseforschung, Bd. 4), Münster 1963, S. 27–68; ROBERT NÖLL VON DER NAHMER, Bismarcks Reptilienfonds. Aus den Geheimakten Preußens und des Deutschen Reiches, Mainz 1968, passim; WALTER VOGEL, Die Organisation der amtlichen Presse- und Propagandapolitik des Deutschen Reiches von den Anfängen unter Bismarck bis zum Beginn des Jahres 1933, Berlin 1941, S. 9–25; GROTH, Zeitung (wie Anm. 1), Bd. 2, S. 201 f., 223; HENSE, Kommunikationsobservanz (wie Anm. 9), passim; KOSZYK, Deutsche Presse im 19. Jahrhundert (wie Anm. 8), S. 232, 260, 265 f.; HEINZ-DIETRICH FISCHER (Hg.), Regierungssprecher. Zwischen Information und Geheimhaltung, Köln 1981, S. 15–18; MARKUS SCHÖNEBERGER, Diplomatie im Dialog. Ein Jahrhundert Informationspolitik des Auswärtigen Amtes, München–Wien 1981, S. 28 f., 34.

14 S. hierzu JÜRG MEYER, Die Propaganda der deutschen Flottenbewegung 1897–1900, Diss. Bern 1967, S. 29–32, 146 f. und passim; WILHELM DEIST, Flottenpolitik und Flottenpropaganda. Das Nachrichtenbureau des Reichsmarineamtes 1897–1914 (Beiträge zur Militär- und Kriegsgeschichte, 17), Stuttgart 1976, S. 71, 100–110 und passim.

15 S. hierzu HEINZ ALFRED GEMEINHARDT, Deutsche und österreichische Pressepolitik während der Bosnischen Krise 1908/09, Husum 1980, S. 34–42; FISCHER-FRAUENDIENST, Bismarcks Pressepolitik (wie Anm. 13), S. 28 f.; NÖLL VON DER NAHMER, Reptilienfonds (wie Anm. 13), S. 116; GROTH, Zeitung (wie Anm. 1), Bd. 1, S. 482–547; HENSE, Kommunikationsobservanz (wie Anm. 9), S. 160 f., sowie HANSJOACHIM HÖHNE, Report über Nachrichtenagenturen, Bd. 2, Baden-Baden 1977, S. 45–62, 75–82.

16 Eine Liste der wichtigsten offiziösen Blätter bei FISCHER-FRAUENDIENST, Bismarcks Pressepolitik (wie Anm. 13), S. 59 f.

17 S. hierzu NÖLL VON DER NAHMER, Reptilienfonds (wie Anm. 13), passim.

18 FISCHER-FRAUENDIENST, Bismarcks Pressepolitik (wie Anm. 13), S. 68; statistisches Material zum Anstieg der Zahl von Zeitungen bei GROTH, Zeitung (wie Anm. 1), Bd. 1, S. 207 f.

19 MEYER, Propaganda der Flottenbewegung (wie Anm. 14), S. 19 f.; FISCHER

(Hg.), Regierungssprecher (wie Anm. 13), S. 18; SCHMIDT (Überwachungsreglementierung (wie Anm. 10), S. 193f.

20 S. hierzu GROTH, Zeitung (wie Anm. 1), Bd. 2, S. 236–240; SCHÖNEBERGER, Diplomatie im Dialog (wie Anm. 13), S. 38ff.; SCHMIDT, Überwachungs-Reglementierung (wie Anm. 10), S. 193–199; VOGEL, Organisation (wie Anm. 13), S. 26–67.

21 Vgl. hierzu auch KLAUS W. WIPPERMANN, Politische Propaganda und staatsbürgerliche Bildung. Die Reichszentrale für Heimatdienst in der Weimarer Republik, Köln 1976, S. 21–48.

22 Groth, Zeitung, Bd. 2, S. 236–242, 260.

23 S. hierzu und zum Folgenden MEYER, Propaganda der Flottenbewegung (wie Anm. 14), passim; DEIST, Flottenpolitik (wie Anm. 14), passim.

24 Vollständig: Jahrbuch für Deutschlands Seeinteressen, herausgegeben von Nauticus.

25 S. hierzu und zum Folgenden DANIEL, Arbeiterfrauen (wie Anm. 12), Kapitel 4.

26 Vgl. hierzu GARY D. STARK, Cinema, Society, and the State: Policing the Film Industry in Imperial Germany, in: DERS. / BEDE KARL LACKNER (Hg.), Essays on Culture and Society in Modern Germany, Arlington, Texas 1982, S. 122–166; TOBIAS BEHRENS, Die Entstehung der Massenmedien in Deutschland, Frankfurt / M. u. a. 1986, S. 60–80. Zur Ufa: KLAUS KREIMEIER, Die Ufa-Story, München 1991.

27 Das Folgende nach REINHARD PETER / WERNER ZEPPENFELD, Freiheitsgarantie und Realitäten im Weimarer Staat (1918–1933), in: FISCHER (Hg.), Deutsche Kommunikationskontrolle (wie Anm. 9), S. 206–228; LÖFFLER, Presserecht (wie Anm. 8), Bd. 1, S. 49f.; FISCHER, Handbuch (wie Anm. 8), S. 90–99.

28 S. die Aufstellung bei PETER / ZEPPENFELD, Freiheitsgarantie (wie Anm. 27), S. 221f.

29 GROTH, Zeitung (wie Anm. 1), Bd. 2, S. 287f.

30 SIBYLLE GRUBE, Die staatliche Programmüberwachung bei der Süddeutschen Rundfunk AG 1926–1933, in: WINFRIED B. LERG / ROLF STEININGER (Hg.), Rundfunk und Politik 1923 bis 1973, Berlin 1975, S. 19–35, hier: 31.

31 ULRICH HEINEMANN, Die verdrängte Niederlage. Politische Öffentlichkeit und Kriegsschuldfrage in der Weimarer Republik, Göttingen 1983, S. 72; WIPPERMANN, Politische Propaganda (wie Anm. 21), S. 70, 92 und passim.

32 HEINEMANN, Die verdrängte Niederlage (wie Anm. 31), S. 241f., 254–257.

33 S. hierzu PETER BAUER, Die Organisation der amtlichen Pressepolitik in der Weimarer Zeit, Diss. FU Berlin 1962, passim; SCHÖNEBERGER, Diplomatie im Dialog (wie Anm. 13), S. 42–46; WALTER ZECHLIN, Pressechef bei Ebert, Hindenburg und Kopf, Hannover 1956, S. 20; GROTH, Zeitung (wie Anm. 1), Bd. 2, S. 262.

34 S. hierzu WIPPERMANN, Politische Propaganda (wie Anm. 21), passim; SCHÖNEBERGER, Diplomatie im Dialog (wie Anm. 13), S. 51.

35 S. hierzu HEINEMANN, Die verdrängte Niederlage (wie Anm. 31), passim; WOLFGANG JÄGER, Historische Forschung und politische Kultur in Deutschland. Die

Debatte 1914–1980 über den Ausbruch des Ersten Weltkrieges, Göttingen 1984, S. 46–67.

36 GROTH, Zeitung (wie Anm. 1), Bd. 2, S. 268.

37 SCHÖNEBERGER, Diplomatie im Dialog (wie Anm. 13), S. 100f.

38 Das Folgende nach HÖHNE, Nachrichtenagenturen (wie Anm. 15), Bd. 2, S. 109–122; GROTH, Zeitung (wie Anm. 1), Bd. 1, S. 532–547; HEINZ STARKULLA, Organisation und Technik der Pressepolitik des Staatsmannes Gustav Stresemann (1923 bis 1929). Ein Beitrag zur Pressegeschichte der Weimarer Republik, Diss. München 1951, S. 99f.

39 Zum Hugenberg-Konzern s. LUDWIG BERNHARD, Der »Hugenberg-Konzern«. Psychologie und Technik einer Großorganisation der Presse, Berlin 1928 (Ndr. Bremen 1983), und DANKWART GURATZSCH, Macht durch Organisation. Die Grundlegung des Hugenbergschen Presseimperiums, Düsseldorf 1974.

40 S. hierzu und zum Folgenden HEINZ POHLE, Der Rundfunk als Instrument der Politik. Zur Geschichte des deutschen Rundfunks von 1923/38, Hamburg 1955; WINFRIED B. LERG, Rundfunkpolitik in der Weimarer Republik (Rundfunk in Deutschland, hg. v. HANS BAUSCH, Bd. 1), München 1980; PETER DAHL, Radio. Sozialgeschichte des Rundfunks für Sender und Empfänger, Reinbek 1983; IRMELA SCHNEIDER (Hg.), Radio-Kultur in der Weimarer Republik, Tübingen 1984.

41 Kurt Tucholsky, zit. nach LERG, Rundfunkpolitik (wie Anm. 40), S. 412.

42 Die rechtliche Basis bildete die Verfügung des Postministers vom Oktober 1923 über »Einführung eines Unterhaltungsrundfunks in Deutschland«.

43 S. hierzu HEINEMANN (wie Anm. 31), Die verdrängte Niederlage, passim; JÄGER, Historische Forschung (wie Anm. 35), S. 46–67.

44 S. zum Folgenden LÖFFLER, Presserecht (wie Anm. 8), S. 50–53; WOLFRAM WETTE, Ideologien, Propaganda und Innenpolitik als Voraussetzung der Kriegspolitik des Dritten Reiches, in: DEIST / WILHELM u. a., Ursachen und Voraussetzungen der deutschen Kriegspolitik (Das Deutsche Reich und der Zweite Weltkrieg, Bd. 1), Stuttgart 1979, S. 25–173, hier: 106–113; ORON J. HALE, Presse in der Zwangsjacke 1933–1945, Düsseldorf 1965, S. 90–100; KARL-DIETRICH ABEL, Presselenkung im NS-Staat. Eine Studie zur Geschichte der Publizistik in der nationalsozialistischen Zeit, Berlin 1968, S. 1–13; FISCHER, Handbuch (wie Anm. 8), S. 99–107; DAVID WELCH (Hg.), Nazi Propaganda. The Power and the Limitations, London u. a. 1983 (besonders anregend ist hier der Beitrag von IAN KERSHAW, How effective was Nazi propaganda?, S. 180–205); JÖRG BOHSE, Inszenierte Kriegsbegeisterung und ohnmächtiger Friedenswille. Meinungslenkung und Propaganda im Nationalsozialismus, Stuttgart 1988; DORIS KOHLMANN-VIAND, NS-Pressepolitik im Zweiten Weltkrieg. Die »vertraulichen Informationen« als Mittel der Presselenkung, München u. a. 1991.
Zur nationalsozialistischen Propaganda vor 1933 vgl. GERHARD PAUL, Aufstand der Bilder. Die NS-Propaganda 1933, Bonn ^{2}1992.

45 Vgl. hierzu auch VOLKER DAHM, Anfänge und Ideologie der Reichskulturkammer, in: Vierteljahreshefte für Zeitgeschichte, Jg. 34, 1986, S. 53–84.

46 S. hierzu und zum Folgenden WILLI A. BOELCKE (Hg.), Kriegspropaganda

1939–1941. Geheime Ministerkonferenzen im Reichspropagandaministerium, Stuttgart 1966, S. 120–190; HELMUT HEIBER, Joseph Goebbels, München [2]1974, S. 115–381; FRITZ SÄNGER, Politik der Täuschungen. Mißbrauch der Presse im Dritten Reich, Wien 1975. Zur Auslandspropaganda vgl. PETER LONGERICH, Propagandisten im Krieg. Die Presseabteilung des Auswärtigen Amtes unter Ribbentrop, München 1987.

47 S. hierzu neben der in der vorigen Anmerkung genannten Literatur auch HÖHNE, Nachrichtenagenturen (wie Anm. 15), Bd. 2, S. 122–133.

48 Zum Film im Dritten Reich s. neben der im Beitrag von Felix Moeller in diesem Band genannten Literatur WOLFGANG BECKER, Film und Herrschaft. Organisationsprinzipien und Organisationsstrukturen der nationalsozialistischen Filmpropaganda, Berlin 1973; RICHARD TAYLOR, Film Propaganda. Soviet Russia and Nazi Germany, London–New York 1979; DOROTHEA HOLLSTEIN, »Jud Süß« und die Deutschen. Antisemitische Vorurteile im nationalsozialistischen Spielfilm, Frankfurt/M. u. a. 1983; ARTHUR MARIA RABENALT, Joseph Goebbels und der »großdeutsche« Film, München–Berlin 1985; PETER BUCHER, Goebbels und die Deutsche Wochenschau. Nationalsozialistische Filmpropaganda im Zweiten Weltkrieg 1939–1945, in: Militärgeschichtliche Mitteilungen, 40, 1986, S. 53–69.

49 S. z. B. das Gedicht »Radio« von Karl Kraus: »...O Trost und Trug der Trübsal, die vernimmt / daß irgendwo die Unbeschwerten tanzen / und irgendwo das Leben ohne Last. / Sie selbst trägt auf dem Rücken ihren Ranzen, / und die das Schicksal an der Kehle faßt / erfahren, daß die Sänger wohlgestimmt. // Verkehrter Fortschritt in die Weltenkluft, / den schmerzvoll die Natur zur Umkehr wendet, / auf daß die Sänger mit den Hörern tauschen. / Erfüllt vom Gram der Erde sei die Luft! / Auf allen Wellen sei das Weh gesendet, / daß alle Frohen allen Seufzern lauschen!...«; KARL KRAUS, Worte in Versen, München 1959, S. 432.

50 S. hierzu und zum Folgenden ANSGAR DILLER, Rundfunkpolitik im Dritten Reich (Rundfunk in Deutschland, hg. v. HANS BAUSCH, Bd. 2), München 1980, passim.

51 S. hierzu u. a. KARLHEINZ SCHMEER, Die Regie des öffentlichen Lebens im Dritten Reich, München 1956; RICHARD GRUNBERGER, Das zwölfjährige Reich. Der Deutsche Alltag unter Hitler, Wien u. a. 1971, S. 78–96; KLAUS VONDUNG, Magie und Manipulation. Ideologischer Kult und politische Religion des Nationalsozialismus, Göttingen 1971; HAMILTON T. BURDEN, Die programmierte Nation. Die Nürnberger Reichsparteitage, Gütersloh o. J.

52 Zur Pressepolitik zwischen 1945 und 1949 s. BARBARA BAERNS, Lenkung und Kontrolle beim Neuaufbau des Pressewesens (1945–1949), in: Fischer (Hg.), Deutsche Kommunikationskontrolle (wie Anm. 9), S. 280–305; KURT KOSZYK, Pressepolitik für Deutsche 1945–1949 (Geschichte der deutschen Presse, 4), Berlin 1986; PETER STRUNK, Pressekontrolle und Propagandapolitik der Sowjetischen Militäradministration in Deutschland (SMAD). Der politische Kontrollapparat der SMAD und das Pressewesen im sowjetischen Besatzungsgebiet Deutschlands (1945–1947), Diss. FU Berlin 1989. Die folgende Darstellung

konzentriert sich auf die 1950er Jahre, da nur für diesen Zeitraum die Quellen hinreichend zugänglich sind und Sekundärliteratur vorhanden ist.

53 S. hierzu als ein Beispiel unter vielen KONRAD ADENAUER, Erinnerungen 1945–1953, Stuttgart 1965, S. 44–47; für die sehr ähnliche frühe Faschismusrezeption der (Geschichts-)Wissenschaft s. u. a. FRIEDRICH AUGUST HAYEK, Der Weg zur Knechtschaft, München 1971 (dt. Erstausg. 1945); CARLTON J. H. HAYES, Der Totalitarismus als etwas Neues in der Geschichte der westlichen Kultur (1940), in: BRUNO SEIDEL und SIEGFRIED JENKNER (Hg.), Wege der Totalitarismus-Forschung, Darmstadt 1968; FRIEDRICH MEINECKE, Die deutsche Katastrophe. Betrachtungen und Erinnerungen, Wiesbaden [6]1965 (Erstausg. 1946); GERHARD RITTER, Europa und die deutsche Frage, o. O. 1948; WILHELM RÖPKE, Die deutsche Frage, Erlenbach–Zürich [3]1948 (Erstausg. 1945); DERS., Die Gesellschaftskrisis der Gegenwart, Erlenbach–Zürich [5]1948 (Erstausg. 1942); HANS ROTHFELS, Die deutsche Opposition gegen Hitler. Eine Würdigung, Frankfurt/M. 1969 (Erstausg. USA 1948, dt. 1949).

54 ADENAUER, Erinnerungen 1945–1953 (wie Anm. 53), S. 354, 390; Im Zentrum der Macht. DAS TAGEBUCH VON STAATSSEKRETÄR LENZ 1951–1953, bearb. v. Klaus Gotto u. a., Düsseldorf 1989 (im folgenden: TAGEBUCH LENZ), passim.

55 Das Folgende nach LÖFFLER (wie Anm. 8), Presserecht, S. 54–228; HEINZ-DIETRICH FISCHER, Renaissance der »äußeren« und Etappen zur Realisierung von »innerer« Kommunikationsfreiheit (1949–1980), in: DERS. (Hg.), Deutsche Kommunikationsfreiheit (wie Anm. 9), S. 305–354, hier: 305–314.

56 S. hierzu und zum Folgenden HORST O. WALKER, Das Presse- und Informationsamt der Bundesregierung. Eine Untersuchung zur Frage der Organisation, Koordination und Kontrolle der Presse- und Öffentlichkeitsarbeit der Bundesregierung, Frankfurt/M. 1982, passim; WALTER LEISNER, Öffentlichkeitsarbeit der Regierung im Rechtsstaat. Dargestellt am Beispiel des Presse- und Informationsamtes der Bundesregierung, Berlin 1966; GISELA SÄNGER, Funktion amtlicher Pressestellen in der demokratischen Staatsordnung, dargestellt am Beispiel der Bundesrepublik Deutschland, Frankfurt/M.–Berlin 1966; OTTO ERNST KEMPEN, Grundgesetz, amtliche Öffentlichkeitsarbeit und politische Willensbildung, Berlin 1975; WALTER KORDES/HANS POLLMANN, Das Presse- und Informationsamt der Bundesregierung (Ämter und Organisationen der Bundesrepublik Deutschland, Bd. 18), Düsseldorf [9]1985, S. 16–36; NÖLL VON DER NAHMER; Reptilienfonds (wie Anm. 13), S. 239–248; SCHÖNEBERGER, Diplomatie im Dialog (wie Anm. 13), S. 127–144; HANNS JÜRGEN KÜSTERS, Konrad Adenauer, die Presse, der Rundfunk und das Fernsehen, in: KARL-GÜNTHER VON HASE (Hg.), Konrad Adenauer und die Presse (Rhöndorfer Gespräche, Bd. 9), Bonn 1988.

57 S. zum Verhältnis des damaligen Bundeskanzlers zur Presse im allgemeinen VON HASE (Hg.), Konrad Adenauer und die Presse.

58 S. hierzu BENEDIKT WIDMAIER, Die Bundeszentrale für politische Bildung. Ein Beitrag zur Geschichte staatlicher politischer Bildung in der Bundesrepublik Deutschland, Frankfurt/M.–Bern 1987.

59 Zu Otto Lenz neben seinen Tagebüchern (wie Anm. 54; s. v. a. die biographi-

schen Informationen in der Einleitung) auch HANS-EDGAR JAHN, Otto Lenz, in: Christliche Demokraten der ersten Stunde, hg. von der Konrad-Adenauer-Stiftung, Bonn 1966, S. 243–266. Zitat: TAGEBUCH LENZ, S. 14ff.: Eintragung v. 16.–20. Januar 1951 (Rückschau) und passim. Beteiligt waren z. B. Bundesinnenminister Lehr (s. hierzu Bundesarchiv Koblenz – im folgenden BA –, B 145/881: Vermerk des BPA-Mitarbeiters Krueger für Lenz vom 21. Januar 1952) und von Twardowski, der Chef des BPA von Dezember 1950 bis Februar 1952 (s. hierzu BA, B 145/881: »Entwurf/Aufzeichnung« von Twardowski o. D.).

60 TAGEBUCH LENZ, S. 700f.: Eintragung vom 17. 9. 1953.

61 Das Folgende nach HEINZ-WILLI GROSS, Die Deutsche Presseagentur. Historische Analyse ihrer Organisations- und Machtstruktur, externer Interessenverflechtungen und der Position auf dem bundesdeutschen Nachrichtenmarkt, Frankfurt/M. 1982; HÖHNE, Nachrichtenagenturen (wie Anm. 15), Bd. 2, S. 153–163.

62 Zitiert nach GROSS, Deutsche Presseagentur (wie Anm. 61), S. 185.

63 S. hierzu ARNULF BARING, Im Anfang war Adenauer. Die Entstehung der Kanzlerdemokratie, München [3]1984, S. 489–511; WALKER, Presse- und Informationsamt (wie Anm. 56), S. 212–217.

64 Hier und im folgendem nach HANS BAUSCH, Rundfunkpolitik nach 1945 (Rundfunk in Deutschland, hg. v. Hans Bausch, Bd. 3), Teil 1, München 1980, S. 160–238, 305–446; ROLF STEININGER, Deutschlandfunk – die Vorgeschichte einer Rundfunkanstalt 1949–1961. Ein Beitrag zur Innenpolitik der Bundesrepublik Deutschland, Berlin 1977; DERS., Rundfunkpolitik im ersten Kabinett Adenauer, in: Vierteljahreshefte für Zeitgeschichte, Jg. 21, 1973, S. 388–434; LERG/STEININGER (Hg.), Rundfunk und Politik (wie Anm. 30), passim; KÜSTERS, Konrad Adenauer (wie Anm. 56).

65 Dies ist im Detail untersucht von DIERK LUDWIG SCHAAF, Politik und Proporz im NWDR. Rundfunkpolitik in Nord- und Westdeutschland 1945–1955, Diss. Hamburg 1971 sowie EVA-MARIA FREIBURG, Die Geschichte des Rundfunks in Nordrhein-Westfalen 1945–1955. Vom NWDR-Köln zum WDR, Diss. Hannover 1973.

66 Vgl. zum Fernsehstreit auch HEINRICH KÜPPERS, Adenauer und Altmeier im Fernsehstreit 1958–1961, in: Vierteljahreshefte für Zeitgeschichte, Jg. 35, 1987, S. 625–659.

67 Vgl. HANS-ADOLF JACOBSEN, Zur Rolle der öffentlichen Meinung bei der Debatte um die Wiederbewaffnung 1950–1955, in: Aspekte der deutschen Wiederbewaffnung bis 1955, hg. v. Militärgeschichtlichen Forschungsamt, Boppard a. Rh. 1975, S. 61–98, hier: 61–67; BARING, Im Anfang war Adenauer (wie Anm. 63), S. 27; TAGEBUCH LENZ (wie Anm. 54), u. a. S. 84f., 108, 159, 170f.: Eintragungen v. 22. Mai, 5. Juli, 31. Oktober, 8. November 1951; S. 221, 374f.: 17. Januar, 25. Juni 1952; die Amerikaner stellten ihre Zuschüsse an Otto Lenz zur verdeckten Propaganda im Mai 1953 ein; ebd., S. 627–633: Eintragungen vom 21. und 22. Mai 1953.

68 BA, B 145/1735: BPA an Bundeskanzleramt 21. Januar 1958; BA, B 145/864: Vortragsnotiz von Marcks über »Wehrpublikationen« in der Bundesrepublik

vom 12. Oktober 1954. Herrn Dr. Büttner vom Bundesarchiv Koblenz danke ich für die Einführung in die zur Zeit meiner Archivstudien noch in der Bearbeitung befindlichen Bestände des BPA, auf denen die folgende Darstellung weitestgehend beruht.

69 BA, B 145 / 879: Vertrauliche Aufzeichnung von Marcks betr. »Lenkung des militärischen Schrifttums (Zeitschriften)« vom 3. November 1952.

70 BARING, Im Anfang war Adenauer, S. 84.

71 BA, B 145 / 3854: Vorlage des Referats A1 (Marcks) des BPA betr. »Öffentlichkeitsarbeit in Verteidigungsfragen über den Wirkungsbereich der Kundenzeitschriften« vom 5. Mai 1956; s. zur Einschaltung von Agenturen auch ebd., passim, und B 145 / 3854: BPA an ESTO Public Relations- und Verlagsgesellschaft 23. Februar und 13. Juni 1957 betr. das Faltblatt »Brigitte sagt ja« (zum Verteidigungsbeitrag der Bundesrepublik U. D.).

72 BA, B 145 / 3622, passim.

73 BA, B 145 / 3854: Vorlage des Referats I / 4 des BPA vom 7. Dezember 1956 und passim.

74 BA, B 145 / 1829.

75 TAGEBUCH LENZ, S. 153 ff.: Eintragung vom 20. Oktober 1951.

76 BARING, Im Anfang war Adenauer, S. 26 f.

77 S. hierzu u. a. BA, B 145 / 812, 3429.

78 S. zum Folgenden BA, B 145 / 848, 1030 (u. a. die Revisionsberichte der AdK für die Zeit 1952–1954), 1035 (u. a. die Aufzeichnung von Jahn [AdK] über die durchgeführten Veranstaltungen von der Gründung bis zum 31. August 1957), 1036. Zu HANS-EDGAR JAHN s. dessen Veröffentlichungen Kultur- und Informationsarbeit der westlichen Demokratien, Darmstadt 1955, und lebendige Demokratie. Die Praxis der politischen Meinungspflege in Deutschland, Frankfurt / M. ^{2}1956, sowie seine Erinnerungen: HANS-EDGAR JAHN, An Adenauers Seite. Sein Berater erinnert sich, München–Wien 1987.

79 S. hierzu FRIEDRICH H. TENBRUCK, Die unbewältigten Sozialwissenschaften oder: Die Abschaffung des Menschen, Graz u. a. 1984.

80 S. Motto dieses Beitrags, S. 43.

Paul Nolte
Parteien und Propaganda im Vormärz

1 Petition der Radikalen Ettlingens an die Zweite Kammer, 4. 5. 1846, Generallandesarchiv Karlsruhe (= GLA) 236 / 4294; Vernehmung Franz Bechers, GLA 236 / 4295.

2 Dies wendet MONIKA WÖLK, Wahlbewußtsein und Wahlerfahrungen zwischen Tradition und Moderne, in: Historische Zeitschrift, Bd. 238, 1984, S. 311–352, zu Recht gegen eine historische Wahlforschung ein, die häufig erst mit den Reichstagswahlen 1867 / 71 einsetzt; vgl. jüngst noch KARL ROHE, Wahlen und Wählertraditionen in Deutschland, Frankfurt 1992; HEINRICH BEST (Hg.), Politik und Milieu. Wahl- und Elitenforschung im historischen und

interkulturellen Vergleich, St. Katharinen 1989. – Vgl. aber, auch allgemein zum Folgenden, MANFRED HÖRNER, Die Wahlen zur badischen Zweiten Kammer im Vormärz (1819–1847), Göttingen 1987, die bisher beste Arbeit über Wahlen im deutschen Vormärz.

3 Zum Verhältnis von Staat und Gesellschaft im deutschen Vormärz vgl. REINHART KOSELLECK, Preußen zwischen Reform und Revolution, Stuttgart 1967; WERNER CONZE (Hg.), Staat und Gesellschaft im deutschen Vormärz 1815–1848, Stuttgart 1962. Zu Baden, auch allg. zum Folgenden, vgl. PAUL NOLTE, Gemeindeliberalismus. Zur lokalen Entstehung und sozialen Verankerung der liberalen Partei in Baden 1831–1855, in: Historische Zeitschrift, Bd. 252, 1991, S. 57–93; DERS., Gemeindebürgertum und Liberalismus in Baden 1800–1850, Göttingen 1994.

4 Vgl. WERNER K. BLESSING, Staatsintegration als soziale Integration. Zur Entstehung einer bayerischen Gesellschaft im frühen 19. Jahrhundert, in: Zeitschrift für bayerische Landesgeschichte, Bd. 41, 1978, S. 633–700; PAUL NOLTE, Staatsbildung als Gesellschaftsreform. Politische Reformen in Preußen und den süddeutschen Staaten 1800–1820, Frankfurt 1990; für eine spätere Zeit: MANFRED HANISCH, Für Fürst und Vaterland. Legitimitätsstiftung in Bayern zwischen Revolution 1848 und deutscher Einheit, München 1991 (vgl. dort bes. S. 178–207 über Wahlen und Wahlbeeinflussung und S. 207–217 über »Die Beamten als Mittler zwischen Staat und Gesellschaft«).

5 Bericht des Amtes Heidelberg, 13. 12. 1845, GLA N/Nebenius/6.

6 Vgl. zu diesen und den folgenden Angaben v. a. JOHN R. WILSON, Seedbed of Protest. Social Structure and Radical Politics in Ettlingen, Grand Duchy of Baden, 1815–1850; Ph. D. Diss. Johns Hopkins University 1981, S. 18, 27 f.

7 PAUL STEMMERMANN, Die badisch-pfälzische Familie Buhl. Biographie einer Familie von Industriepionieren und liberalen Politikern, in: Oberrheinische Studien, Bd. 2, Karlsruhe 1973, S. 285–334.

8 Vgl. PAUL STEMMERMANN, Philipp Thiebauth. Revolutionär und Bürgermeister. Ettlingen in den politischen Strömungen des 19. Jahrhunderts, Karlsruhe 1964, S. 13–16.

9 Vgl. dazu v. a. WILSON, Seedbed (wie Anm. 6); der Prozeß der liberalen Parteibildung ist anschaulich beschrieben in einer Petition der Konservativen vom 5. 1. 1847; GLA 234/2007.

10 Vgl. zur Gemeindewahl 1845: GLA 236/2243.

11 Nach den Angaben von Buß in der badischen Zweiten Kammer. Vgl. Verhandlungen der Zweiten Kammer der Ständeversammlung des Großherzogtums Baden 1845/46, Protokolle (im folgenden: Verh. 1845/46), Heft 5, S. 177.

12 Zum Wortlaut des Eides (Zitat) vgl. »Widerlegungsschrift« Notar Vogels gegen die radikale Petition, 16. 5. 1846, GLA 236/4294. Vgl. zur »Eidabnahme« insbesondere die Vernehmungsprotokolle in GLA 236/4297.

13 Dieser Zusammenhang blieb allerdings in der Untersuchung umstritten. Offenbar war Utz geisteskrank, seit er bei einem Unfall im Vorjahr ein Auge verloren hatte. Vgl. GLA 236/4294, 236/4297.

14 Radikale Petition, 4. 5. 1846, GLA 236/4294.

15 Berichtet von Lorenz Brentano, in: Verh. 1845/46, Heft 5, S. 119.
16 Der Schuhmacher Augustin Reich zu dem Kupferschmied Johann Buchenbrod (Vernehmung Buchenbrods am 20.5.1846), GLA 236/4295.
17 Berichtet von Franz Buhl, Verh. 1845/46, Heft 3, S. 136f.
18 Petition vom 4.5.1846; GLA 236/4294.
19 Eingabe Vogels, 16.5.1846; GLA 236/4294.
20 Buhl, Verh. 1845/46, Heft 3, S. 136ff.; Brentano, ebd., Heft 5, S. 121.
21 Vgl. die Vernehmung Vogels, 28.5.1846; GLA 236/4294; dort auch das konservative Flugblatt; zur Auseinandersetzung darüber in der Zweiten Kammer vgl. die Äußerungen von Brentano (Verh. 1845/46, Heft 5, S. 121f.) und Buß (ebd., Heft 5, S. 176).
22 Vgl. Carl Friedrich Nebenius, ebd., Heft 3, S. 131.
23 Petition vom 4.5.1846, GLA 236/4294; Vernehmung Xaver Grischeles und Sigmund Oertels, GLA 236/4295.
24 Vernehmung Joseph Geiserts, zit. von Brentano, Verh. 1845/46, Heft 5, S. 119.
25 Thiebauth, 30.5.1846, GLA 236/4294; Vernehmung der Gesellen Ullrichs (die diesen Vorwurf bestreiten), GLA 236/4296.
26 Petition vom 4.5.1846, GLA 236/4294.
27 Joseph Korn, zit. von Brentano, Verh. 1845/46, Heft 5, S. 119f.
28 Vogel, 16.5.1846, GLA 236/4294; Xaver Link, zit. von Brentano, Verh. 1845/46, Heft 5, S. 120.
29 Vernehmung Thiebauths, GLA 236/4299.
30 Vernehmung Joseph Bergs, GLA 236/4299.
31 Vernehmung Leo Webers, GLA 236/4299.
32 Vernehmung Alois Webers, GLA 236/4299; vgl. Verh. 1845/46, Heft 5, S. 120.
33 Vernehmung Joseph Singers, 20.5.1846, GLA 236/4295.
34 Vernehmung Franz Mackerts, GLA 236/4299.
35 Vernehmung Ignatz Gleißles, 26.5.1846, GLA 236/4299.
36 Verh. 1845/46, Heft 5, S. 168f. Vgl. zur Rolle Buhls im Ettlinger Wahlkampf insbes. noch GLA 236/4298.
37 Also jener kulturell normierten Verhaltensdisposition in »traditionalen« Gesellschaften, die in der angloamerikanischen Forschung präziser mit dem Begriff »deference« ausgedrückt werden kann. Vgl. etwa J. G. A. POCOCK, The Classical Theory of Deference, in: American Historical Review, 81. Jg., 1976, S. 516–523. Eine Übertragung dieses Konzepts auf die deutsche Geschichte der Frühen Neuzeit und des 19. Jahrhunderts steht noch aus und könnte interessante Perspektiven eröffnen.
38 Vernehmung Gräules, zit. Verh. 1845/46, Heft 5, S. 120.
39 Vogel, 16.5.1846, GLA 236/4294.
40 Ebd.
41 Zit. von Brentano, Verh. 1845/46, Heft 3, S. 126.
42 In: GLA 236/4294.
43 Beschluß der Zweiten Kammer am 11.5.1846; offizieller Auftrag des Innenmi-

nisteriums zur Untersuchung der Wahlen an Bausch am 16.5.1846; vgl. GLA 236/4289.

44 Dank dieser Untersuchungsakten (GLA 236/4294–4299) mit einem Umfang von etwa 600 Seiten sind wir über die Details und Hintergründe der Ettlinger Wahlen so außergewöhnlich gut informiert.

45 Der Bericht Brentanos, 7.7.1846: Verh. 1845/46, Heft 5, S. 116–125; die Debatte darüber am 10.7.1846: ebd., S. 154–184.

46 Bekk, Verh. 1845/46, Heft 3, S. 142.

47 Nebenius, ebd., Heft 5, S. 167.

48 Nebenius, ebd., Heft 3, S. 149f.

49 Welcker, ebd., S. 128.

50 Itzstein, ebd., S. 148.

51 Buß, ebd., Heft 5, S. 177.

52 Christ, ebd., S. 160f.; vgl. ders., Heft 3, S. 135; ähnlich Trefurt, Heft 5, S. 162.

53 Hecker, ebd., S. 181.

54 So Trefurt, ebd., S. 163. Gräule erhielt später von den Konservativen sogar noch einen goldenen Ehrenbecher überreicht; vgl. Stemmermann, Thiebauth, S. 25.

55 Schaaf, Verh. 1845/46, Heft 5, S. 172.

Peter Jungblut
Unter vier Reichskanzlern

1 Vgl. G. VALENTINE WILLIAM, The German Press Bureau, in: Contemporary Review, März 1910, S. 315ff.

2 Vgl. OTTO GRAF ZU STOLBERG-WERNIGERODE, Hammann, in: Neue Deutsche Biographie, Bd. 7, 1966, S. 589ff.; FRIEDRICH HEILBRON, Otto Hammann, in: Deutsches Biographisches Jahrbuch (1928), Stuttgart–München 1931, S. 95ff. Heilbron war von August 1920 bis Juni 1921 selbst Pressechef des Auswärtigen Amtes und hatte vorher jahrelang mit Hammann zusammengearbeitet. Hammann selbst war ein farbiger, mitunter auch ironischer Erzähler; vgl. dazu seine Memoirenbände OTTO HAMMANN, Der neue Kurs. Erinnerungen, Berlin 1918; DERS., Um den Kaiser, Erinnerungen aus den Jahren 1906–1909, Berlin 1919; DERS., Bilder aus der letzten Kaiserzeit, Berlin 1922; DERS., Aufzeichnungen, in: Archiv für Politik und Geschichte 6/1925.

3 Die These von Landrat Stubenrauchs Vermittlung vertritt Holstein; vgl. dessen Aufzeichnung vom 29. April 1908, in: NORMAN RICH/M. H. FISHER (Hg.), Die geheimen Papiere Friedrich v. Holsteins, Bd. IV, Göttingen 1963, Nr. 1087.

4 LOTHAR GALL, Bismarck. Der weiße Revolutionär, Frankfurt/M.–Berlin–Wien 1983, S. 712f.

5 Bismarck am 19. April 1890 in den *Hamburger Nachrichten*, zit. nach HERMANN HOFMANN (Hg.), Fürst Bismarck, 1890–1898, Bd. 5, Stuttgart 1913, S. 251f.; vgl. zum Erfolg der Pressearbeit Bismarcks nach seiner Entlassung MANFRED

HANK, Kanzler ohne Amt. Fürst Bismarck nach seiner Entlassung, 1890–1898, München 1977.

6 Auf die Bezeichnung »Uriasbriefe« kam Bismarck wohl durch die biblische Gestalt von Uria dem Hethiter. Er war der Gatte der schönen Batseba, die von König David verführt wurde. Uria wurde später von David in einer Schlacht an der gefährlichsten Stelle eingesetzt, so daß er fiel. Den Brief, in dem David diesen Einsatz verlangte, mußte Uria selbst überbringen (2. Samuel, Verse 11,14f.).

7 Protokoll der Staatsministerialsitzung vom 16. Oktober 1891, Bundesarchiv Koblenz (= BA), Bestand R 43, F-1559, Mikrofiche 1. Noch am 16. April 1890 hatte Caprivi im preußischen Abgeordnetenhaus versichert, seit dem Kanzlerwechsel sei »nicht ein einziges Wort« aus der Reichskanzlei in die Presse gekommen und er vermute auch, daß das so bliebe (laut Sitzungsprotokoll der *Neuen Preußischen Zeitung* vom 17. April 1890, Morgenausgabe). Allerdings wies Caprivi seinen damaligen Debattengegner Ludwig Windthorst darauf hin, man müsse sich die auswärtige Presse offenhalten für eine mögliche Beeinflussung: »Wir müssen für gewisse Verhältnisse in der Lage sein, einen Artikel, der uns selbst im Augenblick wünschenswerth gewesen ist, nach acht Tagen desavouieren zu können; wenn wir nur den Staatsanzeiger allein hätten, so wäre das einfach ausgeschlossen. Ich glaube aber auch für die Benutzung der auswärtigen Presse erklären zu können, daß wir uns einschränken werden und daß wir [...] in Zukunft in dieser Beziehung über die Regeln eines guten Tons nicht hinausgehen werden.« Diese Selbstbeschränkung verlangte die Reichstagsopposition natürlich nicht zuletzt nach den Erfahrungen mit Bismarcks ›Reptilienfonds‹. Caprivi zeigte sich so presseabstinent, daß er General Waldersee verbot, ein eigenes Pressebüro zu unterhalten. Vgl. HANK, Kanzler ohne Amt (wie Anm. 5), S. 166 (Notiz Waldersees vom 24. Februar 1891).

8 HAMMANN. Der neue Kurs (wie Anm. 2), S. 48.

9 Ebd., S. 52.

10 Diese Vermutung liegt nahe, wenn man berücksichtigt, daß der saarländische Schwerindustrielle Karl von Stumm-Halberg als freikonservatives Reichstagsmitglied der einzige Redner war, der Caprivis Heeresreformvorlage bei der ersten Einbringung unterstützte.

11 AUGUST KEIM, Erlebtes und Erstrebtes, Hannover 1925, S. 50. Solche Aktivitäten Keims machten den für die Pressepolitik besonders sensiblen liberalen Abgeordneten Heinrich Rickert bald mißtrauisch. Er fragte in der Haushaltsdebatte 1893 den Kanzler, was Keim denn »im Auswärtigen Amt« treibe und womit all die Broschüren bezahlt würden. Die *Norddeutsche Allgemeine Zeitung* vom 18. März 1893 antwortete darauf mit einem offiziösen Artikel, in dem klargestellt wurde, daß »fürwahr schon communis opinio« sei, daß das Reichskabinett pressepolitisch tätig sein müsse.

12 Ebd., 18. Februar 1893 (Sonderbeilage). Bei der Kundgebung wirkten so bekannte Gelehrte wie Gustav von Schmoller, Adolf Harnack und Hans Delbrück mit; vgl. zum Einsatz von Universitätsprofessoren für politische Kampagnen: RÜDIGER VOM BRUCH, ›Militarismus‹, ›Realpolitik‹ und Pazifismus. Außenpoli-

tik und Aufrüstung in der Sicht deutscher Hochschullehrer im späten Kaiserreich, in: Militärgeschichtliche Mitteilungen, 39/1986, S. 37–58, hier S. 42.

13 JOHN C. G. RÖHL, Germany without Bismarck, London 1967, S. 111.

14 J. ALDEN NICHOLS, Germany after Bismarck. The Caprivi Era, 1890–1894, Cambridge 1958, S. 242; Caprivi soll gegenüber dem Chef des Militärkabinetts erklärt haben, ohne Keim wäre die Durchsetzung der Heeresreform nicht möglich gewesen.

15 Zur Aufgabenteilung im Auswärtigen Amt hinsichtlich der Pressearbeit äußert sich JULIUS VON ECKARDT, Aus den Tagen von Bismarcks Kampf gegen Caprivi, Leipzig 1920, S. 5f.

16 HAMMANN, Der neue Kurs (wie Anm. 2), S. 56.

17 BA, R 43, F-1559, Fiche 3, Erlaß Caprivis vom 23. Dezember 1893.

18 Kladderadatsch, 12. August 1894 (»Officiöses«); 11. März 1894.

19 Geheimes Votum des preußischen Ministers des Innern, 24. November 1894, BA, R 43, F-1559, Fiche 3.

20 WALTER VOGEL, Die Organisation der amtlichen Presse- und Propagandapolitik des Deutschen Reiches, in: Zeitungswissenschaft, Bd. 16, 1941, S. 16.

21 *Berliner Correspondenz*, Nr. 1, 10. Dezember 1894 (nur noch in der Universitätsbibliothek Saarbrücken vollständig erhalten).

22 Königliches Literarisches Bureau an die Reichskanzlei, 18. Dezember 1895, BA, R 43, F-1559, Fiche 6, darin im Anhang die Liste, welche für das Jahr 1895 folgende gelieferte Zeilenmengen für die *Berliner Correspondenz* vermerkte: Reichskanzlei 43, Auswärtiges Amt 45, dagegen Preußischer Minister des Innern 5386, Preußischer Minister für Landwirtschaft 2470.

23 Geheimes Votum des preußischen Ministers des Innern, 1. April 1898, BA, R 43, F-1560, Fiche 2.

24 Tirpitz an die Reichskanzlei, BA, R 43, F-1560, Fiche 2.

25 Protokollauszug der Staatsministerialsitzung vom 9. September 1899, BA, R 43, F-1560, Fiche 3.

26 WILHELM DEIST, Flottenpolitik und Flottenpropaganda, Stuttgart 1976, S. 54.

27 HAMMANN, Der neue Kurs (wie Anm. 2), S. 67; Bülow suchte die Fehler selten bei sich selbst. Als seine außenpolitische Rede vom November 1906 kritisch bewertet wurde, weil er bestritten hatte, daß ein Volk von 60 Millionen jemals isoliert sein könne, klagte er gegenüber Hammann: »Die Beurteilung meiner jüngsten Rede über auswärtige Politik in einem großen Teil der deutschen Presse zeigt in betrübender Weise, wie gering bei uns noch das Verständnis für auswärtige Fragen, alles, was damit zusammenhängt und namentlich die richtige Art ihrer Behandlung ist« (Zit. nach HAMMANN, Bilder aus der letzten Kaiserzeit [wie Anm. 2], S. 45f).

28 BERNHARD FÜRST VON BÜLOW, Denkwürdigkeiten, Bd. I, Berlin 1930, S. 217.

29 Ebd., Bd. II, S. 443.

30 So beschreibt es jedenfalls die amerikanische Bülow-Biographin KATHARINE ANNE LERMAN, Bernhard von Bülow and the Gouvernance of Germany 1900–1909, Phil. Diss., o. O. 1983, S. 225.

31 So Heinrich Leonhard von Tschirschky am Beginn seines kurzen Gastspiels als Staatssekretär des Auswärtigen Amtes im März 1906, vgl. LERMAN (wie Anm. 30), S. 237; auch Unterstaatssekretär Loebell vertrat die Auffassung, daß Bülow selten ohne Hammanns Rat eine Entscheidung fällte.

32 LAMAR CECIL, The German Diplomatic Service, 1871–1914, Princeton 1976, S. 303; vgl. auch die Stellungnahme Arnold Wahnschaffes, des zeitweiligen Unterstaatssekretärs in der Reichskanzlei, zu Bülows Memoiren: Ein »Gutes, ja ein Nützliches Buch?«, in: FRIEDRICH THIMME (Hg.), Front wider Bülow, München 1931, S. 291.

33 WALTER ZECHLIN, Pressechef bei Ebert, Hindenburg und Kopf, Hannover 1956, S. 10f.; August Stein antwortete auf ein Glückwunschschreiben Bülows zu seinem 25jährigen Berufsjubiläum bei der *Frankfurter Zeitung* 1908, er sei dem Kanzler »durch persönliche Verehrung in allen Wechseln der Politik ergeben« (zit. nach BÜLOW, Denkwürdigkeiten [wie Anm. 28], Bd. II, S. 497). Mit Holstein überwarf sich Stein übrigens nach der Marokkokrise von 1905/06. Der Geheimrat mutmaßte, Stein gehe es darum, das »Nichtbeamten-Element, speziell das semitische heranzubringen« (zit. nach Aufzeichnung Holsteins vom 29. April 1908, in: RICH/FISHER, Die geheimen Papiere (wie Anm. 3), Bd. IV, Nr. 1087).

34 Erlaß Bülows vom 16. Mai 1901, BA, R 43, F-1565, Fiche 1.

35 Posadowsky-Wehner an Bülow, 24. Oktober 1906, BA, R 43, F-1565, Fiche 2.

36 Bülow an Posadowsky-Wehner, 10. November 1906, BA, R 43, F-1565, Fiche 2.

37 Bülow an Bethmann Hollweg, 23. Mai 1908, BA, R 43, F-1565, Fiche 3.

38 HAMMANN, Bilder aus der letzten Kaiserzeit (wie Anm. 2), S. 42.

39 HAMMANN, Der neue Kurs (wie Anm. 2), S. 69.

40 Holstein an Bülow, 5. April 1905, zit. nach RICH/FISHER, Die geheimen Papiere (wie Anm. 3), Bd. IV, Nr. 882.

41 Holstein an Bülow, Januar 1906, zit. ebd., Nr. 919.

42 Aufzeichnung Holsteins vom 29. April 1908, zit. ebd., Nr. 1087.

43 Zit. aus einem Abschiedsschreiben des Kanzlers vom Dezember 1916 an Hammann nach HEILBRON, Hammann (wie Anm. 2), S. 107.

44 Zit. nach einer Eintragung von Kurt Riezler in sein Tagebuch vom 22. Juli 1914, in: KARL DIETRICH ERDMANN (Hg.), Kurt Riezler. Tagebücher, Aufsätze, Dokumente, München 1972, S. 185.

45 Vgl. DEIST, Flottenpolitik und Flottenpropaganda (wie Anm. 26).

46 VOGEL, Organisation (wie Anm. 20), S. 20; dort ist auch das Zirkular des Kanzlers abgedruckt.

47 Zit. ebd., S. 81 f.

48 Unterstaatssekretär Jahn an die Reichskanzlei, 26. August 1912, zit. ebd., S. 84f.

49 Delbrück an Bethmann Hollweg, 24. Juli 1912, zit. ebd., S. 81.

50 Ebd., S. 24.

51 Bethmann Hollweg an Hammann, 22. Oktober 1916, BA, R 43, F-1606, Fiche 8.

Gerd Krumeich
Kriegsfotografie zwischen Erleben und Propaganda

1 ALFRED V. SCHLIEFFEN, Der Krieg der Gegenwart, in: Generalfeldmarschall Graf Alfred v. Schlieffen, Gesammelte Schriften, Bd. 1, Berlin 1913, S. 11–22, hier: S. 15.

2 9,9 Millionen Sendungen gingen täglich von Deutschland aus an die Front und in die Etappe: Vgl. BERND ULRICH, Feldpostbriefe im Ersten Weltkrieg – Bedeutung und Zensur, in: PETER KNOCH (Hg.), Kriegsalltag, Stuttgart 1989, S. 40–75, hier: S. 43. Noch keine Arbeit gibt es meines Wissens zum Thema: Der Urlaub des Soldaten.

3 Vgl. BODO VON DEWITZ, Schießen oder fotografieren? Über fotografierende Soldaten im Ersten Weltkrieg, in: Fotogeschichte, Jg. 12, 1992, H. 43, S. 49–60; ders., So wird bei uns der Krieg geführt! Amateurfotografie im Ersten Weltkrieg, München 1989; BERNHARD SIEGERT, Luftwaffe Fotografie, ebd., H. 45/6, S. 41–54.

4 Einen nützlichen kurzen Forschungsbericht bietet WINFRIED MÖNCH, Fotografische Kriegs-Erinnerungs-Bildbände deutscher Einheiten aus dem Ersten Weltkrieg, in: Jahresbibliographie der Bibliothek für Zeitgeschichte, Stuttgart, Bd. 59, 1987, S. 371–377; KARL RIHA, Den Krieg fotografieren, in: KLAUS VONDUNG (Hg.), Kriegserlebnis. Der Erste Weltkrieg in der literarischen Gestaltung und symbolischen Deutung der Nationen, Göttingen 1980, S. 146–161; BERND HÜPPAUF, Kriegsfotografie an der Schwelle zum Neuen Sehen, in: BEDRICH LOEWENSTEIN (Hg.), Geschichte und Psychologie, Pfaffenweiler 1992, S. 205–233; interessante Aperçus in das Problem von »Surrogat«-Informationen der gestellten Fotos im künstlerisch nicht mehr darzustellenden Krieg bereits bei: JOHANNES GAULKE, Kunst und Kino im Kriege, in: Die Gegenwart, Jg. 44/5 (1916), S. 618–620; vgl. auch die Reflexion von Ernst Jünger über die Fotografien als »Instrumente(n) eines technischen Bewußtseins«: »Man darf überhaupt vom Lichtbild nicht mehr erwarten, als es zu geben vermag. Ein feiner Abdruck des äußeren Geschehens, gleicht es den Abdrücken, die uns das Dasein seltsamer Tiere im Gestein hinterlassen hat«: ERNST JÜNGER, Krieg und Lichtbild, in: DERS. (Hg.), Das Antlitz des Weltkrieges, Berlin 1933, S. 9–11.

5 Vgl. ULRICH, Feldpostbriefe (wie Anm. 2); DERS., Feldpostbriefe – Möglichkeiten und Grenzen einer alltagsgeschichtlichen Quelle [im Druck]; EDITH HAGENER, »Es lief sich so sicher an Deinem Arm«... Briefe einer Soldatenfrau 1914, Weinheim 1986, S. 53; in dieser Hinsicht ist die bekannteste Soldatenbriefsammlung, nämlich: PHILIP WITKOP (Hg.), Kriegsbriefe gefallener Studenten (1917 u. ö.), sehr untypisch und hat in ihrer Betonung der »Aussagen« das tatsächliche »Schweigen« überdeckt. Zu Witkop vgl. jetzt: MICHAEL JEISMANN/MANFRED HETTLING, Der Weltkrieg als Epos. Philip Witkops »Kriegsbriefe gefallener Studenten«, in: GERHARD HIRSCHFELD/GERD KRUMEICH (Hg.), »Keiner fühlt sich hier mehr als Mensch...« Erlebnis und Wirkung des Ersten Weltkriegs, Essen 1993, S. 175–198.

6 Zur Forschungsgeschichte der Kriegsmentalitäten in Deutschland vgl. meinen Beitrag in: HIRSCHFELD / KRUMEICH (wie Anm. 5).

7 Vgl. DIETER HOFFMANN, Die Lust an der Zerstörung, in: Ein Krieg wird ausgestellt. Die Weltkriegssammlung des Historischen Museums (1914–1918), Frankfurt 1976, S. 109, zu »touristischen Aspekten« vgl. S. 131.

8 Betonung dieser Mitwisserschaft des Publikums schon bei GAULKE, Kunst und Kino im Kriege (wie Anm. 4).

9 »Kinematograph« vom 8. 1. 1919, hier zit. nach: FRITZ TERVEEN, Die Anfänge der deutschen Film-Kriegsberichterstattung in den Jahren 1914–1916, in: Wehrwissenschaftliche Rundschau 6 / 1956, H. 6, S. 318–329.

10 Vgl. hierzu erste (leider bislang nicht weitergeführte) Überlegungen bei: DETLEF HOFFMANN, Die zwei Gesichter des Krieges. Offizielle und private Fotografie im Ersten Weltkrieg, in: Fotogeschichte 2 (1982), H. 5, S. 21–28.

11 Vgl. meinen Aufsatz »Verdun«, in: HORST MÖLLER (Hg.), Deutschland und Frankreich durch die Jahrhunderte, München 1994 [im Druck]; für die französische Seite ANTOINE PROST, Verdun, in: PIERRE NORA (Hg.), Les Lieux de Mémoire, Bd. 2: La Nation, Paris 1982, S. 111–141; allgemein: GERMAN WERTH, Verdun. Die Schlacht und der Mythos, Bergisch-Gladbach 1979.

12 Auffallend ist an diesem Titelbild, daß beide hohen Offiziere nicht in die Kamera blicken. Es wäre näher zu überprüfen, wie weit der berühmte direkte »Kamerablick« der Soldaten auf den Weltkriegsfotos der Blick derjenigen ist, die noch nicht an Öffentlichkeit gewöhnt sind.

13 Vgl. z. B. JEAN-BAPTISTE DUROSELLE, La France et les Français, 1914–1920, Paris 1972, S. 128.

14 L'Album de la guerre. Histoire photographique et documentaire reconstituée chronologiquement à l'aide de clichés et de dessins publiés par »L'Illustration« de 1914 à 1921, 2 Bde., Paris 1923, hier: Bd. 1, S. 427.

15 Zum »leeren Schlachtfeld« bereits SCHLIEFFEN, Der Krieg in der Gegenwart (wie Anm. 1), S. 15: »So groß aber auch die Schlachtfelder sein mögen, so wenig werden sie dem Auge bieten. Nichts ist auf der weiten Öde zu sehen...«; vgl. zuletzt HÜPPAUF, Kriegsfotografie an der Schwelle zum Neuen Sehen (wie Anm. 4), S. 214.

16 Eine Sammlung bei: EBERHARD DEMM (Hg.), Der Erste Weltkrieg in der internationalen Karikatur, Hannover 1988.

17 Dies ist ein wichtiger Unterschied zur Bildberichterstattung im Zweiten Weltkrieg, für die besondere Propaganda-Kompanien eingesetzt wurden.

18 Vgl. bes. JOHN KEEGAN, The Face of Battle, London 1975; LYNN MACDONALD, Somme, London 1983.

19 Hier finden wir (vor allem in der deutschen Bildpropaganda) durchaus schon Vorläufer späterer »Untermenschen«-Darstellungen des Zweiten Weltkriegs.

20 Ernst Jüngers Hinweis, daß der Erste Weltkrieg allein die Landschaft und die Dörfer verwüstet habe, nicht aber wirklich die großen Städte (»jahrelanger Stillstand des Krieges in der Landschaft«), wäre »mentalitätshistorisch« nachzugehen, vgl. JÜNGER, Krieg und Lichtbild (wie Anm. 4), S. 10.

21 Sogar eine Schützengrabenzeitung mit dem Namen »Somme-Wacht« ist überliefert (Archiv Bibliothek für Zeitgeschichte [BFZ], Stuttgart).
22 Bestandsverzeichnis der Bibliothek für Zeitgeschichte; Deutsches Bücherverzeichnis (DBV), Fünf-Jahres-Zusammenfassung 1915–1920, Leipzig 1922.
23 Mit der Kronprinzen-Armee vor Verdun. 96 Bilder nach fotografischen Aufnahmen von PAUL JOH. HAACK, etatsmäßiger Divisionspfarrer einer Reservedivision und Kgl. Kadettenhauspfarrer in Wahlstatt, Breslau, Ev. Buchhandlung Gerhard Kauffmann, 1916.
24 Interessante Beispiele für einen solchen offiziell-distanzierten Blick auf das soldatische Leben gibt HANS-JOSEF WOLLASCH (Hg.), Militärseelsorge im Ersten Weltkrieg. Das Kriegstagebuch des katholischen Feldgeistlichen Benedict Kreutz, Mainz 1987; Kriegsfahrten deutscher Maler. Selbsterlebtes im Weltkrieg 1914–1915. Mit Beiträgen von Theodor Rocholl, Wilhelm Schreuer (u. a.), Bielefeld und Leipzig 1916; ADOLPH KOESTER / GUSTAV NOSKE, Kriegsfahrten durch Belgien und Nordfrankreich 1914, Berlin o. J. (1915).
25 Vgl. bes. Der Weltkrieg im Bild, 2 Bde., Berlin 1927; Der Weltkrieg in seiner rauhen Wirklichkeit. Das Frontkämpferbuch, Berlin 1929; FRANZ SCHAUWEKKER (Hg.), So war der Krieg, Berlin 1928; ERNST JÜNGER (Hg.), Das Antlitz des Weltkrieges, Berlin 1933; Kamerad im Westen, Berlin 1930; ERNST FRIEDRICH (Hg.), Krieg dem Kriege, Berlin 1924.
26 Von SOLDAN stammt auch das Buch Der Mensch und die Schlacht der Zukunft (1925), vgl. BERND ULRICH, Die »Perspektive von unten« und ihre Instrumentalisierung am Beispiel des Ersten Weltkrieges, in: Krieg und Literatur / War and Literature, Nr. 2 / 1989, S. 47–64.
27 Ich danke Claudia Figge (Freiburg) für die Hilfe bei der Zusammenstellung und Auflistung des Bildmaterials.
28 Zwischen Arras und Péronne. 311 Lichtbilder zur Erinnerung an die Zeit des Stellungskampfes und der Abwehr der englischen Offensive, hg. von einem deutschen Reservekorps, Bapaume, Korps-Verlagsbuchhandlung, 1916. Im Buchhandel bei R. Piper & Co., München; An der Somme, hg. von einem deutschen Reservekorps, ebd. 1917 (es handelt sich um eine »neue Folge« des zuerst genannten Werkes); H. ERHARD, Aus Städten und Schlössern Nordfrankreichs, Korps-Verlagsbuchhandlung Bapaume, 1915, 1916 (2. Aufl.); An der Somme. Erinnerungen der 12. Infanterie-Division an die Stellungskämpfe und Schlacht an der Somme, Berlin, Dümmler Verlag 1918.
29 Aus Städten und Schlössern Nordfrankreichs (wie Anm. 28), Geleitwort.
30 Vgl. TERVEEN, Die Anfänge der deutschen Film-Kriegsberichterstattung (wie Anm. 9); HANS BARKHAUSEN, Filmpropaganda für Deutschland im Ersten und Zweiten Weltkrieg, Hildesheim u. a. 1982.
31 Bei unseren Helden an der Somme, Berlin 1917 (Ein Ex. in UB Freiburg).
32 Vgl. zur »Inszenierung« des Krieges demnächst die Düsseldorfer Dissertation von SUSANNE BRANDT, Kriegsausstellungen und Kriegsmuseen im Ersten Weltkrieg.

Felix Moeller
Blitzkrieg und nationalsozialistische Filmpropaganda

1 Die Goebbels-Tagebücher liegen inzwischen in verschiedenen, allerdings unzulänglichen Fassungen publiziert vor: ELKE FRÖHLICH (Hg.), Die Tagebücher von Joseph Goebbels. Teil I 1924–1941. 4 Bde., München 1987; RALF GEORG REUTH (Hg.), Joseph Goebbels. Tagebücher 1924–1945, 5 Bde., München 1992. Umfangreiches, unveröffentlichtes Material (Kopien und Originale) befindet sich in verschiedenen Archiven in Deutschland und Rußland. Zur Problematik: BERND SÖSEMANN, Inszenierungen für die Nachwelt, in: Historische Zeitschrift Sdh. 16, 1992, S. 1–45. Eine wissenschaftliche Edition der Quelle dürfte erst in mehreren Jahren abzuschließen sein. Alle folgenden Daten in Klammern beziehen sich auf Tageseintragungen Goebbels', gestützt auf Materialien des Projekts der Freien Universität Berlin »Restituierung der Goebbels-Tagebücher« unter Leitung von Bernd Sösemann.

2 Rede Goebbels' vom 9. 2. 1934 in: Licht-Bild-Bühne, Nr. 35 / 10. 2. 1934.

3 Aus dem NS-Organ Wille und Macht v. 25. 2. 1938, in: GERD ALBRECHT, Nationalsozialistische Filmpolitik, Stuttgart 1969, S. 504.

4 Rede vom 5. 2. 1937 in: ebd., S. 456.

5 HANS GÜNTER SERAPHIM (Hg.), Das politische Tagebuch Alfred Rosenbergs 1934/35 und 1939/40, Göttingen 1956, S. 91, Eintragung vom 11. 12. 1939. *Weiße Sklaven* wurde von Hitler persönlich verboten und konnte erst nach umfangreichen Änderungen anlaufen.

6 Vgl. FRIEDRICH P. KAHLENBERG, »Starke Herzen«. Quellennotizen über die Produktion eines Ufa-Films im Jahre 1937, in: KRAFT WETZEL / PETER HAGEMANN (Hg.), Zensur. Verbotene deutsche Filme 1933–1945, Berlin 1978, S. 110 ff.

7 Vgl. WILHELM TREUE, Rede Hitlers (10. 11. 1938) vor der deutschen Presse, in: Vierteljahreshefte für Zeitgeschichte, 6. Jg., 1958, S. 175 ff.

8 Einige wenige Einträge Goebbels', die als Bemühungen in diese Richtung gedeutet werden können (etwa 26. 3. 1939), bleiben äußerst unscharf.

9 Vgl. Protokolle der Sitzungen des Ufa-Firmenvorstands 1937–1939 im Bundesarchiv Koblenz (im folgenden BA) R 109 I / 1032 a ff.

10 1937: Neun Filme dieser »militärischen« Kategorie (von 114): *Weiße Sklaven, Ritt in die Freiheit, Fridericus, Menschen ohne Vaterland, Alarm in Peking, Die Warschauer Zitadelle, Unternehmen Michael, Patrioten, Signal in der Nacht*; 1938: Sieben Filme (von 106): *Katzensteg, Urlaub auf Ehrenwort, Mit versiegelter Order, Ziel in den Wolken, Dreizehn Mann und eine Kanone, Pour le Mérite* (vier davon in den der politisch-militärischen Krise am fernsten gelegenen Monaten Januar und Dezember; 1939 (Januar bis August): vier Filme (von 67) *Aufruhr in Damaskus, Drei Unteroffiziere, Grenzfeuer, Flucht ins Dunkel*, darunter nur einer von Juni bis September. Gesicherte Zuschauerzahlen existieren nicht.

11 Vgl. JERZY TOEPLITZ, Geschichte des Films, Bd. 3, Berlin 1982, S. 265.

12 Vgl. FRIEDRICH P. KAHLENBERG, Spielfilm als historische Quelle? Das Beispiel

»Andalusische Nächte«, in: HEINZ BOBERACH (Hg.), Aus der Arbeit des Bundesarchivs, Boppard am Rhein 1978, S. 527 ff.

13 Zumal die organisatorischen Probleme der Filmfirmen noch immer nicht gelöst waren: Siehe Film-Kurier Nr. 60 vom 11. 3. 1939.

14 Vgl. PIERRE CADARS/FRANCIS COURTADE, Geschichte des Films im Dritten Reich, München 1975, S. 223 f.

15 Dies tun RAINER ROTHER, Die Effekte der Unterhaltung, in: Babelsberg, Berlin 1992, S. 200, und JERZY TOEPLITZ, Geschichte des Films, Bd. 4, Berlin 1983, S. 214.

16 Vgl. zu den eingestellten Produktionen: BOGUSLAW DREWNIAK, Der deutsche Film 1938–1945, Düsseldorf 1987, S. 348.

17 Vgl. Eintragungen über *Maria Ilona* (30. 7. 1939), *Der Stammbaum des Dr. Pistorius* (12. 10. 1939), *Gewehr über* (16. 11. 1939). Als Ausnahmen können evtl. der Luftwaffenfilm *D III 88*, der Schmugglerfilm *Alarm auf Station III* (Goebbels dazu allerdings: »guter Unterhaltungsfilm«, 29. 10. 1939) und *Das Lied der Wüste* gelten, den NS-Chefideologe Alfred Rosenberg jedoch gar als »proenglisch« bezeichnete: SERAPHIM, Tagebuch (wie Anm. 5), S. 115 (Eintragung vom 8. 5. 1940).

18 Rede vom 15. 2. 1941, in: ALBRECHT, Filmpolitik (wie Anm. 3), S. 470. Die NSDAP versuchte allerdings, die Landbevölkerung in den kinolosen Orten durch »Tonfilmwagen« gezielt mit Propagandafilmen zu versorgen: KLAUS KREIMEIER, Die Ufa-Story, München 1991, S. 358.

19 Goebbels' Kontrolle der Filmproduktion steigerte sich – folgt man seinen Aufzeichnungen – in den ersten Kriegsmonaten signifikant: Von den September bis Dezember 1939 uraufgeführten 46 Filmen sind 33 im Tagebuch kommentiert, von den März bis September 1939 angelaufenen 46 Filmen dagegen nur 23.

20 Vgl. PETER BUCHER, Die Bedeutung des Films als historische Quelle: »Der ewige Jude« (1940), in: Festschrift für Eberhard Kessel, München 1982, S. 302.

21 Document Center RFK-Akten Zerlett, Schreiben Hans Hinkels an H. H. Zerlett v. 16. 11. 1939; SERAPHIM, Tagebuch (wie Anm. 5), S. 91 (Eintragung vom 11. 11. 1939); zu den Filmen: DOROTHEA HOLLSTEIN, Antisemitische Filmpropaganda, München–Berlin 1971, S. 48–52 und 53–57.

22 Vgl. etwa Eintragung vom 15. 12. 1939: »Besonders der Jud Süßfilm ist von Harlan großartig umgearbeitet worden. Das wird der erste antisemitische Film werden.«

23 Vgl. FRITZ HIPPLER, Die Verstrickung, Düsseldorf 1982, S. 187. Goebbels' Aufzeichnungen entlarven Hipplers Rechtfertigung endgültig als dreiste Lüge. Noch 1991 schrieb Hippler in Unkenntnis der Passage vom 5. 10. 1939 über seine Reise zu »Archivzwecken«: »Von der Herstellung eines Films war noch keine Rede; diesen Auftrag notierte er [Goebbels, F. M.] nicht einmal in sein Tagebuch; die Idee zu einem Film scheint ihm wohl erst gekommen zu sein, als er die ersten Filmmuster sah«: FRITZ HIPPLER, Der ewige Jude, in: Deutsche Annalen, 1991, S. 210 f.

24 Eintragung vom 17. 10. 1939; vgl. auch YIZHAK AHREN, »Der ewige Jude« oder wie Goebbels hetzte, Aachen 1990, S. 15 ff.
25 Eintragung vom 6. 10. 1939: »Das soll ein Propagandafilm erster Klasse werden. Ich gebe den Grundriß dazu an. In 3–4 Wochen muß er fertig sein.« Eintragung vom 28. 11. 1939: »[...] Judenfilm nochmal überprüft. Jetzt stimmt er.«
26 BA R 109 I/1033 c Niederschrift der Ufa-Vorstandssitzung Nr. 1383 v. 29. 8. 1939.
27 BA R 109 I/1033 c Niederschrift der Ufa-Vorstandssitzung Nr. 1386 v. 20. 9. 1939 fol. 133.
28 Gerade erst am Vortag hatte er notiert: »Man kann allgemein feststellen, daß unsere Filme viel besser geworden sind.«
29 SERAPHIM, Tagebuch (wie Anm. 5), S. 91 (Eintragung vom 11. 11. 1939).
30 Im September hatte Goebbels bereits per Führerweisung die Kompetenz für die Auslandspropaganda an Ribbentrop verloren.
31 SERAPHIM, Tagebuch (wie Anm. 5), S. 91 (Eintragung vom 11. 11. 1939).
32 Eintragung vom 29. 12. 1939: »Hippler eine Reihe von Anweisungen bzgl. neuer Filme gegeben. Auch da muß jetzt mit größerem Druck gearbeitet werden.« Gleiches galt für »dokumentarische« Propagandafilme und die Wochenschau (Eintragungen vom 13. und 20. 12. 1939).
33 Eintragung vom 15. 1. 40.
34 Vgl. WILLI BOELCKE (Hg.), Kriegspropaganda 1939–1941. Geheime Konferenzen im Reichspropagandaministerium, Stuttgart 1966, S. 326: Ministerkonferenz vom 22. 4. 1940; HEINZ BOBERACH (Hg.), Meldungen aus dem Reich. Die geheimen Lageberichte des Sicherheitsdienstes der SS, Herrsching 1984, S. 1024: Bericht vom 19. 4. 1940.
35 Dies gelang nur für die Filmgesellschaft Tobis: ALBRECHT, Filmpolitik (wie Anm. 3), S. 143.
36 BA R 109 I/1034 a Nr. 252 Protokoll der Ufa-Vorstandssitzung Nr. 1411 vom 8. 5. 1940; BA R 109 I/2139 a Nr. 181 Aktennotiz Schreiber vom 13. 6. 1940.
37 Vgl. BOELCKE, Kriegspropaganda (wie Anm. 34), S. 375: Ministerkonferenz vom 2. 6. 1940; nach dem Waffenstillstand mit Frankreich wurde die Mehrzahl der gesperrten Unterhaltungsfilme wieder freigegeben: ebd., S. 409: Ministerkonferenz vom 27. 6. 1940.
38 Allein der den englischen »Besatzungsterror« in Nordirland anprangernde *Fuchs von Glenarvon* (»sehr gut für unsere Propaganda zu gebrauchen«, 17. 4. 1940) startete bereits im April.
39 BOBERACH, Meldungen (wie Anm. 34), S. 1529: Bericht vom 2. 9. 1940. Laut dem Bericht machte die Bevölkerung kriegsbedingte Schwierigkeiten für das Ausbleiben neuer großer Propagandafilme verantwortlich.
40 Siehe dazu Goebbels' zwiespältigen Kommentar in der Eintragung vom 7. 7. 1940.
41 HOLLSTEIN, Antisemitische Filmpropaganda (wie Anm. 21), S. 227.
42 Zu Mißerfolg und Ablehnung durch das Publikum vgl. HOLLSTEIN, Antisemitische Filmpropaganda (wie Anm. 21), S. 65 ff., 165, 230.

43 Eintragungen vom 19. und 25.9.1940. Die aus der Umstellung auf Kriegsproduktion resultierenden Schwierigkeiten waren noch nicht vollends behoben.

44 Ebenso *Falschmünzer* (Eintragung vom 5.10.1940) und *Blutsbrüderschaft* (Eintragung vom 29.8.1940).

45 BOBERACH, Meldungen (wie Anm. 34), S. 1655f.: Bericht vom 10.10.1940.

46 So waren sorgfältigste Umarbeitungen nötig, um Wolfgang Liebeneiners *Bismarck* »auch politisch ganz schlüssig« (4.11.1940) zu gestalten. Weiterhin liefen an: *Das Fräulein von Barnhelm, Feinde, Wunschkonzert.*

47 Mit dem Aufsatz »Der Schleier fällt« vom 6.7.1941 im Völkischen Beobachter wies Goebbels der antisowjetischen Propaganda der folgenden Monate die Richtung.

48 DAVID WELCH, Propaganda and the German Cinema, Oxford 1983, S. 249; Eintragung vom 18.8.1941: »Er [der Regisseur Karl Ritter] trägt mir ein neues Thema unter dem Titel ›GPU‹ vor, eine starke antibolschewistische Handlung, mit der ich sehr einverstanden bin.«

49 Vgl. KLAUS REINHARDT, Das Scheitern des deutschen Blitzkriegskonzepts vor Moskau, in: EBERHARD JÄCKEL/JÜRGEN ROHWER (Hg.), Kriegswende Dezember 1941, Koblenz 1984, S. 204f.

50 Vgl. MARTIN VOGT, Selbstbespiegelung in Erwartung des Sieges, in: WOLFGANG MICHALKA (Hg.), Der zweite Weltkrieg, München 1989, S. 641–656; in einer Rede im Berliner Sportpalast hatte Hitler am 3.10.1941 erklärt, Rußland werde sich »nie mehr erheben«.

51 Damit hatte Goebbels allerdings offenbar einige Mühe: »Viel Arbeit macht mir die fortlaufende Umstellung unseres Rundfunkprogrammes auf Unterhaltungscharakter« (20.9.1941); vgl. PETER BUCHER, Goebbels und die deutsche Wochenschau, in: Militärgeschichtliche Mitteilungen, H. 40, 1986, S. 57.

52 Selbst zu Beginn der Hochphase des politischen Films wußte Goebbels: »Am meisten gefragt sind augenblicklich heitere Stoffe« (17.2.1940).

53 Rede vom 15.2.1941 in: ALBRECHT, Filmpropaganda (wie Anm. 3), S. 468.

54 *Der große König, Die Entlassung* und *Anschlag auf Baku* wurden bereits 1940/41 begonnen, letzterer wurde »antibolschewistisch« umgeändert; zu *GPU* siehe Anm. 48.

55 Eintragung vom 9.1.1942. Eine Ausnahme blieb der monumentale Untergangsfilm *Kolberg* (1945).

56 Eintragung vom 19.5.1942.

57 In den letzten Kriegsjahren erhielten Exportgesichtspunkte starken Einfluß auf die Gestaltung der deutschen Spielfilme: BA R 55/774 Nr. 175 Anlage zum Protokoll der Aufsichtsratssitzung der Ufa-Film GmbH vom 9.2.1943.

58 Erlaß vom 28.2.1942 abgedruckt bei ALBRECHT, Filmpropaganda (wie Anm. 3), S. 529.

59 Ebd., S. 495.

60 Rede vom 15.2.1941: ebd., S. 469.

Sabine R. Arnold
Gegängelte Helden

1 R. ARBUZOVA, V. I. Lenin o monumental'noj propagande (V. I. Lenin über Monumentalpropaganda), Frunze 1970, S. 4.

2 Ein Beispiel für den Verlauf solcher Veranstaltungen ist die Einweihungsfeier des Gedenkkomplexes Mamaev Kurgan in Volgograd. Sie wurde in der *Izvestija* am 15. 10. 1967, S. 1f., und in der *Pravda* am 16. 10. 1967, S. 1f., detailliert beschrieben. Siehe dazu auch: SABINE R. ARNOLD, »Das Beispiel der Heldenstadt wird ewig die Herzen der Völker erfüllen«. Gedanken zum sowjetischen Totenkult am Beispiel des Gedenkkomplexes in Volgograd, in: REINHART KOSELLECK (Hg.), Kriegerdenkmale – eine Internationale? München 1994.

3 Das war die Abkürzung für Glawnoje Uprawlenije Lagerej, die Hauptverwaltung des Straflagersystems in der UdSSR (1930–1955).

4 Da ich hier nicht weiter auf grundlegende Züge des sowjetischen Propagandaapparates eingehen werde, sollen an dieser Stelle einige Überblicksdarstellungen genannt sein: HARWOOD L. CHILDS (Hg.), Propaganda and Dictatorship. A collection of papers, Princeton 1936; ERNST RICHERT, Agitation und Propaganda, Berlin 1958; FREDERICK C. BARGHOORN, Soviet Foreign Propaganda, Princeton 1964; JOHN C. CLEWS, Communist Propaganda Techniques, London 1964; BRUNO KALNINS, Agitprop. Die Propaganda in der Sowjetunion, Wien 1966; GAYLE DURHAM HOLLANDER, Soviet Political Indoctrination. Developments in Mass Media and Propaganda Since Stalin, New York u. a. 1972; CARL HUNDHAUSEN, Propaganda. Grundlagen, Prinzipien, Materialien, Quellen, Essen 1975; PAUL ROTH, Die kommandierte öffentliche Meinung. Sowjetische Medienpolitik, Stuttgart 1982; PETER KENEZ, The Birth of the Propaganda State. Soviet Methods of Mass Mobilization 1917–1929, Cambridge 1985.

5 *Sovetskij Vojn, Obschtschestvenno-polititscheskij i literaturno-chudoschestvennyj schurnal Glavnopolititscheskoje upravlenije Sovetskoj Armii i VMF* (Gesellschaftspolitisches und literarisch-künstlerisches Journal der Politischen Hauptabteilung der Sowjetarmee und der Kriegsflotte), Moskau 1919ff. (heute herausgegeben vom Militärverlag »Krasnaja Zvezda«).

6 Der Orden »Krasnaja Zvezda» wurde am 6. 4. 1930 vom Zentralen Exekutivkomitee der Sowjetunion zur Auszeichnung von außerordentlichen Leistungen im Krieg, bei der Arbeit und für die Staatssicherheit gestiftet. In der Beschreibung des Ordens heißt es u. a.: »...für Verdienste um die Stärkung der Verteidigungsfähigkeit des Volkes...«. Dieser Passus trifft wohl auf das Journal zu.

7 Darüber berichtet z. B. der Schriftsteller V. D. Kondrat'ev in: SABINE R. ARNOLD, »Mit Lügen kann man nicht erziehen«. Gespräch mit dem russischen Schriftsteller V. D. Kondrate'ev, in: Deutsche Studien, Heft 114, S. 138ff. Wieder eingeführt wurde der 9. Mai als Feiertag des Sieges unter Chruschtschov, was ihm große Sympathien in der Bevölkerung einbrachte, obwohl die Feier zu einer typischen Propagandazeremonie geworden war.

8 ROBERT C. TUCKER, Stalin and the uses of psychology, in: World Politics, H. 8, 1956, S. 455–483, hier: 463.

9 G. A. VOROSCHEJKIN, Stalinskaja Aviazija (Stalinsche Fliegertruppe), in: Krasnoarmeez, Nr. 15–16, August 1945, S. 1 ff.

10 L. CHACHALIN, »S Leninym v serdze« (»Mit Lenin im Herzen«), in: Sovetskij Vojn, Nr. 20, Oktober 1956, S. 4 ff.

11 Zum einen sei hier auf General Schukov verwiesen, der nach dem Krieg hinter den Ural versetzt wurde, weil er als derjenige, der für Stalin den Krieg gewonnen hatte, beim Volk zu viel Autorität und Ansehen besaß. Und zum anderen möchte ich an den Spion Richard Sorge erinnern, der aus Japan im Frühjahr 1941 Stalin von Hitlers Angriffsplänen berichtete, ohne bei Stalin Gehör zu finden. Sorge wurde am 7. November 1944 hingerichtet.

12 Vgl. hierzu: LASZLO REVESZ, Recht und Willkür in der Sowjetpresse. Eine presserechtliche und pressepolitische Untersuchung, Freiburg/Schweiz 1974; ROTH, Kommandandierte öffentliche Meinung.

13 Am 16. April 1934 wurde vom Zentralen Exekutivkomitee der UdSSR ein Erlaß verabschiedet, in dem es hieß, daß allen Einzelpersonen oder Kollektiven, die sich durch eine Heldentat um den Staat verdient machten, der Titel »Held der Sowjetunion« verliehen werden sollte; am 27. Dezember 1938 erließ das Präsidium des Obersten Sowjet der UdSSR ein Gesetz über die Auszeichnung von Arbeitern, die Heldentum bei der Arbeit bewiesen hatten, mit dem Titel »Held der Sozialistischen Arbeit«. Zum Heldenbild in der Sowjetunion siehe auch: ROSALINDE SARTORI, Pressefotografie und Industrialisierung in der Sowjetunion. Die Pravda 1925–1933, Berlin 1981.

14 Eine Folge dieser Serie: »Geroi Velikoj Otetschesvennoj Vojny« (»Helden des Großen Vaterländischen Krieges«) z. B. in: Krasnoarmeez, Nr. 19–20, 1945, S. 5.

15 »60 geroitscheskich let podvig« (»60 heldenhafte Jahre Heldentat«) in: Sovetskij Vojn, Nr. 3, 1978, S. 22 f. Ein Interview erschien 1978 in jeder Ausgabe.

16 Iraklij Moiseevitsch Trojdze war ein verdienter Künstler der RSFSR und Träger verschiedener Staatsprämien der UdSSR. Er wurde v. a. durch seine Kriegsplakate bekannt.

17 Ivan Danilovitsch Tschernjachovskij war ein Kommandeur im Zweiten Weltkrieg, der für seine Verdienste mit dem Orden »Held der Sowjetunion« und anderen hohen Orden ausgezeichnet wurde. Er ist ein typisches Beispiel für diejenigen Kriegsveteranen, deren Lebensläufe dazu auserkoren wurden, als Beispiele für konformes Verhalten unablässig wieder hervorgeholt und dafür in jeder Veteranen- und Heldenbibliographie, wenn nicht sogar in eigens ihnen gewidmeten Broschüren und Biographien verewigt zu werden.

18 Evgenij Viktorovitsch Vutschetitsch hatte schon als junger Mann am Bau des Hotels Moskva, der Leninbibliothek und des Sowjetpalastes mitgearbeitet. Seine Plastiken und Reliefs beschäftigten sich ausschließlich mit politischen Themen. Während des Krieges schuf er unzählige Porträtbüsten hoher Militärs und ausgezeichneter Helden. Auch zu seinen Werken gehören mehrere Stalinporträts sowie die Denkmalkomplexe im Treptower Park (Berlin) und auf dem Mamaev-Kurgan in Volgograd. Er trug hohe Auszeichnungen, unter denen auch die des »Helden der sozialistischen Arbeit« war. Seine Person als Beispiel eines

Künstlers, der dem System zuarbeitete, um daraus persönlichen Vorteil zu ziehen, ist Thema meiner weiteren Forschungen.

19 Vo imja mira (Im Namen des Friedens), Moskau 1952, S. 141 f.

20 Ebd., S. 157 f.

21 HANS GÜNTHER, Der sozialistische Übermensch. Maksim Gor'kij und der sowjetische Heldenmythos, Stuttgart–Weimar 1993; ders., Die Verstaatlichung der Literatur. Entstehung und Funktionsweise des sozialistisch-realistischen Kanons in der sowjetischen Literatur der 30er Jahre, Stuttgart 1984.

22 HILDE MAILAHN, u. a., Der Sieg als Feuerprobe, in: Osteuropa, H. 6, 1986, S. 441–446.

23 Siehe hierzu auch F. C. BARTLETT, Political Propaganda, Cambridge 1940, S. 111 f.; ANITA DASBACH MALINCKRODT, Propaganda hinter der Mauer, Stuttgart u. a. 1971, S. 89 f.; ALEX INKELES, Domestic Broadcasting in the U.S.S.R., in: PAUL F. LAZARSFELD / FRANK N. STANTON (Hg.), Communications Research 1948–1949, New York 1951, S. 291 f.

Günther Heydemann

Geschichtsbild und Geschichtspropaganda in der Ära Honecker

1 Zur Entwicklung der Geschichtswissenschaft in der DDR insgesamt vgl. ALEXANDER FISCHER / GÜNTHER HEYDEMANN (Hg.), Geschichtswissenschaft in der DDR. Bd. I: Historische Entwicklung, Theoriediskussion und Geschichtsdidaktik, Berlin 1988, S. 3–30.

2 Hierzu bes. GÜNTHER HEYDEMANN, Der Theorieboom in der marxistisch-leninistischen Geschichtswissenschaft der DDR seit 1967. Ursachen – Entwicklung – Perspektiven, in: ebd., S. 289–306.

3 Vgl. ANDRÉ STEINER, Abkehr vom NÖS. Die wirtschaftspolitischen Entscheidungen 1967/68 – Ausgangspunkt der Krisenprozesse 1969/70, in: JOCHEN CERNY (Hg.), Brüche, Krisen, Wendepunkte. Neubefragung von DDR-Geschichte, Leipzig u. a. 1990, S. 247–253.

4 Siehe hierzu die Dokumentation von GERHARD NAUMANN / ECKEHART TRÜMPLER, Von Ulbricht zu Honecker: 1970 – ein Krisenjahr der DDR, Berlin 1990, mit den Berichten der SED-Bezirkssekretäre an Walter Ulbricht über die Stimmung in der Bevölkerung.

5 Vgl. zu dieser entscheidenden Wende der Deutschlandpolitik der SED den prägnanten Überblick von JOHANNES KUPPE, Die deutsch-deutschen Beziehungen aus der Sicht der DDR, in: WERNER WEIDENFELD / HARTMUT ZIMMERMANN (Hg.), Deutschland-Handbuch. Eine doppelte Bilanz 1949–1989, Bonn 1989, S. 551–570, v. a. 559 ff.

6 Vgl. GOTTFRIED ZIEGER, Die Haltung von SED und DDR zur Einheit Deutschlands 1949–1987, Köln 1988, S. 111 f.

7 Vgl. die umfassende Dokumentation von GERHARD NAUMANN / ECKEHART TRÜMPLER, Der Flop mit der DDR-Nation 1971, Berlin 1991.

8 Vgl. HERWIG ROGGEMANN, Die DDR-Verfassungen. Einführung in das Verfassungsrecht der DDR, Berlin [4]1989, S. 56 ff., Zitat S. 66.

9 Vgl. NAUMANN / TRÜMPLER, Der Flop (wie Anm. 7), mit der Wiedergabe einer symptomatischen Äußerung aus der Bevölkerung: »Wir sind doch alles Deutsche, und es gibt nur ein Deutschland«, S. 37.

10 Vgl. Stefan Wolle, Die DDR-Bevölkerung und der Prager Frühling, in: Aus Politik und Zeitgeschichte B 36, 1992, S. 35–45.

11 Vgl. HELMUT MEIER, Geschichtswissenschaft und Geschichtsbewußtsein, in: Zeitschrift für Geschichtswissenschaft Bd. 16, 1968, S. 923 ff., der diese DDR-spezifischen Probleme verklausuliert anklingen läßt.

12 HORST BARTEL / WALTER SCHMIDT, Neue Probleme der Geschichtswissenschaft in der DDR. Zur bisherigen Auswertung des VIII. Parteitages der SED durch die Historiker, in: Zeitschrift für Geschichtswissenschaft Bd. 20, 1972, S. 801.

13 Zur Deutschland- und Ostpolitik der Brandt / Scheel-Regierung vgl. CHRISTIAN HACKE, Weltmacht wider Willen. Die Außenpolitik der Bundesrepublik Deuschland, Stuttgart 1988, S. 161 ff.

14 Zur theoretisch-philosophischen Konzipierung dieser nationalen Selbstbegründung der DDR siehe ALFRED KOSING, Nation in Geschichte und Gegenwart. Studie zur historisch-materialistischen Theorie der Nation, Berlin (DDR) 1976.

15 Hierzu SIEGFRIED MAMPEL, Verfassung der Deutschen Demokratischen Republik. Synopse der Fassungen vom 9. 4. 1968 und 7. 10. 1974, in: Deutschland-Archiv Bd. 7, 1974, S. 1188–1227, Zitat S. 1188; sowie ROGGEMANN, DDR-Verfassungen (wie Anm. 8), S. 60 ff.

16 Vgl. zu dem keineswegs reibungslos ablaufenden Machtwechsel in der DDR von Ulbricht auf Honecker PETER PRZYBYLSKI, Tatort Politbüro. Die Akte Honecker, Berlin 1991, S. 101–114 mit authentischen Dokumenten im Anhang.

17 WALTER SCHMIDT, Wir stellen uns der ganzen deutschen Geschichte, in: SUSANNE MILLER / MALTE RISTAU (Hg.), Erben deutscher Geschichte. DDR–BRD: Protokolle einer historischen Begegnung, Reinbek bei Hamburg 1988, S. 37 f. (Hier handelt es sich um eine überarbeitete Fassung verschiedener früherer Beiträge von Walter Schmidt zur »Erbe-und-Tradition«-Konzeption).

18 HEINZ HEITZER, Die Geschichte der DDR – wichtigster Zeitabschnitt der deutschen Geschichte, in: Zeitschrift für Geschichtswissenschaft Bd. 32, 1984, S. 387–394; Zitat S. 390.

19 Alle Zitate ebd., S. 390 f.

20 So KARL-ERNST JEISMANN, Die Einheit der Nation im Geschichtsbild der DDR, in: FISCHER / HEYDEMANN (Hg.), Geschichtswissenschaft in der DDR (wie Anm. 1), Bd. I, S. 511–533, Zitat S. 517.

21 Der »Erbe-und-Tradition«-Konzeption wohnte ein weiteres Handicap inne, weil die Entwicklung der Arbeiterbewegung in Deutschland seit 1918 / 19, besonders aber die von Moskau aus gesteuerte Politik der KPD, die unzweifelhaft zur nationalsozialistischen »Machtergreifung« beigetragen hatte, erneut ausgespart wurde – die SED wollte die gravierenden Fehler ihrer Vorgängerin nicht genannt haben. Vgl. hierzu WALTER SCHMIDT, DDR-Geschichtswissenschaft im

Umbruch. Leistungen – Grenzen – Probleme, in: RAINER ECKERT/WOLFGANG KÜTTLER/GUSTAV SEEBER (Hg.), Krise – Umbruch – Neubeginn. Eine kritische selbstkritische Dokumentation der DDR-Geschichtswissenschaft 1989/90, Stuttgart 1992, S. 175–192; besonders S. 185.

22 Vgl. bes. WERNER WEIDENFELD, Die Identität der Deutschen – Fragen, Positionen, Perspektiven, in: DERS. (Hg.), Die Identität der Deutschen, Bonn 1983, S. 13–49; hierzu S. 18f. Jetzt dazu umfassend WERNER WEIDENFELD/KARL-RUDOLF KORTE, Die Deutschen. Profil einer Nation, Stuttgart 1991, bes. Kap. 1 bis 3.

Zygmunt Bauman
Unerwiderte Liebe

1 Übersetzung aus dem Englischen: Ute Daniel.

2 Beide Zitate: PAUL VALÉRY, Über die Krise der Intelligenz, in: Neue Schweizer Rundschau 19, 1926, S. 7–23, hier: 16.

3 ROBERT MUCHEMBLED, Die Erfindung des modernen Menschen. Gefühlsdifferenzierung und kollektive Verhaltensweisen im Zeitalter des Absolutismus, Reinbek 1990, S. 13, 138 und passim. In dem Kapitel »Die Ordnung der Körper« entwickelt Muchembled eine Neuinterpretation der Eliasschen Zivilisationstheorie, indem er Tischmanieren, Trinkgewohnheiten und Internalisierungsprozesse als Mechanismen dieser gesellschaftlichen Segregation analysiert; ebd., S. 187–263.

4 Aus der Perspektive der zweiten Hälfte des 19. Jahrhunderts konnte bereits Friedrich Nietzsche feststellen, daß das Schwert der Herrschaft zweischneidig war: »Die Regierungen der großen Staaten haben zwei Mittel in den Händen, das Volk von sich abhängig zu erhalten, in Furcht und Gehorsam: ein gröberes, das Heer, ein feineres, die Schule.« Nietzsche erkannte das exklusive Mobilisierungs- und Integrationspotential des zweiten Mittels: Mit seiner Hilfe »gewinnen sie die begabte Armut, namentlich die geistig-anspruchsvolle Halbarmut der mittleren Stände für sich. Sie machen vor Allem aus den Lehrern allen Grades einen unwillkürlich nach ›Oben‹ hin blickenden geistigen Hofstaat«; FRIEDRICH NIETZSCHE, Menschliches, Allzumenschliches II, in: DERS., Sämtliche Werke, hg. von Giorgio Colli und Mazzino Montinari, Bd. 2, München u. a. 1980, S. 509.

5 Siehe hierzu und zum folgenden ZYGMUNT BAUMAN, Legislators and Interpretors. On Modernity, Post-Modernity and the Intellectuals, Oxford 1987, und DERS., Gesetzgeber und Interpreten: Kultur als Ideologie von Intellektuellen, in: HANS HAFERKAMP (Hg.), Sozialstruktur und Kultur. Frankfurt/M. 1990, S. 452–482.

6 ERNEST GELLNER, Die Industriegesellschaft, in: DERS., Nationalismus und Moderne, Berlin 1991, D. 34–62, hier: 56f.

7 PAUL VALÉRY, Schlimme Gedanken und andere, in: DERS., Werke, hg. von Jürgen Schmidt-Radefeldt, Bd. 5, Frankfurt/M. 1991, S. 364.

8 Man denke etwa daran, wie Ernest Renan gegen die Freiheit der Erziehung wet-

terte – ein Ideal, das für ihn einen Widerspruch in sich und eine Unmöglichkeit darstellte: »Dummköpfe oder Ignoranten mögen sich zusammentun, aus dieser Vereinigung kann nichts Gutes entstehen... Ohne eine Erziehung des Volkes sind alle Freiheiten gefährlich und bedürfen der Beschränkung«; ERNEST RENAN, Pages Choisis, Paris 1896, S. 27 f.

9 ARNOLD J. TOYNBEE, Der Gang der Weltgeschichte, Bd. 1: Aufstieg und Verfall der Kulturen 2, München ^{2}1974, S. 516 ff.

10 GEORG SIMMEL, Der Begriff und die Tragödie der Kultur, in: Logos II (1911/12), S. 1–25, hier: 20 und 20 f. Der Aufsatz ist wiederabgedruckt in: DERS., Das individuelle Gesetz. Philosophische Exkurse, hg. von Michael Landmann Frankfurt/M. 1968, S. 116–147.

11 VALÉRY, Über die Krise (wie Anm. 2), S. 20.

12 PASCAL ORY/JEAN-FRANÇOIS SIRINELLI, Les Intellectuels en France, de l'Affaire Dreyfus à nos jours, Paris 1986, S. 9.

13 Vgl. MAURICE BARRÈS, Scènes et doctrines de nationalisme, Paris 1902, passim.

14 ORY/SIRINELLI: Les intellectuels en France (wie Anm. 12), S. 39. Dies ist nicht weiter erstaunlich: Eine mittlere Position bedeutet das Ende des Engagements und demzufolge das Ende der Existenz qua Intellektuelle. Statt von einer intellektuellen »Angst vor der Mitte« zu sprechen, sollte man vielleicht eher betonen, daß nur das Beziehen von Positionen an den äußersten Extremen des politischen Spektrums diejenigen Integrationsprozesse fördert, die ansonsten heterogene Professionen unter dem Banner einer gemeinsamen Berufung vereinen.

15 NICOLE RACINE-FURLAUD, Bataille autour d'Intellectuel(s) dans les manifestos et contre-manifestos de 1918 à 1939, in: Intellectuel(s) des Années Trente entre le Rêve et l'Action, hg. v. D. BONNARD-LANETTE et J. L. RISPAIL, Paris 1989, S. 227.

16 ROLAND N. STROMBERG, The Intellectuals and the Coming of War in 1914, in: Journal of European Studies (1973), 3, S. 109–122, Zitat: S. 109. Vgl. zum selben Thema die anregende Studie von JOHN CRUIKSHANK, Variations on Catastrophe: Some French Responses to the Great War, Oxford 1982.

17 Vgl. Tony Judt, Justice as Theatre, in: Times Literary Supplement, 18. Januar 1991, S. 6.

18 THEODOR W. ADORNO, Kultur und Verwaltung, in: DERS., Soziologische Schriften I, hg. von Rolf Tiedemann Frankfurt/M. 1972, S. 122–146, hier: S. 124 und 131.

19 Ebd., S. 123.

20 Ebd.

21 Ebd., S. 144.

22 ALESSANDRO FONTANA/PASQUALE PASQUINO (Hg.), Michel Foucault. Microfisica del Potere, Turin 1977.

23 HAROLD PERKIN, The Rise of Professional Society: England since 1880, London 1989, S. 390–398.

24 Siehe hierzu ZYGMUNT BAUMAN, Freedom, London 1988, und DERS., Intimations of Postmodernity, London 1991.

25 RUSSELL JACOBY, The Last Intellectuals, New York 1987, S. 220, 167, 180, 119.

26 RÉGIS DEBRAY, Le Pouvoir Intellectuel en France, Paris 1979, S. 99, 120, 97 f.

27 ORY / SIRINELLI, Les intellectuels en France (wie Anm. 12), S. 233.

28 FRANÇOIS DE CLOSETS, Pour que demain l'autre ne peuple pas notre enfer, in: L'Évenement, 3. – 9. Januar 1991, S. 52.

29 »Çela est bien dit, répondit Candide, mais il faut cultiver notre jardin.«

Abkürzungsverzeichnis

AdK	Arbeitsgemeinschaft demokratischer Kreise
BA	Bundesarchiv Koblenz
BPA	Bundespresse- und Informationsamt
DNB	Deutsches Nachrichten-Büro
dpa	Deutsche Presse-Agentur
Dradag	Drahtloser Dienst
GLA	Generallandesarchiv Karlsruhe
HStA	Hauptstaatsarchiv
KPdSU	Kommunistische Partei der Sowjetunion
NDR	Norddeutscher Rundfunk
NWDR	Nordwestdeutscher Rundfunk
SD	Sicherheitsdienst der SS
TU	Telegraphen-Union
Ufa	Universum-Film-AG
WDR	Westdeutscher Rundfunk
WTB	Wolffsches Telegraphen-Büro
ZK	Zentralkomitee

Die Autorinnen und Autoren des Bandes

SABINE ROSEMARIE ARNOLD, geboren 1961, Studium der Geschichte und Slawistik; M.A. 1990; z. Zt. Arbeit an einem Dissertationsprojekt über den politischen Soldatenkult in der Sowjetunion nach 1945 und freie Journalistin beim deutschen Fernsehen und Rundfunk.
Veröffentlichungen u. a.: Das Beispiel der Heldenstadt wird ewig die Herzen der Völker erfüllen (in: Reinhart Koselleck (Hg.), Kriegerdenkmale, 1994); Briefe aus Stalingrad in sowjetischen Archiven (zusammen mit Manfred Hettling; in: Wolfram Wette, Gerd R. Ueberschär (Hg.), Stalingrad, 1992).

ZYGMUNT BAUMAN lehrte an den Universitäten Warschau, Tel Aviv und Leeds.
Veröffentlichungen u. a.: Hermeneutics and Social Science (1978); Legislators and Interpreters (1987); Freedom (1988); Intimations of Postmodernity (1991); Dialektik der Ordnung. Die Moderne und der Holocaust (1992).

UTE DANIEL, geboren 1953, Studium der Geschichte, Germanistik und Linguistik; Promotion 1986; seit 1984 Assistentin im Fach Geschichte/Fachbereich 1 der Universität-GH Siegen. Forschungsschwerpunkte: Frauengeschichte, Sozial- und Kulturgeschichte (18.–20. Jahrhundert).
Veröffentlichungen u. a.: Dollardiplomatie in Europa (1982); Arbeiterfrauen in der Kriegsgesellschaft 1914–1918 (1989); »Ich will raus aus diesem Wahnsinn« (bearb. zusammen mit Jürgen Reulecke; 1991).

GÜNTHER HEYDEMANN, geboren 1950, o. Prof. für Neuere und Zeitgeschichte an der Universität Leipzig. Forschungsschwerpunkte: Vergleichende europäische Geschichte des 19. Jahrhunderts, Zeitgeschichte nach 1945 und Theorie der Geschichte.
Veröffentlichungen u. a.: Geschichtswissenschaft im geteilten Deutschland (1980); Carl Ludwig Sand (1985); als Mitherausgeber: Geschichtswissenschaft in der DDR (1988/90); Die Herausforderung des europäischen Staatensystems (1989); Großbritannien und Ostdeutschland seit 1918 (1992); Kirchen in der Diktatur. Drittes Reich und SED-Staat (1993). Konstitution gegen Revolution. Die britische Deutschland- und Italienpolitik 1815–1848 (1994).

PETER JUNGBLUT, geboren 1961, Studium der Neueren Geschichte, der Wirtschafts- und Sozialgeschichte und der Politikwissenschaft an den Universitäten Bonn und München, dort auch M. A. mit einer Arbeit über »Die Pressepolitik der deutschen Reichsleitung (1893–1913)«; nun Hörfunkkorrespondent beim Bayerischen Rundfunk im Studio Bonn.

GERD KRUMEICH, Professor für Neuere und Neueste Geschichte an der Universität Freiburg i. Br., Mitbegründer des Historial de la Grande Guerre in Péronne an der Somme. Arbeitsschwerpunkte: Geschichte Frankreichs, Militärgeschichte, Erster Weltkrieg.
Veröffentlichungen u. a.: Aufrüstung und Innenpolitik in Frankreich vor dem Ersten Weltkrieg (1980, engl. Übers. 1984); Jeanne d'Arc in der Geschichte, Sigmaringen 1989; Hg. (zus. mit G. Hirschfeld): »... Keiner fühlt sich hier mehr als Mensch«. Erlebnis und Wirkung des Ersten Weltkrieges, Essen 1993.

FELIX MOELLER, geboren 1965, Doktorand am Institut für Kommunikationsgeschichte und angewandte Kulturwissenschaften, FU Berlin; Mitarbeit am Pilotprojekt der FU Berlin: »Restitutierung der Goebbels-Tagebücher«. Forschungsschwerpunkte: Propaganda im »Dritten Reich«, Mediengeschichte.
Veröffentlichungen u. a.: Hitler – ein Cineast?, in: Il cinema dei dittatori, Bologna 1993.

PAUL NOLTE, geboren 1963, Studium der Geschichtswissenschaft und Soziologie; Promotion 1992/93; seit 1990 Assistent an der Fakultät für Geschichtswissenschaft und Philosophie der Universität Bielefeld;

1993/94 German Kennedy Memorial Fellow, Harvard University. Forschungsschwerpunkte: deutsche, amerikanische und vergleichende Politik-, Sozial- und Ideengeschichte des 18. und 19. Jahrhunderts.
Veröffentlichungen u.a.: Staatsbildung als Gesellschaftsreform (1990); als Mitherausgeber: Was ist Gesellschaftsgeschichte? (1991); Bürgerliche Feste im 19. Jahrhundert (1993); Gemeindebürgertum und Liberalismus in Baden 1800–1850 (1994).

WOLFGANG PIERETH, geboren 1964, Studium der Neueren Geschichte, der Mittelalterlichen Geschichte und Politikwissenschaft an der Ludwig-Maximilians-Universität München und der Georgetown-University Washington, D.C.; M.A. an der LMU München 1992; seit 1.4.1993 wissenschaftlicher Mitarbeiter an der Universität Trier, arbeitet an einer Dissertation »Propaganda für ein anderes Deutschland. Die Anfänge aktiver staatlicher Pressepolitik in Bayern unter Montgelas, 1813–1817.«

WOLFRAM SIEMANN, geboren 1946, Studium der Geschichtswissenschaft, Germanistik, Philosophie und Politik an den Universitäten Münster, Wien und Tübingen, 1984 Privatdozent an der Universität Tübingen, seit 1989 Prof. für Neuere Geschichte an der Ludwig-Maximilians-Universität München, seit 1.4.1993 o. Prof. an der Universität Trier. Forschungsschwerpunkte: deutsche Geschichte im 19. Jahrhundert, Revolution 1848/49, Quellenkunde, Verfassungs-, Parteien-, Polizei-, Zensur- und Mediengeschichte des 18. bis 20. Jahrhunderts.
Veröffentlichungen u.a.: Restauration, Liberalismus und nationale Bewegung 1815–1870 (= Quellenkunde) (1982); Der ›Polizeiverein‹ deutscher Staaten (= Dokumentation zu 1849–60) (1983); »Deutschlands Ruhe, Sicherheit und Ordnung.« Die Anfänge der politischen Polizei 1806–1866 (1985); Die deutsche Revolution von 1848/49 (1985); Gesellschaft im Aufbruch. Deutschland 1849–71 (1990).

Personenregister

Geschichte der Bundesrepublik Deutschland

Hermann Glaser
Die Kulturgeschichte der Bundesrepublik Deutschland
Drei Bände in Kass.
Band 10530
Die Bände sind auch einzeln erhältlich:
Band 1: Zwischen Kapitulation und Währungsreform (1945-1948)
Band 10527
Band 2: Zwischen Grundgesetz und Großer Koalition (1949-1967)
Band 10528
Band 3: Zwischen Protest und Anpassung (1968-1989)
Band 10529

Hermann Glaser
1945
Ein Lesebuch
Band 12527

Bürger, Recht, Staat
Handbuch des öffentlichen Lebens in Deutschland
Herausgegeben von Sven Hartung und Stefan Kadelbach
Band 11319

Georg G. Iggers (Hg.)
Ein anderer historischer Blick
Beispiele ostdeutscher Sozialgeschichte
Band 10834

Chr. Kleßmann
Deutschland 1945-1995
Band 11697

Wilhelm von Sternburg
Adenauer
Eine deutsche Legende
Band 10151

Wilhelm von Sternburg (Hg.)
Die deutschen Kanzler
Von Bismarck bis Kohl
Band 11916

Fischer Taschenbuch Verlag

fi 1705 / 3 b

Mentalitäts- und Sozialgeschichte

Eva Labouvie
Zauberei und Hexenwerk
Ländlicher Hexenglaube in der frühen Neuzeit. Band 10493

Peter Laslett
Verlorene Lebenswelten
Geschichte der vorindustriellen Gesellschaft. Band 10561

Maurice Lombard
Blütezeit des Islam
Eine Wirtschafts- und Kulturgeschichte 8.-11. Jahrhundert. Band 10773

W. Reinhard (Hg.)
Imperialistische Kontinuität und nationale Ungeduld im 19. Jahrhundert
Band 10576

Norbert Schindler
Widerspenstige Leute. Studien zur Volkskultur in der frühen Neuzeit
Band 10658

W. Schivelbusch
Geschichte der Eisenbahnreise
Zur Industrialisierung von Raum und Zeit im 19. Jahrhundert. Band 4414
Das Paradies, der Geschmack und die Vernunft
Eine Geschichte der Genußmittel
Band 4413

(Hg.) Bernd Ulrich/ Benjamin Ziemann
Frontalltag im Ersten Weltkrieg
Wahn und Wirklichkeit. Band 12544

Paul Veyne
Die Originalität des Unbekannten
Für eine andere Geschichtsschreibung
Band 7408

Michel Vovelle
Die Französische Revolution
Soziale Bewegung und Umbruch der Mentalitäten
Band 4340

Heinrich August Winkler
Zwischen Marx und Monopolen
Der deutsche Mittelstand vom Kaiserreich zur Bundesrepublik Deutschland
Band 10405

Fischer Taschenbuch Verlag

fi 1702 / 5 c